教育部人文社会科学重点研究基地南京师范大学道德教育研究所重大项目"时代精神与道德教育"（10JJD880010）研究成果

教育部新世纪优秀人才支持计划（NCET-08-0696）项目成果

江苏高校优势学科建设工程资助项目成果

道德教育的时代议题系列丛书
鲁洁 主编

时代精神与道德教育

高德胜 著

教育科学出版社
·北京·

目 录

前　言 …………………………………………………………………… 1

第一部分　冷漠时代的教育爱

第一章　道德冷漠的现代生产 …………………………………………… 3
第二章　学校教育与恐惧制造 …………………………………………… 18
第三章　爱与教育爱 ……………………………………………………… 32

第二部分　政治疏离与公共精神

第四章　"解放"的剥夺 ………………………………………………… 47
第五章　公民教育的路径选择 …………………………………………… 65
第六章　公众及其培育 …………………………………………………… 75
第七章　人权教育与道德教育 …………………………………………… 92

第三部分　世俗时代的价值精神

第八章　物欲时代的节俭精神 …………………………………………… 103
第九章　找回教育的对话精神 …………………………………………… 120
第十章　"文明的勇敢"与教育的勇气 ………………………………… 132

第四部分 朝向幸福与尊严

第十一章 大学德性的遗失 …………………………………… 151
第十二章 现代教育的"幸福追求" …………………………… 171
第十三章 幸福·道德·教育 …………………………………… 183
第十四章 人的尊严与教育的尊严 …………………………… 197

后　记 …………………………………………………………… 221

前　言

　　生活在这个时代的人，无比幸运，又无比悲哀，因为这个时代，可能是最好的时代，也可能是最坏的时代。

　　这是一个最好的时代，首先在于这是一个物质极大丰富的时代。如果过去时代的人能穿越时空来到我们这个时代，他们一定会被这个时代的丰盛所震惊，甚至可能被当今时代那些超乎想象的商品吓死。我们这个时代，虽然贫富悬殊，但即使是一个普通人所享有的物质条件都是过去时代那些帝王将相、王公贵族所难以想象的。在这个意义上，我们都是"富二代"，享受着人类力量积蓄了无数代之后获得的爆炸式发展所带来的财富。

　　这是一个最坏的时代，首先在于除了物质之外，我们异常贫困，套用一句俗话，"我们穷得只剩下钱了"。对多数人来说，活着就是消费，人生就是物质消耗过程，过去时代的人所曾经拥有的精神性财富如今基本上都已经离我们而去。上帝死了，神在我们这个物质的时代不但已经无关紧要，甚至其要想"存在"，也必须物质化，成为可消费的商品之后才有容身之可能。艺术是人对世界的感性把握，是人之情感的形象表达，是人之想象力和生命力的主要确证方式。正是艺术，使人庸常的生活有了诗意和光彩。但可悲的是，在这个物质极大丰富的时代，艺术也被物质所侵蚀，被商品夺去了生命，变成了一种化石性的存在：徒有艺术之表面纹理，内在成分已经完全是商品的东西。更不要说文学与诗歌，在我们这个时代，诗人往往就是可笑、滑稽、可悲的丑角或神经病。

　　这是一个科技发达的时代。当今的物质极大丰富，背后的支撑力量不是别的，而是发达的科学技术。过去人们信神、信上帝，如今人们信科技，或者说科技就是当今社会的神或上帝。信神只能得到精神的抚慰和谁都无法验证的彼岸幸福,而信科技则可得到直接的物质享受和实实在在、具体可感的此世快乐。插上现代科技的翅膀,我们可以"上天入地",遨游太空,下探地心,析微观粒子,制造生命,做过去只能由上帝才能做的事情。在这一过程中,虽然也时有危机和问题,但我们深信那只是科技还不足够发达所导致的,今天解决不了的问题,在科技更发达的明天一定能够解决。

这也是一个"技术垄断"的时代。波斯曼说:"技术垄断是一种文化状态。它也是一种理想状态。它包括神化技术,这意味着文化从技术中寻求权威、在技术中得到满足,并听命于技术。它要求形成新的社会秩序,并必然导致与传统信念相联系的绝大部分事物迅速瓦解。"① 我们插上了科技的翅膀,享受科技所带来的极大益处,但代价是我们必须得允许科技抽空我们文化的精髓和智慧,用科技的范式改造自己的生活和世界。问题是,人的目的、人的情感、人的精神,都与科技的范式格格不入,科技对人之为人的这些需要,不是沉默不语,就是排斥、贬低、压抑。因此,科技一方面解放了人,另一方面又压制了人,使人在技术垄断的世界里感到窒息。

这是一个媒介盛世,但孤独与无聊却如影随形。在这个时代,电子媒介与网络前所未有的发达。如果真如麦克卢汉所说,媒介是人肢体的延伸,那如今人类的肢体真是极度发达,几乎是千手千足千眼!电子媒介和网络为人类创造了另一个无限的仿真空间,既不同于由物质所构成的空间,又不同于由文字所建构的意义空间。在这个"美丽新世界"中,天涯若比邻,却又咫尺天涯;整个星球被压缩成一个小村子,人声鼎沸,但身在这热闹的人群之中,我们又能感受到无法逃避的刻骨铭心的孤独;这里娱乐无限,但在这无限的娱乐之中我们始终无法摆脱空虚和无聊。

这是一个大众的时代,也是一个平庸的时代。过去基于血统和出身的所谓贵族及与之相联系的精神高贵都烟消云散。加塞特所言非虚,"大众时代已经来临"。虽然贫富差距依然存在,但物质的平等已经获得了巨大进步,更重要的是,无论人们的经济、社会地位有多大的差异,大家都过着平均化的、几乎没有什么差异的文化与精神生活,人与人之间的鸿沟几

---

① 纪克之. 现代世界之道 [M]. 刘平,等,译. 北京:北京大学出版社,2010:77.

乎被现代技术以及同质的文化消费填平，人与人之间在精神上的平均与平等前所未有。正因为如此，这也是一个平庸的时代。多数人靠惯性生活，生活的最大追求就是向周围的人看齐，别人怎样，我也要怎样。苏格拉底说"未经反思的生活是不值得过的"，这话放在当今，依然是对大众的冒犯，因为"无思"是当今生活的常态。苏格拉底如果生活在今天，对多数人来说，他依然是一个巨大的威胁，他的存在是对我们平庸生活的尖锐提示，如果再来一次表决，他被投票处死的几率肯定远大于当时的雅典。"如果没有生命的气息，人体就是一具尸体；如果没有思维，人的精神就是死的。"① 更糟糕的是，现代人不以精神之死为耻，反而认为这是一种权利："平庸的人不但承认自己是平庸的，而且还宣称平庸是一种权利，并要求强制推行这种权利。"②

这是一个全球化的时代，也是一个风险时代。有人以为全球化是西方文化霸权的延伸，是一个"阳谋"，因此要立场明确地反对全球化。问题是，阴谋也好，"阳谋"也罢，全球化如今已经是一个事实，是一个谁都无法否定的事实。在人类历史上，我们第一次真正有了"世界历史"，生活在这个星球每一个角落的人，第一次被真正融为一体，人类的共同命运感第一次有了现实基础。但也正是因为性质各异的文化群体第一次真正站在"同一个舞台上"，文化同一性的敏感空前高涨，群体的自私性暴露无遗，刚刚有了一点基础的人类共同命运感被消耗殆尽，人类的风险加大，可以说已经进入了一个前所未有的风险时代。

这是一个个体解放的时代，也是一个孤苦无依的时代。在我们这个时代，过去给人造成最多障碍的物质条件限制已经基本解除，诸多加在个体身上的其他纽带与"束缚"也都被剪断了。我们摆脱了神或上帝的注视与约束，我们从群体生活中逃脱，公共生活被我们作为束缚而放弃，甚至连加在性上的各种社会规范也被挣脱，性解放已经到了无法再进一步的地步。个体获得了前所未有的解放，束缚没有了，但依靠也没有了，所有的命运与遭遇都得自己独自承担。结果是每个人都没有安全感，都觉得朝不保夕，都生活在浓厚的恐惧、恐慌、焦虑之中。这是一个什么样的时代？这是一个无法说清的时代，犹如一枚硬币的两面，我们体会到了光鲜的一

---

① 阿伦特.精神生活·思维[M].姜志辉，译.南京：江苏教育出版社，2006：135-136.
② 加塞特.大众的反叛[M].刘训练，等，译.长春：吉林人民出版社，2004：66.

面，也有乌黑的另一面真实地存在着，时刻提醒着我们。

人类价值有相对永恒的，也有时代特有的。即使是永恒的价值，在不同的时代也有不同的表现形态。所谓时代精神，就是人类价值（永恒的、时代的）在一个特定时代基于特定境遇通过价值融会、冲突而生成的一种主导性的价值追求。时代精神有实然和应然两种形态，前者是一个时代实际存在的价值追求，其中既有积极的成分也有消极的因素；后者是指从实然中露出苗头，是这个时代所缺乏的、迫切需要的价值追求。

很多人想当然地以为时代精神都是好的、值得向往和追求的价值。说到时代精神，我们都会想到马克思的名言"哲学是时代精神的精华"。只要稍微停下来思考一下我们就会发现，马克思讲的是哲学，不是时代精神，他的这句话对哲学有价值判断，对时代精神则没有价值判断。哲学是时代精神的精华，所谓精华是经过提炼之后留下来的好的、为人所欲求的东西，这反而从反面说明了作为原料的"时代精神"本身是一个复合体，与我们所处的时代一样，既有光明的一面，也有灰暗的一面。

很多人将时代精神理解为"大势所趋，人心所向"，并以此为基础对时代精神做出肯定的价值判断。问题是，大势所趋、人心所向的东西都是好的吗？比如，在我们这个时代，追求财富，追求物质消费可以说是大势所趋、人心所向，但这是值得肯定的时代精神吗？人是有反省精神和能力的动物，如今已经有越来越多的人开始反省当今人类的这种普遍性趋势，发现正是这种心之所向不但导致了环境的恶化，造成了全球性的生存危机，还使人性堕落，使人欲望化、商品化，向动物退化。人是复杂的存在，人性多维，因此，有时候人心所向也并不可靠。

事实上，对时代精神异常关注的思想家对时代精神的把握都比较客观，甚至鲜有做肯定的价值判断的，反而是对时代的精神状况进行反思与批判的居多。黑格尔将时代精神理解为文化的根源，对所处时代的文化起着根基性的作用，这与马克思将时代精神理解为哲学的根源与基础是一致的。波琳把时代精神理解为一定时期和地域的"文化思想习惯"[1]，舒尔茨则将时代精神理解为"文化气氛或思想模式"[2]。不难看出，他们都从中性与客观的立场上来看时代精神，因为无论是文化思想习惯，还是文

---

[1] 波琳. 实验心理学史 [M]. 高觉敷, 译. 北京：商务印书馆，1981：4.
[2] 舒尔茨. 现代心理学史 [M]. 沈德灿, 译. 北京：人民教育出版社，1981：12.

化气氛或思想模式,都不能说是绝对的好或绝对的坏,都是"可好可坏"或者"好坏掺杂"的。雅斯贝尔斯在《时代的精神状况》一书中,对时代精神的现状则是充满了忧虑与批判,他倒是做出了价值判断,只不过是否定性的判断:"那成就人的世界达几千年之久的事物看来正面临着近在眼前的崩溃。而已经出现的新世界则是提供生活必需品的机器,它迫使一切事物、一切人都为它服务。它消灭任何它不能容纳的东西。人看来就要被它消化掉,成为达到某一目的的纯粹手段,成为没有目的或意义的东西。"① 弗洛姆则认为时代精神总是沉淀于那个时代的性格之中,形成典型的"社会性格"。那么,我们这个时代的社会性格有什么特点呢?弗洛姆将其概括为定量与抽象化、异化(同自己离异了,为他物所改造、所控制)、顺从、欲望的即刻满足②等。显然,弗洛姆对时代精神也是做出了否定性的价值判断。阿伦特从劳动的无限扩张与行动的不断萎缩出发,忧虑我们这个时代人人只顾满足自己的"必然性需要",导致公共领域、人的行动与公共性维度的丧失,进而是"黑暗时代"③ 的到来。雅各布斯更为直接,干脆称我们这个时代是"集体失忆的黑暗年代"④。

  本研究的目标是通过对时代特征的考察,厘清我们这个时代起主导作用的时代精神,进而分析其积极成分和消极成分,找出我们这个时代最缺乏、最迫切需要的精神价值;从时代精神的积极成分出发,通过道德教育巩固、强化这些有益于时代、有益于未来的价值;从我们时代所缺乏的价值出发,通过道德教育进行弥补,进行时代价值的再植和创新,为未来发展奠定精神价值方向。

  本研究的基本假设是,我们这个时代作为来自过去并将走向未来的时代,是一个伟大的时代,但同样是一个问题众多、危机重重的时代。这众多的问题、重重危机既表现在外在的生活形态上,也表现于内在的精神价值中。这些精神价值缺憾需要通过教育和道德教育进行弥补和重建,以免

---

① 雅斯贝尔斯. 时代的精神状况 [M]. 王德峰,译. 上海:上海译文出版社,1997:71.
② 弗洛姆. 健全的社会 [M]. 孙恺祥,译. 贵阳:贵州人民出版社,1994:87-120.
③ 阿伦特. 黑暗时代的人们 [M]. 王凌云,译. 南京:江苏教育出版社,2006:9.
④ 雅各布斯. 集体失忆的黑暗年代 [M]. 姚大均,译. 北京:中信出版社,2007:20.

出现价值上的迷失，导致问题和危机的恶化。

教育和道德教育作为一种文化活动，虽然在物质生产、政治改革等方面不能贡献直接的力量，但却可以在价值教育、价值传播、价值创新等方面做出柔韧和绵长的贡献。

道德教育具有价值性，无论在何种意义上都是价值指导下的教育活动。换句话说，道德教育必须以时代精神为基础和出发点，既要体现和反映实然状态的时代精神，在教育活动中揭示时代精神的消极因素，也要体现时代精神的应然维度，通过道德教育活动，在年轻一代心灵中播下应然状态的时代精神的种子，为时代的发展和进步奠定教育基础。

几十年来，我们的道德教育研究主要关注德育本质、功能、价值、目的、课程、方法等德育基本理论问题，在这些方面取得了长足进步，为我们研究时代问题奠定了理论基础。在此基础上，道德教育研究的视角有所拓展，研究者开始关注当代人的遭遇，开始关注时代问题，比如网络空间与道德教育的研究、科技发展与生活世界的殖民化研究等，在这些方面取得了很多开创性成果。但站在时代的高度，从我们时代的特殊境遇出发，系统研究我们时代精神的构成状态，并以此为起点，提炼时代精神的精华，应该成为道德教育新的重点。

时代精神与道德教育这一课题的研究，最大的意义在于通过对时代精神的发掘与澄明，梳理出我们这个时代价值追求的现状，弄清哪些价值追求会将人类引向灾难，哪些价值追求是我们这个时代所特别缺少的，从而为道德教育找到价值方向。此外，这一研究可以提高学校道德教育的价值含量，使德育实践具有价值高度，不至于拘泥于具体的得失之中而不能自拔。通过对时代精神的分析，学校道德教育"知道"了我们这个时代最迫切需要的价值追求，可以提高道德教育的价值自觉。整个教育，或者说教育的整体运行，都不能缺少了价值观照。在当前这个物质时代，兴旺发达是现实教育显露在外的常态，但内在的价值和精神迷失却是悄无声息的。因此，关于时代精神的研究，还可以为整个教育奠定价值基础，找到价值方向。本研究力求实现的是将道德教育置于时代精神的高度，赋予道德教育时代视野；为道德教育引入一些"新"（不是全新，而是过去存在，现在更加迫切需要）的主题，比如爱与教育爱、媒介意识、节俭与勇敢、公共精神、平凡生活的卓越、远距离道德、人权与道德、个体幸福、群体能力、风险与灾难意识等，为道德教育开辟新的研究领域，开阔道德教育研究的视野。

第一部分　冷漠时代的教育爱

我们的地球正在变暖,这是巨大的生态危机。与此相反,生活在这个星球上的人们,他们的心正在变冷,这同样是巨大的危机——人性的危机。一暖一冷,对比鲜明,但并不是毫无关联,我们知道"冷"正是"暖"的原因。"冷暖自知",我们真的感受到了冷暖变化了吗?自知之后,还有希望;一旦麻木,那就没有希望了。

我们这个时代,地球需要降温,而人心需要"保暖"。有爱并被爱的心才是温热的。爱是人心之桥,没有这座桥,人心彼此隔离,冷漠随之而来;有了这座桥,心和心可以拥抱,温暖如春。因此,爱和教育爱就是我们这个时代迫切需要的价值精神。

第一章　道德冷漠的现代生产

一、道德冷漠及其后果

冷漠就是对人或对事冷淡、不关心，道德冷漠（moral indifference）就是对道德的冷淡与不关心。这种冷淡与不关心既可能是主动的责任推拒，也可能是无意识的道德麻木，即在面对道德问题时没有反应，意识不到道德问题的存在，体会不到道德的召唤。

面对"他人的痛苦"，很多直接或间接的旁观者不是没有同情，只是没有行动。"我们的同情宣布我们的清白，同时也宣布我们的无能。"[①] 所谓"宣布我们的清白"，是指我们同情他人的痛苦，足以表明他人的痛苦不是我们导致的，与我们无关；所谓"宣布我们的无能"，是指我们虽然同情他人的痛苦，但我们在减轻、消除他人痛苦方面无能为力，一点办法也没有。"他人的痛苦"既不是我们导致的，我们又无能为力，冷漠是必然的结果（同情之中的冷漠）。比如，面对贫困人群，我们不是没有同情，但这种"细若游丝"的同情很快被"坚硬如铁"的责任否定所冲淡：他们的贫穷不是我造成的，作为个体，我能力有限，没有办法帮助他们脱离贫穷。

主动的责任推拒还有另外一种表现形式，即将道德看成次要的价值要求，将道德置于其他价值要求之后的"叨陪末座"。用利波维茨基（G. Lipovetsky）的话说，就是"幸福凌驾于道德命令之上，享乐凌驾于禁

---

① 桑塔格. 关于他人的痛苦 [M]. 黄灿然，译. 上海：上海译文出版社，2006：94.

忌之上，诱惑凌驾于约束之上"①。不是不要道德，而是道德与个人的幸福、享乐、满足相比是次要的，个人优先考虑的是自己的幸福与快乐，道德则被排在可以忽略不计的末位。比如，面对生态灾难给贫困人口带来的痛苦，享受着高度物质文明的发达国家的富裕人口不能说没有一点同情，只是一旦要其牺牲哪怕一丁点的物质享受来减轻那些贫穷人口的痛苦，也是不可能的，别人的痛苦与自己的物质享受相比算得了什么？

如果说主动的责任推拒是一种有意识的道德冷漠，还包含着微弱的道德挣扎的话，那么无意识的道德麻木则是一种彻底的道德冷漠，道德之门已经结结实实地关闭，看不到哪怕一丝一毫的道德亮光。当然，无意识的道德麻木也有不同的层次。失去了起码的"道德嗅觉"，不能感知别人的痛苦，意识不到道德问题的存在，没有道德冲动，这是第一层次的道德麻木；将他人的痛苦、苦难甚至牺牲当作娱乐和消遣的内容，将自己的快乐建立在他人的痛苦与伤害之上，这是第二层次的道德麻木。

表面上看，道德冷漠只是对自己责任的否定，实际上道德冷漠是对人性的否定，或者说是人性的堕落。任何一个人都不是孤悬于世的生命，而是融他人于自身的关系性存在，是"与他人共在"、"为他人而在"的。道德冷漠否定的恰是人的这种本性，扭曲的是与他人之间的形上关系。"如果与他人的关系被扭曲了，被败坏了，那么他人只能是地狱。"② 我们可以沿着萨特的思路继续下去：如果他人是地狱，那我们是什么？我们不也是别人的地狱、自己的地狱吗？因此，道德冷漠表面上是对他人的漠视，实际上也是对自我和人性的漠视。也就是说，"道德冷漠是从道德的源头上否定了道德，这种否定是一种彻底性的否定，结果是一切其他的不道德都算不了什么"③。

道德冷漠不会只停留在个体德性的层面上，一定会以各种方式获得社

---

① 利波维茨基. 责任的落寞：新民主时期的无痛伦理观 [M]. 倪复生，等，译. 北京：中国人民大学出版社，2007：36.

② 萨特的名言"他人就是地狱"经常被误解。实际上，萨特的本意不是说我们与他人的关系时刻都是坏透了的，而是说如果我们与他人的关系扭曲了，他人就成了地狱。因此，萨特不是断定他人就是地狱，而是担心他人变成了地狱。见：萨特. 他人就是地狱：萨特自由选择论集 [M]. 周煦良，等，译. 西安：陕西师范大学出版社，2003：10.

③ 高德胜. 电子媒介与旁观者的生产——论道德教育在电子媒介时代的选择 [J]. 华东师范大学学报（教育科学版），2007（4）：35.

会表达。在吉尔·利波维茨基眼里，我们已经进入"后道德社会"。"后道德社会指的是责任感淡化，且其约束力也日渐苍白无力，自我奉献的精神变得与社会格格不入，道德也不再要求个人为了崇高的理想而做出自我牺牲，主体权利支配了绝对命令，道德教育则被宜居胜地、阳光假期和大众娱乐所替代。"① 在费夫尔（R. W. Fevre）看来，现代社会是一种"非道德化"社会。所谓非道德化，"既是指由于道德从我们的生活中被剥离出来使我们脱离道德这一过程，也是指我们的文化已经失去目的性这一状况"②。无论是"后道德社会"，还是"非道德化社会"，其实都是指由个体道德冷漠积聚而成的社会道德风气与道德状况的恶化。更可怕的是，社会道德风气与道德状况的恶化达到一定的程度，就会以战争、屠杀甚至种族灭绝等尖锐而极端的形式暴露出来。齐格蒙特·鲍曼（Z. Bauman）等人的研究揭示了现代文明与纳粹大屠杀的关系，指出现代文明虽然不是大屠杀的充分条件，但"毫无疑问是必要条件"③。自"二战"以来，道德冷漠及其社会表达呈弥散之势，成了当今人类社会生活中的常态。考虑到当今人类所掌握的武器的毁灭性，如果道德冷漠集腋成裘，可能引发全球性的战争和大屠杀，人类前景着实堪忧！

二、道德冷漠的现代生产

道德冷漠并非现代社会独有，前现代社会同样存在着道德冷漠现象。只是到了现代，道德冷漠有了更坚实的社会基础，有了一套体系完备的生产机制。

1. 精细分工与道德"钝化"

现代分工对现代社会，尤其是对现代经济的贡献无法估量。同时，现代分工也使现代人从事无巨细的繁杂劳动中"脱域"（吉登斯语）出来，只专心做好自己的"那一份事情"，起到了解放人的作用。正是因为现代

---

① 利波维茨基. 责任的落寞：新民主时期的无痛伦理观 [M]. 倪复生，等，译. 北京：中国人民大学出版社，2007：33.
② 费夫尔. 西方文化的终结 [M]. 丁万江，等，译. 南京：江苏人民出版社，2004：2.
③ 鲍曼. 现代性与大屠杀 [M]. 杨渝东，等，译. 南京：译林出版社，2002：18.

分工的这种种好处，现代分工越来越细，已经推向了极致。

推向极致的现代分工，把其对现代人的损害也推向了极致。精细分工在"解放"人的同时，也在"毁坏"人，用雅卡尔（A. Jacquard）的话说，就是精细分工制造了"孤立的个体"、"残废的个体"、"失望的个体"①。"孤立的个体"是指精细分工使人们局限于自己的狭小专业领域，越来越难以与专业外的人进行沟通；"残废的个体"是指精细分工使人只具有专业特长，特长之外的基本能力严重衰退，变得"单面、残废"；"失望的个体"是指细碎的分工使多数人看不到自己在最终产品或某项任务中的作用，觉得自己可有可无、什么也没做，没有成就感。

精细分工导致的人的变异从不同的方向"钝化"着道德。"孤立的个体"阻断了人与人的交往，使个体"被自己的皮肤包裹起来"，不易走出自己、走向他人，窒息了人的道德感。"残废的个体"当然包括"道德上的残废"，因为"如果一个人只让他自己服从于一种目的或一种活动，他实质上就会丧失他的人性"②。"失望的个体"同时也是"道德钝化"的个体。细碎的分工既使个体看不到自己的贡献，也使个体看不到自己的过错与责任。巨大的成功是别人的，自己什么也没做；反过来，巨大的错误，甚至不可思议的罪恶也是别人的，自己的行为不过是这罪恶链条中微不足道的一个环节，发挥的作用很小，所以没有罪恶感。也就是说，精细分工使几乎每一种事情都需要很多人来共同完成，每个人都只能完成其中一个很小的部分，单个人的行为与最终结果之间的关系非常遥远、间接、脆弱，个体几乎无法看到自己行为与最终结果之间的关系。如果最终结果是正面的，即使不能那么理直气壮，也还是有人会跳出来"邀功"；如果最终结果是负面的，避之唯恐不及，谁会承担责任？精细分工必然导致这样一种道德困境："有罪过，但无犯过者；有犯罪，但无罪犯；有罪状，但无认罪者！"③

精细分工还导致现代人价值感和安全感的丧失。"在现时代，人们是像沙粒一样被搅和在一起的。……任何一个人都不是必不可少的。他不是

---

① 雅卡尔. 科学的灾难？一个遗传学家的困惑 [M]. 阎雪梅，译. 桂林：广西师范大学出版社，2004：20.
② 巴恩斯. 局外人看科学 [M]. 鲁旭东，译. 北京：东方出版社，2001：32.
③ 鲍曼. 后现代伦理学 [M]. 张成岗，译. 南京：江苏人民出版社，2003：21.

他自己，他除了是一排插销中的一根插销以外，除了是有着一般有用性的物体之外，不具有什么真正的个性。"[1] 精细分工使每个人都成为一个有用的、可替代的物体，否定了一个人作为人的独特性和价值感，而独特性、价值感正是一个人承担道德责任的前提。试想，作为一个"物体"，我什么价值都没有，还有什么必要对他人负责、承担道德责任？每个人都是可替代的，每个人每时每刻都要面临着被替代的危险，不安全感是深入骨髓的。在不安全感的驱使下，人们觉得周围的每个人都是事实上或者潜在的替代自己的人，在这种情况下，人们有的只是对他人深深的戒备和敌意，哪里还有同情和道德的容身之地！

2. 现代组织的去道德化

现代社会有两个强势的组织类型，一个是官僚机构，一个是商业机构。尽管这两个机构在很多方面差别巨大，甚至互相抵触，但它们在对待道德上的态度却是完全一致的：摆脱道德的束缚，消除道德压力，使自身置身于道德之外。

官僚机构，也就是所谓的科层制（bureaucracy）"已成为主导性的组织制度，并在事实上成了现代性的缩影。除非我们理解了这种制度形式，否则我们就无法理解今天的社会生活"[2]。那么，科层制有什么特点呢？

第一，科层制强调程序和规则，成文的规章制度在官僚体系中具有优先地位。对规章制度的严格遵守是官僚机构的意识形态，代表着个体对组织的忠诚，被赋予很高的荣誉。组织中的个体行为的最终依据不是个人的良知，而是组织的纪律与规定，"惟有组织内的规则被作为正当性的源泉和保证，现在这已经变成了最高的美德，从而否定个人良知的权威性"[3]。也就是说，即使个人良知告诉自己，组织要求做的事情是错的，但因为组织的权威性，不但依然要去做，而且要做好、做得出色。在这种情况下，道德已经穿上了组织规则这一"紧身衣"，被组织规则扼住了咽喉，发挥不出什么作用了。

生活在科层制下的人，一开始也许会有良知的不安和内心的激烈冲

---

[1] 雅斯贝尔斯. 时代的精神状况 [M]. 王德峰，译. 上海：上海译文出版社，1997：42–43.
[2] 布劳，等. 现代社会中的科层制 [M]. 马戎，等，译. 上海：学林出版社，2001：8.
[3] 鲍曼. 现代性与大屠杀 [M]. 杨渝东，等，译. 南京：译林出版社，2002：30.

突，但随着科层生活的持续，这种不安和冲突会慢慢消弭，直至成为完全按规章制度自动化行动的"机器人"。科层制下生活久了的人，逐渐感觉不到机构的外在勉强，而是主动地排斥道德，将规章制度作为一种"掩体"，将一切道德要求挡在这一坚硬的"掩体"之外，自己则躲在制度和规则背后不肯现身，因为按规则和制度办事是最安全、最节省的方式。医生，作为一个人，不能见死不救，不能因为孕妇丈夫不签字而不给孕妇进行手术，但因为有制度和规则，医生就可以理直气壮地按规则和制度办事，至于孕妇和孩子的死活，则与我没有关系，也追究不到我的责任，我是按规则办的！收费站的收费人员，作为一个人，不能因为救护车不交钱而眼看着难产的产妇垂死挣扎，但制度和规则规定救护车过收费站必须交费，所以就可以眼睁睁看着产妇难产，因为是按规则办事！因此，"处于官僚主义行为轨道里的人不再是负责任的道德主体，他们的道德自主性被剥夺了，并且他们被训练成了不执行（或相信）他们道德判断的人"①。

第二，科层制将人功能化。在科层体系中没有个性丰富的人，只有标准的社会角色。有丰富个性的人往往是科层制运转的障碍，而标准的、功能化的、可替代的角色才是科层制顺利运转的保障。在一个等级森严、井然有序的官僚体系里，相互照面的不是一个个的人，而是一个又一个社会角色。社会角色就像一套千篇一律的"工作服"，穿上之后，我们的行为都是在它的支配下完成的，似乎与我们自己无关，即使犯了错误，那也是职务错误、角色错误，与"工作服"后面的人没有关系。下班之后，我们脱下"工作服"，也就解脱了所有的与之相关的责任与义务。也就是说，角色与人发生了分裂：作为人，我们或许还有怜悯和同情；作为社会角色，我们没有也不允许有道德冲动。

商业机构在内部结构上也多采用科层化的组织方式，在以科层机构的特性排斥道德的同时，还有自己独特的一套去道德化机制。现代商业自从从家庭中分离出来之后，就"在一片完全属于自己的全新空间中扎下了根，商业就没有了束缚。它现在可以不再为'道德责任'烦心，不仅如此，它还可以而且的确阻止了道德情感进入那些进行商业决策的烟雾缭绕

---

① 鲍曼. 生活在碎片之中——论后现代道德 [M]. 郁建兴，等，译. 上海：学林出版社，2002：304.

的房间"①。商业的黄金律是效益,是利润,其他都是次要的、可牺牲的。"在商言商",短短四个字,就彻底道出了商业对道德的彻底放弃。不是说商业机构完全不要道德,商业也有自己的"商业伦理",但"商业伦理"的中心不在"伦理",而在"商业",这里的"伦理"也是为效益、利润服务的。"商业伦理"之外,一切与效益、利润相矛盾的情感、道德都是不合时宜的,哪怕是最人性的亲情,因为"商场无父子"。

3. 电子媒介与"苦难饱和"

现代社会是科技昌盛的社会,现代科技的发展极大地满足了我们的物质欲望,消除了我们对世界的恐惧,使我们在自然面前成为说一不二的主人。正是因为科学的巨大能力,使科学成了希望的源泉,成了信仰,成了一定意义上的"上帝":"我们的社会已经变成了一个以专门的非个人性的知识为基础的世俗社会,这个社会赋予科学家和科学知识的地位,如同我们的前辈承认牧师和宗教教义所拥有的地位。"② 但现代科技本身存在着"结构性非道德",即现代科技对道德的排斥是内在的、结构性的。③

科技的"结构性非道德"会通过迁移而转化为人的道德冷漠,因为现代科技是现代人的幸福源泉,是现代人所信仰的"上帝",对现代人来说就是"绝对命令"。在正常情况下,人们都有道德感觉和道德判断,轻易不会去做有悖道德的事情,但如果科学要求人们去做这样的事情,人们就会毫不犹豫地去做,"米尔格兰姆实验"④ 已经验证了这一点。实验中

---

① 费夫尔. 西方文化的终结[M]. 丁万江,等,译. 南京:江苏人民出版社,2004:4.
② 巴恩斯. 局外人看科学[M]. 鲁旭东,译. 北京:东方出版社,2001:1.
③ 赫费. 作为现代化之代价的道德——应用伦理学前沿问题研究[M]. 邓安庆,等,译. 上海:上海译文出版社,2005:111-113.
④ 米尔格兰姆以进行科学实验的名义从社会上随机找来市民参加实验。实验研究的是惩罚学习的效果。参与实验的市民扮演"教师",让坐在透明房间的被捆绑的"学生"背诵单词表:对了,出下一个题目,错了,则给予电击惩罚。电击的强度由15伏到450伏,每15伏为一档,30个按钮开关并成一排,且每一个按钮上都有标注,比如"危险——强烈的电击"等。随着电击强度的增大,"学生"越来越痛苦,惨叫声、哭喊声、求饶声不绝于耳(实际上这些都是表演,"学生"并没有真正受到电击,但"教师"并不知道,100%以为"学生"接受了电击)。研究者预料,这些有教养的市民不会有多少人会按下最高挡位的按钮,因为那样是非常残酷、残忍的。但实验结果却出人意料:三分之二的参与者不顾"学生"的痛苦从最低按钮一直按到最高按钮! 见:阿伦特. 耶路撒冷的艾希曼:伦理的现代困境[M]. 孙传钊,编. 长春:吉林人民出版社,2003:190-199.

的人不是没有道德，而是处在"道德休眠"状态，看着自己亲手为他人造成的痛苦而无动于衷。这些人之所以会进入"道德休眠"状态，是因为科学的权威与绝对性，科学实验如何要求，就如何做。

现代科技对道德的排挤与压抑有多种直接形式，其中比较突出的是电子媒介技术。与印刷媒介突出词语概念和抽象思维不同，电子媒介借助影像强调戏剧化，"在这种强调中，电视新闻青睐灾难和人类悲剧，它唤起的不是净化或理解，而是很快会消失殆尽的滥情与怜悯情绪，以及对这些事件的伪仪式感和伪参与感"[①]。用桑塔格（S. Sontag）的话说，我们所处的电子媒介盛世是一个"奇观社会"[②]，所有的社会现实都要被电子媒介的大口嚼掉变成影像奇观吐出来，否则就不是真实的，就无法引起人们的兴趣。强调戏剧化的电子媒介遵循"语不惊人死不休"、"无奇观，毋宁死"的金科玉律，什么题材和内容最能达到这种效果呢？当然是苦难、灾难！

因此，无论什么时候，只要你一打开电视、电脑，世界上的各种灾难和不幸就会走进你的客厅、卧室，伴你就餐，伴你入眠。苦难因此具有了日常性，融入了我们日常的世俗生活。但"犹如所有的传统事物，它们一旦'融入了世俗的日常生活'，就失去了所有的震撼力"[③]。即使是再具有同情心的人也会产生"同情疲劳"（compassion fatigue）。因为日常性的另外一些表达方式就是"如是性"、"理所当然性"，不会再去追究"为什么是这样"。苦难的日常化使我们以为苦难是再正常不过的事情，不再去深究苦难产生的原因，当然也不会做出相应的反应。

日常化的苦难不是我们每日生活中剂量很小的"调味品"，而是我们每日生活的"正餐"，将我们喂得饱饱的，达到了一种"超饱和状态"。饱和伴生着麻木，苦难的饱和伴生着道德上的麻木不仁。为了激起已经麻木的情绪，电子媒介必须加大刺激的强度，暴露更多、更露骨的苦难，以至于形成一个变本加厉的"苦难循环"！结果是，以前令人厌恶、令人胆寒、令人发指的暴行和苦难，在电子媒介时代的人看来，只是小菜一碟。桑塔格对此有清醒的认识："我们被那类曾经带来震撼和引起义愤的影像

---

① 贝尔. 资本主义文化矛盾[M]. 严蓓雯，译. 南京：江苏人民出版社，2007：111.
② 桑塔格. 关于他人的痛苦[M]. 黄灿然，译. 上海：上海译文出版社，2006：100.
③ 鲍曼. 被围困的社会[M]. 郇建立，译. 南京：江苏人民出版社，2005：222.

所淹没，渐渐失去了反应的能力。同情已扩展至极限，正日趋僵化。"①结果是善良、同情、怜悯等人类美好的道德价值不是被封闭、压抑，就是被弃若敝屣，无处可寻；而反人性的暴行、苦难、冷漠、麻木等随处可见。

电子媒介的戏剧化追求其实只是其娱乐本性的一种表现。"娱乐是电视上所有话语的超意识形态。不管什么内容，也不管采取什么视角，电视上的一切都是为了给我们提供娱乐。"② 电视的这种消遣与娱乐功能是生产者预设好的，我们购买的就是这种功能。作为"元媒介"（波兹曼语）的电视如此，其他电子媒介也大抵如此。实际上，电子媒介大量裸呈血淋淋的灾难、苦难影像，本来就不是让我们同情的，而是让我们娱乐、消遣的，也就是说，苦难是作为消费品提供给大众的。他人的痛苦、别人的苦难成了人们就餐的作料，成了饭后的谈资，现代人的道德冷漠不是必然的吗？

道德冷漠的现代生产机制除了以上几种以外，还包括网络化和城市化。网络创造了一种新的存在空间，在这种存在空间里，因为"相遇的脆弱"而导致义务的淡漠；网络拉近了人与人之间的距离，但"近"中有"远"，而"近中远"的悖论性境遇导致了责任的飘零。都市是陌生人的世界，为了自我保护，冷漠成了都市人的处世之道。另外，这些机制不是单独发挥作用的，而是综合在一起发挥作用的。无论是电子媒介、精细分工，还是现代组织、网络化和城市化，里面都有科技的力量；电子媒介与城市化、精细分工与现代组织之间都是血脉相连，很难截然分开的。总之，不是哪个单一机制，而是这些机制的共同作用造就了现代社会、现代人的道德冷漠。

三、教育不能冷漠

如前所述，道德冷漠是对人性的否定，如果任由道德冷漠的现代生产机制发挥其强大的生产功能，人类的未来将会相当危险。正是认识到了这种危险，我们这个时代的思想者对现代性进行了全面的反思和批判，现代

---

① 桑塔格. 关于他人的痛苦 [M]. 黄灿然，译. 上海：上海译文出版社，2006：99.
② 波兹曼. 娱乐至死 [M]. 章艳，译. 桂林：广西师范大学出版社，2004：112.

社会也发生了、正在发生着变化。学校教育作为一种自觉的、超越性的文化事业，虽然无力以一己之力抵挡道德冷漠的现代生产，但也不能以此为借口放弃努力，推卸自己应该承担的责任，甚至冷漠旁观、助纣为虐。只要保持清醒，在坚守中创新，学校教育还是可以贡献自己柔韧而绵长的力量的。

1. 学习共同体的建构

学校作为专门的教育机构，一头连着家庭，一头连着社会，始终处在家庭和社会的拉扯之中。在学校发展史的早期，学校作为家庭功能的延伸，有着更多的家庭色彩。如果说家庭是人的"第二子宫"的话，学校则是人的"第三子宫"。直到20世纪早期，学校依然偏向于家庭这一头，比如杜威就认为学校生活"应当从家庭生活里逐渐发展出来；它应当开展并继续儿童在家庭里已经熟悉的活动"①。处在这一阶段的学校，继承了家庭的情感性，更类似于关怀社群。随着工业化的到来，学校与家庭渐行渐远，一头扎进社会的海洋里，成了众多社会机构中的一种。尤其是"20世纪以来，学校规模愈大，结构愈科层化，其许多特征与韦伯的'理想类型'科层制机构特征相似"②。与现代机构同质、同构的学校虽然进行着道德教育，但也在生产着道德冷漠。第一，现代学校犹如现代化工厂，服从于专业化与效率的要求，"把大量学生（原料）集中在中心学校（工厂）里，由教师（工人）加工"是"工业社会的创新"③。现代学校批量生产的是适应现代精细分工的"残废、孤立而又失望的个体"，正如前文所述，是功能化的产品，是"道德钝化"的个体。第二，"学校对学生做了全部现代机构对全体人所做的事情：他们把生活过程制度化了，由此在总体上破坏了生活过程，生活过程本该以一种自然且自由的方式展开"④。受教育的儿童，在人生的早期，就逐渐适应了只见制度、程序、

---

① 杜威．学校与社会·明日之学校［M］．赵祥麟，等，译．北京：人民教育出版社，1994：7.
② 巴兰特．教育社会学：一种系统分析法［M］．朱志勇，译．南京：江苏教育出版社，2005：125.
③ 托夫勒．未来的冲击［M］．蔡光军，等，译．北京：中国对外翻译出版公司，1985：349.
④ 贝克．优化学校教育——一种价值的观点［M］．戚万学，等，译．上海：华东师范大学出版社，2003：31.

规范、纪律而不见同情、信赖、依靠、道德的生活。第三，求学的过程犹如障碍赛跑的过程，同伴之间的生命关系被扭曲为"你死我活"的竞争关系，他人都是自己跑道上需要跨越的障碍，不幸灾乐祸已经相当难能可贵，怎么可能对掉队的弱者表示同情！

因此，学校教育要想在抵制现代社会的道德冷漠中发挥自己的作用，必须首先进行自我改造——由现代机构走向学习共同体（community for learning）。波伊尔为我们描述了这种学校的理想状态："一个目标明确的场所；一个相互交流思想的场所；一个充满正义感的场所；一个纪律严明的场所；一个相互关心的场所；一个欢庆聚会的场所。"① 这样的学校充满了人性关怀，不再与现代社会一起生产道德冷漠。学习共同体的目标在于学习，不在于在激烈竞争中战胜别人。对作为共同体目标的学习，也应做回归本义的理解——既是对客观世界的认识，也是与他人交往、走向他人和与自己对话、认识自我。彼此间的相互意识是人类独有的发明，在现代机器丛林中生活的现代人、孤单少友的儿童都渴望交往，相互交流思想既能满足需要，又可孕育对他人的关怀。正义和纪律是建构共同体不能缺少的两个要素，因为学校毕竟不同于自在性的家庭，而且，正义感和纪律性也对人的道德感的培育起着重要的作用。现代学校虽然也将学会关心挂在嘴上，但如果学校不关心学生，那学校教给学生的则主要不是关心，而是冷漠。如果我们要想使每一个孩子都学会关心，那么，我们必须首先关心每一个孩子。作为学习共同体，学校不同于冷冰冰、硬邦邦的现代机构，而是一个"好去处"，一个孩子们爱去的地方，生活在这里的人享受这里的环境和气氛，爱这里的人。

随之而来的问题是：这样的学习共同体是否可能？应该承认，在目前这种功利化教育现状下，想要一步到位建构这样的学习共同体几乎没有可能。但也应该认识到，这样的学习共同体也并不是完全没有现实依据的空中楼阁。首先，信息化、全球化的发展对人才提出了新的要求，当代社会更需要有丰富个性和创造性的人。其次，与人接近、与人进行面对面交往是人性的深度渴求，而电子邮件、互联网和电子商务这类通信技术的飞速

---

① 波伊尔. 基础学校——一个学习化的大家庭［M］. 王晓平，译. 北京：人民教育出版社，1998：22. 有意思的是，译者将"community for learning"（学习共同体）译为"学习化的社区大家庭"，虽不准确，但却意外地道出了这种学校与家庭更亲近的联系。

发展只会导致间接互动的增加，人们更多的是与电视和电脑屏幕互动，而不是与鲜活的面庞相对，我们的社会变得越来越"无声化"①，人与人之间越来越自我隔绝。在这种情况下，学校作为一个相对独立的面对面交往空间，正可弥补社会"无声化"的缺憾，成为满足人性需要的处所。再次，代际"成熟差"或"不对称性"是学校存在的人类学依据，正是因为两代人之间存在的多种差距，学校的存在才有必要。但在电子媒介时代，两代人的"不对称性"正在消逝，学校的合法性正在消解。在这种趋势下，学校也应该寻找新的合法性依据，建构学习共同体应该是努力的方向。② 最后，由于世界范围内人口出生高峰回落等多种原因，学校和班级规模有变小的趋势，这也为学校共同体的建构提供了微观条件。原因很简单，巨型学校容易导向科层化机构，而规模较小的学校容易成为类似于家庭的情感性组织。当然，很多所谓没有可能性的问题，并非真的没有可能性，只是因为我们在旧的轨道上跑得太久了，不愿意尝试新的道路罢了。

2. 学校的媒介与网络意识

电子媒介与网络都有"教育意识"，包括与学校争夺时间和注意力的意识——如今人们花在电视和互联网上的时间加在一起甚至已经超过了工作或上学的时间；用完全不同的"教育哲学"解构、挤压、代替学校基本理念的意识。反过来，学校也应该有媒介与网络意识，不然的话，学校在与电子媒介、网络的这场持续不断的竞争中注定会输光所有"家底"。

学校的媒介与网络意识包括坚守自身特性的意识、揭示媒介与网络危险的意识、弥补媒介与网络缺陷的意识。在电子媒介与网络盛世，学校教育很容易经受不住强势存在的拉力，倒向对方，进而失去自我。比如，教育信息化、网络化的声音一直不断，很多教育从业者都渴望用电子信息和网络技术来改造学校。这样，一方面，电子媒介和网络在道德上的"毒副作用"就迁移到学校身上，学校教育也会成为"苦难饱和"的机制，成为义务淡漠、责任飘零、道德冷漠的生产机制；另一方面，整个社会也

---

① 吉登斯. 社会学 [M]. 4 版. 赵旭东，等，译. 北京：北京大学出版社，2003：94.

② 关于学习共同体为什么能够为学校提供新的合法性依据，请参阅：高德胜. 不对称性的消逝——电子媒介与学校合法性的危机 [J]. 高等教育研究，2006 (11).

会失去学校这一反对、抵御、制衡道德冷漠的重要阵地和力量，道德冷漠将会更加大行其道。如果学校能够坚守自身特性，就可发挥自身心灵沟通、情感交流、精神际会、道德熏染、经验分享等独特作用，制衡、弥补电子媒介和网络所导致的道德冷漠。

虽然电子媒介和网络给学校带来了前所未有的冲击，但学校不是反电子媒介和网络的，坚守自身特性不等于排斥将电子媒介与网络运用于教育过程，而是要充分挖掘其教育潜力。与此同时，学校教育还要向学生和社会大众揭示电子媒介的危险性，培育媒介与网络批判意识。在电子媒介与网络盛世，电子媒介与网络的逻辑最容易蔓延、扩散，将诸多事物裹挟入自己的逻辑，甚至悄悄改造着人性。学校教育如果能够揭示电子媒介的娱乐本性和对苦难的过度兴趣，暴露网络空间中身体退隐的道德后果，包括伦常的松懈、人际的粗鲁、义务的淡漠、责任的飘零等，成为电子媒介和网络盛世的清醒的超越性存在，就可在一定程度上缓解、抵御因信息技术所导致的道德冷漠。

人类学及相关学科的研究已经证明，人与人之间的交往与沟通在人的诞生和发展中起到了非常关键的作用，可以说交往需要已经在人类的发展过程中沉淀为人性的内在需要。电子媒介和网络一方面扩大了人类的交往空间，使"天涯若比邻"；另一方面又置我们于陌生人的世界里，使我们或者面对的只是"人的碎片"，无法进行深度的思想和感情交往，或者通过电子媒介进行间接交往，无法感知对方的呼吸和脉动。机器和电子媒介扩展了人类的能力，但却占据了家人、伙伴和朋友在我们身边的位置，人们感到前所未有的孤独和疏离，人性的深度需要无法得到满足。作为学习场所的学校，如果能够反省自身、回归本义，在运行过程中建构人与人之间亲近、持久的交往和对话关系，不正可适当弥补电子媒介和网络交往中的短暂和疏离关系所导致的道德后果吗？不正可以为面对面的交往提供方便，满足沟通交流的人性饥渴吗？

3. 远距离道德的建构

忧那思认为人类目前所秉持的伦理学是"近距离伦理学"[1]。这种伦

---

[1] 甘绍平. 应用伦理学的前沿问题研究 [M]. 南昌：江西人民出版社，2002：114.

理学关注的主要是人与人之间的直接关系,再往大了说也只是同一种族、同一文化的当代人之间的关系。鲍曼也认为现代道德符合"视觉法则":"靠近眼睛,它就庞大而厚实;随着距离增大,对他人的责任就开始萎缩,对象的道德层面就显得模糊不清,直到两者达到消失点,并逸出视野之外"①,因此是"亲近道德"(a morality of proximity)。这种道德的源头在于石器时代的人类生活,那时我们祖先的小型群体受到了选择,因为小群体生存具有优势,相应地,小群体间的亲情、互助、支持等行为方式通过自然的选择由个体继承下来,并逐渐沉淀、发育为人类的道德原型。

正是这种道德使我们处在一种两难境地之中:"我们继承了人类在史前史中形成的道德倾向结构,可在战胜现代生活世界的挑战中这些道德倾向结构对我们人类与其说是帮助还不如说是一种障碍。"② 因为,一方面,我们人类的能力空前强大,能够影响在时间和空间上都很遥远的人,一个人的一个欲念甚至可以改变千千万万远方或后世的人的命运;另一方面,我们的道德又是如此的短促、无力,非常依赖于空间、时间和群体上的亲近,超出这种亲近,就会消失得无影无踪。也就是说,我们的"一只手太长了,而另一只手则太短了"。

在一个全球化的时代,在一个以距离和疏远为基本特征的社会里,这种道德不是过时了,而是不够用了,所以需要增添一种新的伦理学,即"远距离伦理学":一种对时间、空间和群体上遥远的人负责的伦理学。鲍曼认为远距离伦理有两个要点,一是自我限制,一是对恐惧的探索。③ 所谓自我限制,就是要摆脱道德冷漠的现代生产机制所派生的责任推卸意识与习惯,时刻警惕自己作为或不作为对他人,包括"遥在"的他人的影响;所谓对恐惧的探索,就是要增强人们对不确定性和厄运的预测,增大人们的道德想象力,进而激发人们的道德敏感性。除这两点之外,远距离伦理学还应该有第三个维度,即博爱。博爱是对距离和亲疏的超越,剥去了我们行使道德行为的种种前提性条件,是一种无条件的人类情怀。只要有那么一分博爱情怀,我们对"遥在"的人们就会多一份关心和责任。

---

① 鲍曼. 现代性与大屠杀 [M]. 杨渝东,等,译. 南京:译林出版社,2002:251.
② 德纳. 享用道德——对价值的自然渴望 [M]. 朱小安,译. 北京:北京出版社,2002:7-8.
③ 鲍曼. 后现代伦理学 [M]. 张成岗,译. 南京:江苏人民出版社,2003:256-257.

显而易见的是，远距离伦理学不是学校教育所能单独建构的，但学校教育和德育可以贡献自己的力量。第一，教育和道德教育可以通过自身的努力培养自律的人。学校教育可以通过调整自己的价值取向（由许诺物质享受的前景转向孕育自我节制的人），增强自律和节制的教育内容，在学校生活过程中贯彻自律精神等方式培养自律的人。第二，教育和道德教育可以加强"风险社会"教育，帮助学生充分认识人类目前所面临的危险无处不在，拓展学生的道德想象力。第三，教育和道德教育可以通过自身的努力激发人类成员的共同命运感。在全球化的风险时代，共同命运不再是杞人忧天者的虚构，而是一个无可回避的事实，教育的任务就在于促使年轻一代尽快认识到这一点。第四，教育和道德教育可以进行博爱与普世伦理教育。既然人类是一个命运共同体，那么人类就应该有超越不同群体的共同伦理。教育的任务就在于在塑造民族精神的同时又不为民族精神所囿，传播普世伦理，为远距离伦理学的建构奠定基础。博爱作为超越性的人类情怀，其达成相当困难。但不能因为困难，学校就完全放弃。诺丁斯认为，许多人之所以不能将自己对亲人的关心扩大到陌生人，主要原因在于不能正确认识自我和他人。正是对自我的错误认识，导致对他人的冷漠、贬低、曲解和仇视。有时候群体就是一个膨胀的自我，在很多情况下，我们对其他群体及其成员的冷漠、贬低、曲解、仇视源于对自己所属群体的错误认识。在一个多元化时代，对他人及其所属群体的正确评价，也是决定我们是否对其投入感情的标准，而对他人的正确评价来源于与他人的交往和对话。[①] 因此，正确认识自我，正确理解、评价、包容他人应该是当代学校的教育主题之一。

---

① 诺丁斯. 学会关心——教育的另一种模式 [M]. 于天龙, 译. 北京：教育科学出版社, 2003：150–156.

第二章　学校教育与恐惧制造

恐惧是人类的一种本能性情感，能够帮助人们规避已知或未知的危险，有益于人类的生存。沃尔顿认为恐惧是人类"最为古老的情绪"[①]，当人类的祖先在原始森林里抬起头来直立行走的时候，他们生存的世界就是一个危险的所在，巨大的恐惧从一开始就如影随形。正是恐惧的存在，使得人类发明了各种方法来摆脱恐惧，从这个意义上讲，人类的历史也可以说是一部摆脱恐惧、与恐惧斗争的历史。教育也是人类摆脱恐惧的方式之一，通过教育我们既可以进入自己的内心，消除心灵深处的阴影，也可以更深、更广地认识世界，增强把握世界的能力。

一、"恐惧教育学"

教育始终与恐惧有关，今天的教育也不例外，但性质却有所改变。对照现实，我们发现今天的教育在制造恐惧，甚至将教育活动奠基于学生和教师的恐惧之上，形成了一种风格独特的"恐惧教育学"。

1. "身份的焦虑"：对未来的恐惧

所谓身份，就是一个人在社会上的地位。社会地位不仅意味着一个人拥有的资源和权力，也意味着在"他人眼里的价值和重要性"[②]。获取上

[①] 沃尔顿. 人性：情绪的历史 [M]. 刘建鸿，等，译. 上海：上海科学普及出版社，2007：4.

[②] 德波顿. 身份的焦虑 [M]. 陈广兴，等，译. 上海：上海译文出版社，2007：5.

层身份令人欣喜，因为上层身份不仅能带来丰富的资源、更多的自由，还能带来别人的重视，给人一种有价值感。而下层身份则意味着不但要遭受贫穷，还意味着要忍受被人轻视、被人贬低的精神折磨。也就是说，上层身份获得的好处是双重的，而下层身份遭受的折磨也是双重的。

身份的获得，过去主要靠出身和血统，现在主要靠教育，教育成了分配身份的主要依据。对此深有体会的学校就用下层身份的可怕前景恐吓学生。儿童文学作家郑渊洁曾经讲到自己儿子上小学时，某老师对他儿子班上的一位学生说："看你那没出息的样子，长大了吃屎都接不着热的！"这样极端恶毒的话在学校当中绝对是偶然的、个别的，绝大多数老师都说不出口。但不那么恶毒却表达类似意思的话，比如，"现在不好好学习，将来找不到工作看你怎么办！""现在笑嘻嘻，将来哭都哭不出来！"相信很多老师都说过。有老师甚至指着农民工对自己的学生说："不好好学习，将来只能像他们一样！"这些类似的话语，不能简单地归结为教师的语言暴力，其映射的还有教师对人生艰辛、身份争夺的洞察，渴望学生有一个好发展（获得上层身份）的良苦用心。学校教育之所以充斥这样的话语，传递的是一种为身份而焦虑的情绪。这样的情绪不仅在教师的日常言行中自发地流露，还体现在教育内容、教育过程和制度安排之中。教育内容的模范人物虽然都是正面的成功典范（有身份之人），但其成功的基础都在于艰苦卓绝地奋斗，反衬的恰恰是人生的艰辛、身份获得之不易。教育过程中，失败者悲惨的人生叙事总是若隐若现，时刻起着警戒作用，在一定程度上，学生受教育的过程就是学习如何避免悲惨人生（身份低微）的过程。而学校制度将受教育的过程设计成一个障碍赛跑的过程，在所有的阶段都有过了障碍的成功者和过不了障碍的失败者，用活生生的现实诠释着人生艰辛和身份争夺的激烈。

博尔诺夫说过："所有的教育，尤其是学校教育和教育机构的教育都面临着夸大人生艰辛和忽视游戏的危险。"[①] 在已经进入风险社会的今天，人生艰辛在很大程度上已经是一个事实（关于这一点后文会专门论及）。问题不在于是否夸大，而在于即使我们承认人生是艰辛的，身份争夺是残酷的，难道就应该早早让孩子生活在恐惧之中吗？况且，在我们这样一个

---

① 博尔诺夫. 教育人类学 [M]. 李其龙, 译. 上海：华东师范大学出版社，1999：45.

风险社会里，到处都是危险的气息，学生会自发地感受到。也就是说，学生已经不可避免地被恐惧之"爪"所"抓"，这已经够学生受的了，学校还要有意将恐惧加诸学生，时时提醒，不停制造，实际上已经变成了恐吓。

2. 紧张恐惧的教育气氛

博尔诺夫指出："教育的成功与否往往取决于生活中一定的内部气氛和教育者与受教育者一定的情感态度。我只是一般地称为教育气氛，并把它理解为情感、情绪状态及对教育抱有好感或厌恶等关系的总和。"[①] 对学校稍有了解的人都知道，如今学校的教育气氛是以紧张恐惧为特征的。学校生活不是和平安静的，而是充满火药味的。上学就如上战场，学生每天早早出门投入大大小小的"战斗"，只许胜利，不许失败，否则一步跟不上就可能步步落后，后果不堪设想。就连画张画、写段文字、唱首歌，老师挂在嘴上的话也是"看谁做得最好"。"看谁做得最好"，老师下意识说出的短短几个字，流露出了多少教育价值信息！比如生活就是竞争，一定要分出胜负，一定有赢家和输家；学习的目的就是为了战胜别人，自己学到什么并不重要，关键是比别人多学了什么……一些老师似乎特别热衷于为学生划分等级，特别乐意做残酷学习竞赛的裁判员。在这样的逻辑下，每个人随时都有失败的可能，而失败的后果又是那样严重，对失败的恐惧必然挥之不去。那些在这种竞争中的失意者，不但得不到同情，只会招致嘲笑，"许多儿童在被人嘲笑的持续恐惧中长大。……一个小时候常被人嘲弄的成人很容易识别，他无法摆脱再次被嘲弄的恐惧"[②]。

教师的日子也并不太平，他们也生活在紧张恐惧之中。多数的考试和评比既是针对学生的，也是针对教师的。自己所教班级的平均分、高分率等指标哪怕是比别人少半分，甚至是零点几分，那都是巨大的失败。再加上职称、公开课、学科带头人等名目繁多的竞争，教师的生存处境与学生一样紧张。更糟糕的是，就业形势紧张，导致等在学校门外的候补教师增多，给在岗教师以巨大的精神压力，所以才有校长、行政官员时不时的威胁与恐吓，"末位淘汰"、"竞争上岗"，都是悬在教师头上的利剑，随时

---

① 博尔诺夫. 教育人类学 [M]. 李其龙, 译. 上海：华东师范大学出版社, 1999：41.
② 阿德勒. 理解人性 [M]. 陈太胜, 等, 译. 北京：国际文化出版公司, 2000：58–59.

都可能落下来。再往上推,学校领导和教育行政部门也不消停,中考、高考成绩不好,也有丢官的现实威胁,要不然怎么会有重点中学花高价买优秀学生的怪事发生?对学生来说,教师是恐惧制造者;对教师来说,他们也是恐惧的受害者,而制造者变成了学校当权者和教育行政部门,而后者也同样未能摆脱恐惧。真是你恐吓他,他恐吓你,陷入了恐惧的恶性循环。

3. 学校的监狱化

"许多学校看起来更像一座小型秘密监狱。"[①] 富里迪的这个判断似乎有点武断、刻薄,但仔细想想,还真不是信口开河。这个世界充满了危险,所以安全是学校必须优先考虑的事情。一个简单直接的做法就是将外面的世界隔绝在校门之外,不让外面的危险渗透、蔓延到校园内。如今,几乎所有城市学校的门禁系统都是非常严格的,没有特定的证明和程序,外人很难进入学校。也正因为学校大门外的世界充满了危险,没有成年人的陪同,未成年的学生是不能走出校门的。有些寄宿制的学校,学生只有周末才可有条件地走出校门,平时根本不能跨出校门一步。为此很多学校发明了诸多方法,比如出门卡、通行证等,真可谓费尽心机、用心良苦。外面的人进不去,里面的人出不来,一扇大门隔出了两个世界,学校不像监狱,还能像什么?

出于对外界危险的恐惧,如今学校的教育教学活动几乎完全局限于校内,不敢"越雷池一步",我国新课程改革中突出社会实践的理念几乎全部落空。学校也有自己的难处和苦衷,因为一旦出事,学校和当事教师都承担不起那无法承担的责任。如果与外面世界危险隔绝的学校内部一片祥和,那学校的监狱化倒也有些合理性、合法性。问题是校园内同样充满了对危险的恐惧,甚至学生课间在校园里活动、玩耍也是危险的,所以,一些学校的教师又多了一项新的职责——午间、课间监督学生不准在校园里和教室里玩耍、游戏。

一些条件好的学校花大价钱购买监视系统,将学校的每个角落,包括教室都装上摄像头,学校领导坐在监控室里就可以看到校园里、教室里发

[①] 富里迪. 恐惧 [M]. 方军,等,译. 南京:江苏人民出版社,2004:2.

生的一切事，使教师和学生的一言一行都处在监视之下。这种技术手段，使学校的监狱化程度更上一个台阶，实现了校园内部的全面监控。这种监控使学生和教师处在双重恐惧之中：对危险的恐惧和对监控的恐惧。走出学校，危险无处不在，缩回校园，监视如影随形，恐惧成了挥之不去的阴魂。

二、"恐惧教育学"的危害

"如果你的心中有恐惧，你就不能探索、观察、学习，不能深入地觉察。所以，教育的意义很显然就是消除外在及内在破坏人类思想、关系及爱的那份恐惧。"[①] 我们可以从两个方面来理解克里希那穆提的这句话。一方面，恐惧是一种情绪，而情绪对人的"把握"不是局部的，而是整体的。"我们绝非像'具有'某些放在顶楼上的家具那样'具有'情绪。情绪弥漫于我们存在的整个存在场中。在德语中，情绪一词的词根有调音的意思，当处于某种情绪时我们的整个存在都按某种基调调谐过了。我们就是某种欢欣、感伤、恐惧。它像酵母发酵一样，渗透于我们的整个生存之中。"[②] 如果学生处在恐惧之中，也就意味着其整个生命存在都被恐惧"调谐"过了，恐惧成了生命的基调，整个生命都以恐惧为特征。而恐惧的生命最需要的是自保，探索、观察、学习等就成了奢想。另一方面，教育正是人类发明的一种消除恐惧的方式，因为幼儿更需要生存在不受恐惧威胁的环境中，以便在安全的气氛中发展，形成对这个世界及生活在这个世界中的人的信任，等到真正长大，才有足够的能力和勇气来应对危险和恐惧。"恐惧教育学"背叛了教育的应有使命，不但不能消除恐惧，反而制造恐惧，以恐惧作为教育活动的手段和目的，其危害是显而易见的。

1. 塑造焦虑、恐慌的一代

人生存的世界确实存在危险，人也需要避免危险。即使如此，儿童仍然需要有一个相对安全平和的成长环境，以在人生早期奠定一个基本心

---

① 克里希那穆提. 人生中不可不想的事 [M]. 叶文可, 译. 北京：群言出版社，2004：6.
② 巴雷特. 非理性的人——存在主义哲学研究 [M]. 杨照明，等，译. 北京：商务印书馆，1999：217.

境，发展出一些基本能力，以应对人生中可能遇到的危险。教育人类学将人的发展分为三个阶段：（1）有安全感的初始状态；（2）封闭世界被打破，经受各种风浪和危险；（3）产生重建可靠世界的需要。① 第一个阶段是起点，也是关键。没有这个阶段，没有奠定好一个基本心境和能力基础，人就无法经受第二个阶段的考验，也不会进入第三个阶段。"恐惧教育学"使本该处在第一个阶段的儿童，直接暴露在第二阶段不能自拔，在一定程度上成了焦虑、恐慌的一代。

很多消极情绪都与恐惧有关，甚至是由恐惧诱发的，比如焦虑和恐慌。焦虑常常与恐惧作为同义词使用，都是面对危险时出现的一种伴随着生理反应的情绪反应。但二者之间有细微差别。"恐惧乃是对一个人不得不面对的危险的一种适当的情绪反应，而焦虑则是对这种危险不适当的反应，或者甚至是对想象出来的危险的一种反应。"② 也就是说，焦虑是一种更具有主观性的恐惧，或者说是由恐惧引起的一种更深的恐惧，是自己对自己的恐吓。正是焦虑的这种主观性，使人感觉到危险无处、无时不在，草木皆兵、杯弓蛇影，焦虑也因此是最折磨人的一种情绪。阿德勒洞察这一点："焦虑使他的生活备受痛苦，使他无法与所有人联系，并摧毁了他建立和平生活的希望，或者摧毁了他卓有成效地为世界做出贡献的希望。"③ 如果说焦虑还是一种弥漫性的痛苦情绪的话，恐慌则是一种突然而过度的情绪，觉得大祸临头，生活无法继续。有时候恐慌是焦虑的积聚，有时候恐慌是由恐惧直接转化的一种激烈情绪。事实上，恐惧、焦虑、恐慌经常混淆在一起，很难明确区分。焦虑和恐慌对人的伤害"有内有外"。就内而言，处在焦虑之中的人无法体会生活的快乐与幸福，常常困扰于一种无助、萎靡不振或烦躁不安的情绪之中，疏解不了，要么导致人的崩溃，要么罹患精神抑郁、麻木机械等严重的心理疾病。就外而言，深受焦虑和恐慌情绪煎熬的人极度敏感和脆弱，稍有风吹草动，就会有过激反应，导致攻击行为的发生，以对他人的攻击和伤害作为保护自己、发泄情绪的方式。

对照现实，我们不难发现焦虑、恐慌对中小学生业已造成的巨大伤

---

① 博尔诺夫.教育人类学 [M].李其龙，译.上海：华东师范大学出版社，1999：43.
② 荷妮.我们时代的病态人格 [M].陈收，译.北京：国际文化出版公司，2000：28.
③ 阿德勒.理解人性 [M].陈太胜，等，译.北京：国际文化出版公司，2000：58-59.

害。第一,虽然大多数学校开始重视心理教育、心理辅导和心理咨询,但中小学生的心理问题、心理疾病还是有增多、加重的趋势,自杀等极端行为时有发生,虽然原因是复杂的,但很难排除恐惧、焦虑的因素。第二,"郁闷"等表达焦虑的词语成为流行语,从一个侧面反映出中小学生普遍生活在不快乐的状态之下,而这种不快乐的生活状态又会影响他们看待世界、看待人生的态度,因为"一旦恐惧成为一种普遍存在的心态,问题和困难就会被过分夸大,而可能的解决办法却被忽略"①。结果是很多孩子小小年纪就老气横秋、悲观厌世,失去了童年应有的阳光和朝气。第三,孩子们为摆脱焦虑、恐慌而采取的语言暴力、实际攻击性行为甚至违法犯罪行为,害了他人也害了自己。第四,逃避也是摆脱焦虑和恐慌的一种方式,而网络、电子游戏的存在为这种逃避提供了方便,结果是网络沉溺、电子游戏成瘾的孩子数量剧增,导致了更多、更深的悲剧。这些伤害还都是及时显露的,而那些隐含在心灵深处的伤害虽然暂时没有外露,却可能伴随他们一生,甚至为其一生定下了情绪基调。

2. 病态竞争的常态化

竞争是一种正常的人与人关系模式,有人的地方就有竞争,学校也不例外。但病态的竞争则不同。荷妮归纳出其三个特点:(1)为竞争而竞争(正常的竞争是为了做好事情,而病态的竞争做事已经不重要,竞争才是重要的);(2)独领风骚才算赢(正常的竞争是可以双赢、多赢的,而病态的竞争只承认第一才是胜利,否则就是失败);(3)敌视(病态竞争含有对竞争对手的敌视,而正常的竞争则含有相惜之意)。② 病态竞争之所以是病态的,就在于它扭曲了人与人之间的关系,使他人变成了自己的地狱,自己变成了他人的地狱。

势利的社会充满了病态的竞争,而学校内的竞争有过之而无不及。实际上,求学的过程已经变成了病态竞争的过程。对很多孩子来说,自我潜能的发挥、探索未知的快乐、获取知识的美好等都不重要,重要的是竞争,上学的乐趣就在于竞争,竞争成了生活的主调,成了求学生活的常规

---

① 富里迪. 恐惧 [M]. 方军,等,译. 南京:江苏人民出版社,2004:6.
② 荷妮. 我们时代的病态人格 [M]. 陈收,译. 北京:国际文化出版公司,2000:125-128.

样态。"我愿考试简单到底,让我来个全班第一;我愿考试简单到底,让我重新找回自己。"① 只有"全班第一",才能"找回自己",这是典型的病态竞争的症状。问题是,"第一"只有一个,绝大多数人都成了找不到自己的失败者。我们不难想象,每一个经过"学校风雨"的人,都经受了什么样的伤痛考验!伙伴关系是一个人成长过程中最重要的关系之一,在特定阶段其重要性甚至会超过亲子关系、师生关系。在现实的学校环境中,我们发现学生之间的敌视、仇视挤压甚至代替了同侪相伴,使生命过程中本应是非常美好的经历,变成了病态竞争的扭曲关系。

"恐惧教育学"与学校里的病态竞争直接相关。正是对未来的恐惧,或者说为了避免将来的失败,为了不使自己的未来人生黯淡无光,才要从现在开始拼命竞争,未雨绸缪。为了将来,现在的一切苦、一切痛都是必须的和值得的;而紧张恐惧的教育气氛,使学校生活中的每一个人,包括教师都没有安全感。有的人是自觉地投入这无情的竞争之中,有的人则是不自觉地被卷入这残酷的竞争之中,无论如何,只要恐惧是注定的,病态竞争就是不可避免的。

3. 助长对人性的不信任

"恐惧教育学"将学校变成了小型监狱,试图割断学生与社会的联系,在这种情况下,对个人发展必不可少的社会交往与联系也被视为增加危险的方式。正如富里迪所说,"握手也变成了一种危险"②,"这种早期教育教会了孩子以一种怀疑与嘲讽的态度对待人性"③。为什么会这样呢?

现代生活,尤其是都市生活,每一个人都生活在陌生人的包围之中。不相信陌生人,将陌生人等同于危险,实际上意味着不相信自己之外的所有人。在这种情况下,孩子们还能信任什么人?在我们看来,他人都是陌生人,都是危险,在威胁自己安全的意义上都是坏人。反过来,在他人眼里,我们也是陌生人,也是危险,也可约等于坏人。这样一来,我们与他人都是坏人,那好人在哪里?我们夸大陌生人的危险与邪恶,实际上是在宣扬对整个人类的不信任。这样的逻辑很容易给孩子造成一种心理印象:

---

① 非野,等. 校园 MTV [M]. 上海:上海人民出版社,2003:38.
② 富里迪. 恐惧 [M]. 方军,等,译. 南京:江苏人民出版社,2004:9.
③ 富里迪. 恐惧 [M]. 方军,等,译. 南京:江苏人民出版社,2004:108.

好人难觅,坏人当道,人人皆可疑。心理印象还是表面,久而久之,年轻一代就会在内心深处形成对人性的不信任:既然人人皆可疑,那就意味着人性是恶的而不是善的。

道德冷漠是当今人类道德进步的大敌,因为道德冷漠的蔓延与深化,损害的是对人类生活最为珍贵的道德感。如前所述,既然陌生人都是危险的,甚至是坏人,我们哪有帮助他们的责任和义务?人是道德的存在,如果遇到他人需要帮助而不伸出援助之手,每一个人都会有道德自责和良心压力。而将陌生人视为危险和坏人刚好为人摆脱道德自责和良心压力找到了借口:我之所以不帮他,不是因为我道德上有问题,而是因为他是坏人。这样一来,就为道德冷漠找到了普遍可以接受的理由,找到了可以快速膨胀的温床。

当然,"恐惧教育学"的危害远远不止上面提到的这些,其损害的不仅仅是学生,还有教师、学校以及整个教育。如前所述,从教师的角度看,恐吓学生的教师也被恐吓,同样生活在恐惧之中,备受恐惧和焦虑的折磨。从学校和教育的角度看,被恐惧笼罩,不单意味着学校和教育的异化,也意味着这个恐惧的时代再也找不到一个安静和平的角落。整个世界都处在恐惧之中,学校不但对社会的恐惧有所回应,还加剧甚至放大这种恐惧,从而形成一个恐惧的封闭之环,恐惧成了人从生到死的主调,那是怎样的生活、怎样的悲哀?

三、"风险社会"的教育回响

"恐惧教育学"的产生与存在不是孤立的,而是"风险社会"在教育领域的回响。贝克基于对现代社会的洞察,指出现代人已经"生活在文明的火山上",即"风险社会"阶段,"不明的和无法预料的后果成为历史与社会的主宰力量"[①]。如果说工业社会发展的动力是对物质财富的追求,生存的逻辑是"我饿""我需要";那么风险社会的动力则是对风险的规避,生存的逻辑是"我害怕""我恐惧"。工业社会的逻辑依然强劲,现代人还必须为"每天的面包"而奋斗,所不同的是,现在还得同时为

---

① 贝克. 风险社会 [M]. 何博闻, 译. 南京: 译林出版社, 2004: 20.

"每天的安全"而奋斗。"每天的面包"不易获得，获得了也有随时丢失的危险，即使不丢失，"面包"（财富）也不能保证免受生态、战争、经济危机等灾难的侵袭；而那些无法获得"面包"（财富）的人则要忍受双重的痛苦，即贫穷的痛苦和完全暴露在危险面前的痛苦。

身处"风险社会"中的人，无论富贵还是贫穷，都要面对不明的、无法预知的危险，不确定性的幽灵到处游荡。不确定性是高悬于现代人头顶的利剑，随时随地都可能落下。正是这样的变化使得现代社会的控制方式发生了根本性的改变：过去的控制是制定规则让人遵守，现在则是以不确定性来制造紧张气氛，使人在朝不保夕的压力下主动"榨干"自己。"从成本与效果的角度看，任何形式的社会控制都不如笼罩在被控制者头顶上的无保障这个幽灵更有效。"[①] 任何人都是可替代的，在自己从事的工作岗位旁边总有虎视眈眈的长长的候补队伍，在这种情况下，管理和控制简直是易如反掌。根源在于，"只需要全球劳动力的20%就足以维持经济的运转，80%的强壮劳动力，从经济的角度看，都是剩余的"[②]。这样的现实，使得社会的所有阶层，包括那些精英，终其一生都面临着解雇、破产，以及与此相伴随的丧失社会地位、社会承认和人格尊严的威胁。这是一种暴力，一种结构性的暴力，内在于现代社会本身。正是在这个意义上，鲍曼才说不确定性、不可靠性、不安全性是现代社会"最险恶、最令人痛心的"地方，因为只有它们本身才是确定的，即"不确定之确定性"、"不可靠之可靠性"、"不安全之安全性"[③]。

无保障的幽灵因为现代社会的个体化而被放大。如果以群体作为生存的基本单位，个体成员即使遇到了困难和灾难，其他成员和群体还可以给予补救和慰藉，困难和灾难也就缩小了。反过来，如果是"单子"式的生存，没有他人和群体可以依靠，与世隔绝的个体显得那样脆弱，一旦遇到困难和灾难，那就是毁灭性的。不幸的是，现代社会是个体化不断加速的社会，一切个体之外的群体，小到家庭，大至国家，几乎都被视为羁绊而成为"解放"的牺牲品。

家庭曾经作为能够给人以安全和庇护的"根据地"，如今也在个体化

---

① 鲍曼. 被围困的社会 [M]. 郇建立, 译. 南京：江苏人民出版社, 2005：14.
② 鲍曼. 寻找政治 [M]. 洪涛, 等, 译. 上海：上海人民出版社, 2006：11.
③ 鲍曼. 寻找政治 [M]. 洪涛, 等, 译. 上海：上海人民出版社, 2006：10-38.

要求面前解体，呈现出衰退趋势。家庭衰退的标志是家庭规模越来越小、结构越来越简单和家庭自身的脆弱。现代社会几代同堂的大家庭已经少见，核心家庭成了主导，但丁克家庭、单亲家庭的比例正在上升。另外，曾经作为个人超越生命有限性达至无限的家庭，如今的寿命并不一定比个体生命更长，脆弱而易碎。也就是说，如今家庭能够给个人提供的庇护已经远不如从前，相反，个体所遇到的困难和灾难却可能吞噬整个家庭。托夫勒说："家一向被称为社会的'大减震器'，是同世界搏斗，被打得遍体鳞伤的人的栖息地，是日益动荡不安的环境中的一个稳定点。"① 对照现实，家庭与其说是"减震器"，倒不如说是"共振器"，有时候，不是家庭庇护个人的灾难，而是个人的一个小波折就拖垮了家庭。

社区比家庭衰退得更快，我们甚至可以认为社区已经死了。在现代都市，以家门为界，我们的世界被切割为两部分，一个是家门内的小天地，一个是家门外的陌生世界。陌生意味着危险，陌生人在家门之外，危险也就在家门之外。因此，出于自我保护的需要，陌生人之间的相处以冷漠和戒备为基本特征，我不干涉他人，不管他人的死活，他人不干涉我，也不管我的死活。在这种人际关系状态下，一方面个体少了来自他人和群体的诸多干预，有了前所未有的自由；但另一方面，一旦遇到命运的无常，想要从他人那里获得帮助和安慰，显然也是非分之想，一切都得自己承受。工作单位或就职的机构曾经给人以安全感和稳定感，但在今天是让人最没有安全感的地方。作为雇员，不确定性就像人每时每刻都要呼吸的空气一样弥漫在周遭，因为工作场所其实就是劳动市场的一角，而劳动市场的主戏就是永恒的生生灭灭。同样，国家也变脸了，忙着"让臣民相互竞争，并在梦想无法实现时责怪他们自己。政府忙于传递'别无选择'、'保障就是依赖'、'国家的保护正在减少'这样的信息，并要求臣民具有较强的适应性，欣然接受变化莫测的生活环境中充满的风险"②。现代国家"知道"节制自己的权力，纷纷标榜自己是"有限政府"，实际上就是告诉自己的国民，不要对政府有过多、过分的期待，"一切都得自己扛"。

"解放"是一个激动人心的词汇，现代人加速的解放，实际上就是使个人从物质、空间、关系等外在束缚中解脱出来，以便过上更加个人、更

---

① 托夫勒. 未来的冲击 [M]. 孟广均，译. 北京：中国对外翻译出版公司，1985：210.
② 鲍曼. 被围困的社会 [M]. 郇建立，译. 南京：江苏人民出版社，2005：54.

加自我、更加私人的生活。解放追求的是个人自由，但当自由唾手可得之时安全却岌岌可危。没有自由的安全是枷锁，没有安全的自由则是无常命运的折磨。还是鲍曼讲得透彻："当自由在安全的神坛牺牲时，自由的光彩最为亮泽。当安全在个体自由的神殿下被牺牲时，他便偷走了自由这一牺牲品的光彩。"① 如果是一群人手挽手，滔天的风浪也会显得小些；如果是孑然一身，一个小浪也足以让人觉得铺天盖地。现代人拼命追求解放，急着摆脱"铠甲"的束缚，结果却发现不得不孤身一人，赤身裸体站在风险社会的漫天风雪之中！

学校教育无法将"风险社会"隔离于有形或无形的围墙之外，"风险社会"的特征在学校定有回响，或者说学校教育本身就是"风险社会"的一个重要组成部分。"风险社会"里的个体无依无靠，只能到劳动市场去谋生，成则意味着财富、地位、尊重，败则意味着贫穷、苦难、没有尊严。虽然没有永恒的成功或失败，但一次成功通常是下一次成功的基础，优势可以累积，一次失败通常是下一次失败的预演，劣势也可以累积，所以起点很重要。进入劳动市场是有前提条件的，而这种条件由教育提供。如果一个人没有接受过学校教育，他就没有进入劳动竞技场的资格；即使勉强进入，也只能从事那些最无保障、最危险的工作，随时随地都可能被哪怕是一点风吹草动击溃。如果一个人接受过学校教育，他就获得了进入劳动市场的资格。现代社会的学校教育之所以如此重要，就在于其给个体提供了进入劳动市场谋生的资格。当然，一个人受的教育越好，进入劳动市场的起点就越高，成功的可能性也就越大，对无常命运掌控的可能性也随之增大。在这种社会逻辑之下，学校教育的重要性异常突出，能够成功地完成学校教育过程，对很多人来说都是生死攸关的。明乎此，学校教育中的恐惧、焦虑、紧张、病态竞争等怪现状也就不难理解了。

教育回归和平的必要性不言而喻。一代又一代人焦虑与恐慌的累积、病态竞争的常态化、对人性怀疑与道德冷漠的深入和弥漫，所有这些，到了一定程度，就会成为社会动荡、人类灾难甚至是再一次人类大屠杀的社会心理基础。因此，有良知、有理性的教育者都不能坐视"恐惧教育学"的蔓延。教育本来是人类摆脱恐惧的一种方式，它本身就应该是和平的，

---

① 鲍曼. 后现代性及其缺憾 [M]. 郇建立，等，译. 上海：学林出版社，2002：4.

如果成了制造恐惧的活动，也是对自身本性的违背。更重要的是，无论成人世界有多危险、多恐怖，孩子都应该过一种和平的生活，因为幼嫩的身心必须在受保护的环境中生长发育，否则就会陷入病态甚至"夭折"。所以，博尔诺夫才说："幼儿需要在熟悉的可信赖的天地中安全地活动，这是一种天性。"①

与必要性相比，教育回归和平的可能性要复杂得多。既然"恐惧教育学"是"风险社会"的回响，那么"风险社会"的存在对于教育回归和平来说就是一个巨大的障碍。在当今这个时代，教育与社会的关系愈益密切，亦步亦趋地跟在社会的后面，独立性就愈益消失殆尽。在这种情况下，剔除"恐惧教育学"，让教育回归和平的希望就只能寄托在社会的发展变化上。但"风险社会"还只是处在初级阶段，不确定性的幽灵正在发展壮大。一定意义上，"恐惧教育学"是社会压力，尤其是身处"风险社会"中的家长由自身的切肤之痛中生长出来的要求的结果，如果教育用和平的方式进行，家长不会满意。从这个角度看，对教育回归和平的可能性，我们有理由悲观。但悲观中我们也有乐观的理由，那就是教育与社会的这种关系不是正常的、应然的，而是扭曲的、病态的。也就是说，如果教育能够坚守自己的独立性，无论外面的社会如何充满风险、如何恐怖，学校还是有可能为儿童搭建一片和平的天地。

恐惧是人的一种本能性情感，但人时刻都在追求和平与安全，因为长久的恐惧会导致人的崩溃。杜威曾说，人追求和平与安全的方式不外乎两种，一种是同周围决定他命运的各种力量进行和解，另一种是发明许多技术来与周围的环境斗争。② 前者求诸心灵力量，通过内在心灵的和谐宁静来实现和平；后者求诸征服能力，通过改造、控制外在环境来摆脱威胁。两种方法，同样重要，缺一不可。只有前者，没有后者，就会滑入消极遁世；只有后者，没有前者，人类就会陷入无休止的"战斗"。在现代社会，我们已经丢弃了前者，不再寻求心灵力量，只求征服能力，几乎每一个人都野心勃勃，都渴望掌握权力和财富，出人头地。在这种情况下，教育也被废了一半"武功"，只会增强受教育者征服外在世界的能力，不再

---

① 博尔诺夫. 教育人类学[M]. 李其龙，译. 上海：华东师范大学出版社，1999：42.
② 杜威. 确定性的寻求：关于行知关系的研究[M]. 傅统先，译. 上海：上海人民出版社，2004：1.

修身养性以提高心灵力量。也就是说，教育、学校或被动或主动地变成了个人实现野心的工具。因此，教育回归和平的可能性，首先在于教育的价值定位的改变，即由实现个人野心的工具变为提高心灵力量的场所。拉兹洛指出："我们越来越清楚地看到，人类的最大局限不在外部，而在内部。不是地球的有限，而是人类意志和悟性的局限阻碍着我们向更好的未来进化。"① 当然，价值定位的转换不是一日之功，在目前的境况下可能性微乎其微，但教育永远都能让人在绝望中看到希望！

---

① 拉兹洛. 人类的内在限度——对当今价值、文化和政治的异端的反思 [M]. 黄觉, 等, 译. 北京：社会科学文献出版社，2004：2.

第三章　爱与教育爱

我们的时代是一个与爱对立的时代。这是一个工具理性的时代，工具理性只关注对象的有用性，哪怕这对象是人，是同胞，所以骨子里是排斥有牺牲气息的爱这一价值的；这是一个技术犹如上帝的时代，冷冰冰的机器与类机器的体制包围了人，对人及其生活进行殖民，时刻冷却着人所独有的爱；这是一个激烈竞争的时代，人与人之间充满了警惕、戒备和敌对，爱成了有碍获胜的累赘；这是一个陌生的时代，人与人的关系以陌生为特征，冷漠代替了爱。教育，本来本身是爱的事业，但我们的教育也沾染了时代的流俗，加剧着对爱的排斥与消解。但人是爱的动物，无论多奢华的物质享受都无法抵消爱的贫乏给人带来的伤害。没有爱也就没有人，爱的消失也就意味着人的消亡。因此，在这个爱被流放的时代研究爱与教育爱，具有别样的意义，因为这事关人类当今的幸福与未来的存亡。

一、人是爱的动物

人是爱的动物不是毫无根据的断言，而是证据确凿的"事实"，或者说，这是对人类本质与境况的一种真实描绘。从形而上的角度讲，爱是从自然拔根的人重新扎根的方式；从生物进化的角度讲，达尔文告诉我们，爱是人的一种本能，是人类进化的原动力，"无论从长期还是短期看，人类更强烈的推动力可以是——并且一般是——对别人的态度和爱"[①]；从

---

① 洛耶·达尔文：爱的理论［M］. 单继刚，译. 北京：中国社会科学文献出版社，2004：233.

心理学的角度讲，每个正常人都是在母爱和亲情的滋养中长大的，缺少母爱和亲情所造成的心灵创伤是无法弥补的。

人来自自然，自然是人的"快乐老家"。但人与其他动物不同，人之所以为人，在于人已经从自然中脱颖而出。脱颖而出是有代价的，即人无法再回到"快乐老家"，无法与自然融为一体了。"离家"的人获得了其他动物所没有的自由，能够主宰自己的命运，但同时也失去了依靠，处于一种拔根状态，需要面对与世（自然）隔绝的孤立与孤独。更要命的是，人有意识和自我意识，不但能够意识到自己的与世隔绝状态，还能意识到自己的脆弱、渺小、无力和死亡的不可避免。因此，摆脱与世隔绝状态就成了"离家"的人的迫切需要，否则就没有扎根之所，就没有安全感，没有依托，无法安顿自己的身心，因为"即使他所有的生理需要都得到了满足，他也会觉得这种孤独和孤立状态像牢笼，他必须打破牢笼以保持精神健全"①。如何才能摆脱这种无法忍受的孤立与漂浮感呢？回到自然的路已经断了，人只有走向人，走向自己的同胞，走向人与人的联合。人别无选择，只能将自己从自然中拔出的根扎在"人间"，与他人联合，才能感到安全、自在，才能使身心得到安顿。当然，与同胞联合也是人乐意做的事情，这符合人的需要和本性，"人间"与自然一样能给人无边的温暖和幸福。

人可以通过几种途径来达到人与人的联合，比如顺从和控制。顺从就是将自身融入他人或各种团体之中，使自己成为他人或群体的一部分；控制与顺从相反，是使别人成为自己的一部分。这两种与人联合的方式虽然解决了人的孤立问题，但又使人失去了自由和完整性，而这样的结局不是脱颖而出的人真正想要的。"人身上只有一种感情能满足人与世界结合的需要，同时还能使人获得完整感和个性感，这种感情就是爱。爱是在保持自我的独立与完整的情况下，与自身之外的人或物结为一体。爱就是体验共享与交流，它使人充分发挥自己的内在能动性。"②爱最基本的情感成分是付出与给予，因为付出和给予，人走出自我，达成与他人的真正联合，而这付出和给予不但不会让自身减损，反而使人的生命力得到增强。正是在这个意义上，弗洛姆指出："对人类存在问题的真正和全面的回答是要

---

①② 弗洛姆. 健全的社会 [M]. 孙恺详, 译. 贵阳：贵州人民出版社, 1994：23.

在爱中实现人与人之间的统一。"①

阿克曼认为:"爱是一种古老的痴狂,一种比文明还要悠久的欲望,其根深深地扎入黑暗、神秘的年代。"② 也许我们会以为这种观点与达尔文的自然选择理论相矛盾,因为我们通常所了解的达尔文推崇的是"弱肉强食"的"丛林法则"。这实在是那个时代根据自己的需要对达尔文的有意曲解。实际上,达尔文对"人类由来"的追问所得出的结论与阿克曼的观点一点儿也不矛盾。达尔文通过研究发现,除了自然选择之外,还有群体选择(group selection)。人是群体性动物,从一开始就是以群体的方式存在并发展进化的,对人来说,进化的基本单位不是个人而是群体。一个群体,其内部成员愈是互相关爱,互相同情,这个群体就会愈繁荣,就愈可能在群体间的竞争中获胜。基于这样的发现,达尔文将爱视为人类的本能,"我们人类,今天的人类,已经很少有什么特殊本能,我们祖先身上的本能在我们这里已经不复存在。但是,这不应该成为我们拒绝继承远古时代就存在的某种对同伴本能的爱和同情的理由,事实上,每个人都意识到,我们的确具有同情心"③。

人类这一物种能够在地球上生存至今并愈发显得卓尔不群,有运气的成分,但人类自身的"选择"更为关键。其中一个重要的"选择"就是爱,正是因为将爱作为关键的生物机制,人类才有了今天的卓越。从这个意义上讲,具有巨大生存和发展价值的爱是人的生物需要。"要是原始人类没有和同类合作的基本欲望,人类这一物种是绝无可能生存下来的。要是我们以狩猎为生的祖先真有'原罪',真是些野蛮、嗜血的暴徒,那么人类不会成功地生存下来,早就结束其历史了。"④ 整个人类因缺乏爱而消亡的情况目前还没有出现,但因为缺乏爱而已经消亡或正在消亡的部落、种群却不鲜见。历史上那些已经灭亡的人类种群,其灭亡的原因都相当复杂,但恐怕都与种群内部的不团结脱不了干系。乌干达伊柯人的悲剧则可以直接证明爱的缺失与种群灭绝的明显关系。生存环境恶劣导致伊柯

---

① 弗洛姆. 爱的艺术 [M]. 李健鸣,译. 上海:上海译文出版社,2008:16.
② 阿克曼. 爱的自然史 [M]. 张敏,译. 广州:花城出版社,2008:3.
③ 洛耶·达尔文:爱的理论 [M]. 单继刚,译. 北京:中国社会科学文献出版社,2004:160.
④ 莫里斯. 人类动物园 [M]. 刘文荣,译. 上海:文汇出版社,2002:14.

人把爱和其他美德一并抛弃了，那里的生活变成了围绕着食物而展开的残酷而变态的竞争，人们见面的第一句话通常是"给我食物"，亲人之间也没有亲情，甚至可以将自己的孩子吃掉！① 阿克曼忧心忡忡地说，伊柯人的悲剧也许预示了爱不是必不可少的这样一个可怕的事实，但伊柯人行将灭亡的事实不正说明了爱的必不可少吗？

从个体生命成长的角度看，每个生命个体都开始于与母亲的共生阶段，悬挂在母亲子宫里的胎儿与母亲形成了一种完美结合状态，那是一种无缝的连接，一种完全的依赖。"随着完美的悬挂、依赖、联合关系的结束，出生就像截肢，孩子像被截去的肢体，时刻盼望着安回原处。不是说人人都能自觉地意识到这一点，而是说这也许可以说明我们所有人不时地感觉到要与他人合并心、血、身体的渴望是潜移默化的。"② 事实上，对刚出生的婴儿来说，母爱不但是一种本能渴望，还是一种必需③，因为脆弱无依的生命，如果没有母爱的避风港，是无法在世界、在人间立足的。许多幼禽出壳后将自己第一眼看到的体积较大的移动物体当成母亲，这是动物的"铭记"现象。人类个体也有自己的铭记过程，那就是婴儿出生后的前几个月与自己的母亲和亲人建立的爱的联系。婴儿刚出生的前几个月，是个体最初的，也是最敏感的社会化过程，这一过程建立起来的铭记，对个体的情感发育起着重要作用。当然，人类的铭记比动物要弱，不那么固定，也比动物缓慢。因此，作为一种积极的学习过程，人类的铭记可以扩展到整个童年期。婴儿与童年期的铭记为人蓄积了丰富的情感，在以后的日子里一旦需要，就可以从容取出。马斯洛指出，爱的需要在其生命早期得到满足的人，在安全、归属以及爱的满足方面，比一般人更加独立，更可能发展出深情、自尊、自信、仁慈、慷慨、无私、宽容等品质。④ 也就是说，爱的需要得到满足的人，获得的不但是自身的心理健康，还有爱人的能力。

---

① 阿克曼. 爱的自然史 [M]. 张敏，译. 广州：花城出版社，2008：174 – 177.
② 阿克曼. 爱的自然史 [M]. 张敏，译. 广州：花城出版社，2008：122 – 123.
③ 说母爱是一种必需，并不是说没有母爱的人就不能成长。母爱是一种本源性的爱，失去母爱的人，可以在父爱或其他亲人的爱中得到一定程度的补偿，但无论如何，没有母爱都是一种缺憾，会在人的心灵上留下阴影。
④ 马斯洛. 动机与人格 [M]. 3 版. 许金声，译. 北京：中国人民大学出版社，2007：41，49.

如果说人在生命早期爱的需要得到满足，形成铭记的话，那么，在生命早期爱的需要得不到满足，则会形成创伤性记忆。创伤性记忆与铭记一样，都是"刻骨铭心"的，"童年的记忆创伤是不大可能被抹去的。童年记忆记录在树状结构粗大的树干上，占据着中心位置。后来的记忆只能记录在周围区域，因此影响力及持久性都要稍逊一筹"①。有些婴儿，如孤儿院的婴儿，虽然吃得好、穿得好，但由于没有获得爱的滋养，他们在人生道路上一直承受着焦虑之苦，往往会变得孤僻。爱的需要没有得到满足的孩子，成年之后常常不知道爱为何物，不会爱人爱己，发生行为偏差的可能性增大。许多研究揭示，人生早期因缺乏爱而导致的创伤性记忆不仅与自身的心理疾病有关，还与成长过程中及成年后的不良、越轨、犯罪行为有关。

二、爱的本质

人是理性的动物，人也是爱的动物。前者被我们强调到了极端，而后者几乎已经被我们忘诸脑后了。但"爱是生命的支柱。爱得热烈，生命力就会增强，生活就有了价值；爱一旦消失，人们就会感到绝望"②。爱与理性是人之属性的不同维度，爱关涉的是价值，而理性关涉的则是使用。使用意味着利用他者改进使用者的状况，也就是为自我而耗尽、消灭他者，关注点在于向内指向使用者的利益；价值是事物的性质，爱就是献出自身力量维护他者的性质，改善他者的状况，关注点在于向外指向他者的福祉。③ 简单说来，使用就是索取，爱就是给予。因此，爱的本质不是别的，而是给予。但给予不是放弃或自我牺牲，否则给予就会减损自我的力量，就会影响自我的独立与完整，那就不是真正的爱。正如弗洛姆所言，"'给'是力量的最高表现，恰恰是通过'给'，我才体验我的力量，我的'富裕'，我的'活力'。体验到生命力的升华使我充满了欢乐。"④

---

① 阿克曼. 爱的自然史 [M]. 张敏, 译. 广州: 花城出版社, 2008: 182.
② 今道友信. 关于爱和美的哲学思考 [M]. 王永丽, 等, 译. 北京: 生活·读书·新知三联书店, 1997: 27.
③ 鲍曼. 个体化社会 [M]. 范祥涛, 译. 上海: 上海三联书店, 2002: 210.
④ 弗洛姆. 爱的艺术 [M]. 李健鸣, 译. 上海: 上海译文出版社, 2008: 21.

给予是对被给予者的增加，却又不是对给予者的减损，相反，在给予的过程中，给予者也得到了生命力的升华，这说明给予的主要不是物质，因为物质给出了就会减损。给予的主要是人内心有生命力的东西，"他应该同别人分享他的欢乐、兴趣、理解力、知识、幽默和悲伤——简而言之一切在他身上有生命力的东西"①。正因为给予的是有生命力的东西，在给予的过程中不但丰富了被给予者，也激发、丰富了给予者自己。给予的主要是有生命力的东西，并不是说一定排斥物质，但物质只能是有生命力的东西的附属物。如果给予的纯粹是物质，不包含给予者内心有生命力的东西，那就是施舍。施舍不是爱，表面上看是"强者"通过物质手段对"弱者"的贬损，实际上也是"强者"对自身的降格，在双方那里都没有激发出有生命力的东西，所以是双双受损。我们常说爱唤醒爱，就是因为在爱的给予中，给予者不但唤醒了对方身上有生命力的东西，使对方也成为一个爱的给予者，还激活了自己身上有生命力的东西，在给予的过程中有得而无失。

  白色蕴含着丰富的色彩，爱是情感的白光，同样包含着多样的感情。除了给予之外，爱总是"伴生着各种态度：关心、响应、尊重与了解"②。关心一个人，就是对其生命成长的关注，既为其快乐而快乐，为其幸福而幸福，又为其苦痛而苦痛，为其悲伤而悲伤。关心表现为对他人生命活动的注意与卷入，是他人命运的操心者而不是旁观者。操心本身就是一种给予，但操心不是终点，操心的目的在于视对象的需要而做出适当响应（response）③。如果没有响应，关心就没有着落，就变成虚情假意。我爱一个人，不是要让他成为与我一样的人，或者变成我的一部分，而是要使这个人更好地成为他自己。从这个意义上看，爱既是一种结合，也是一种分离。我关心一个人，对他的需要做出响应，给他我有生命力的东西，这是一种结合；但他仍然是他，仍然是一个与我不一样的人，我与他共同的目标是使他成为更好的他，这是一种分离。在谈到友邻之爱时，包尔生

---

① 弗洛姆. 爱的艺术 [M]. 李健鸣，译. 上海：上海译文出版社，2008：23.
② 弗洛姆. 健全的社会 [M]. 孙恺详，译. 贵阳：贵州人民出版社，1994：26.
③ 响应（response）与责任（responsibility）同根，我们甚至可以说响应就是一种责任，而责任必然包含着响应。参见：孙向晨. 面对他者——莱维纳斯哲学思想研究 [M]. 上海：上海三联书店，2008：147.

说:"关心我们的邻人的幸福这种义务必须从另一个方面来限制:我必须谨防破坏他的独立性。"① 尊重他人独立性,这是对爱的一种限制,也是爱本身的要求,是真爱必不可少的要素。因此,真正的爱必然包括尊重,否则爱就会变成控制,就会扭曲、变态。关心、响应(责任)、尊重都以了解为前提,没有真正的了解,关心和响应(责任)必然是盲目的,尊重(对他人特性和独立性的维护)更无从谈起。不仅如此,了解他人还有助于我们认识"人的秘密"(弗洛姆语),因为这秘密既在我自身,也在他人那里。深入他人生命深处,体悟人存在的真谛,反过来又能促进对自身、对他人的爱。

本质相同的爱有不同的表现形式,即爱有不同的种类。总起来说,爱可以分为普遍之爱和特殊之爱。普遍之爱也就是博爱,"就是对所有的人都有一种责任感,关心、尊重和了解他人,也就是愿意提高其他人的生活情趣"②。博爱存在的基础是人这一物种的共同性,这一点是最容易被忽略的。种族、地域、信仰、政治归属、阶级、家族、个性等的不同放大了人与人的差异,似乎人与人之间横亘着不可逾越的鸿沟。实际上,这些差异与人同其他物种之间的差别比起来,是微不足道的。比如,两个人无论差别有多大,这差别都无法与人同猿猴等人类近亲的差别相提并论。外在的种种差异犹如一层层坚硬的壳,将人包裹在内,使人与人看起来差别巨大,但无论这些外在的壳有多厚、多硬,都掩盖不了我们都是人这一内核。很多人认为博爱是超越性的爱,是大爱、仁爱,赋予博爱神圣的地位。确实,从博爱超越特殊的对象、博爱的无条件性、博爱情怀的不易形成等方面看,博爱确实有神圣的一面。但另一方面,我们是同一物种,爱自己的同类是自然的、本能性的情感,只不过人的本能多是一些"弱本能",很容易被覆盖、被遗忘、被忽略罢了。也就是说,每个人都有博爱的倾向和形成博爱情怀的人性基础,只是因为人类迄今为止的生存境况没能很好地呵护、培育这一倾向。

特殊之爱是对特定对象的爱。根据爱的对象的不同,特殊之爱有亲爱(亲情)、友爱(友情)、性爱(爱情)③ 等不同形式。亲爱(亲情),是

---

① 包尔生.伦理学体系[M].何怀宏,廖申白,译.北京:社会科学出版社,1988:555.
② 弗洛姆.爱的艺术[M].李健鸣,译.上海:上海译文出版社,2008:44.
③ 基于与教育爱的相关性考虑,友爱(友情)、性爱(爱情)在这里不展开讨论。

一种以亲缘和熟悉为基础的爱，具有自然性、不对称性和渗透性。亲爱来源于血缘和共同生活，是一种自然而然的情感。与友爱、爱情的平等双向性不同，亲爱总是一方给予多过接受，另一方接受多过给予，呈现出不对称的特点。亲爱是一种朴实无华的爱，不肆张扬，却常常渗透到其他爱的形式之中，成为一种底色性的存在，比如激情的性爱，也会以亲爱做底。

作为人伦之爱，亲爱虽然不限于父母与子女之间，但父母与子女之间的爱是这种爱的原型和主导形态。作为亲爱的一种，母爱是无条件的，子女什么都不需要做就可以得到母爱，也就是说，母爱不是一种需要努力去争取的爱。这种无条件的爱，源于母亲与子女的自然关系，即子女与母亲本是一体，出生只是身体的分离，两个生命体还是以爱为纽带联结在一起。从接受的角度看，母爱是我们每个人内心深处的渴望，"得到母亲的爱就有了生命的活力，就有了扎根的地，也就感到安全、自在"①。从发出的角度看，母爱是基于本能的给予之爱，母亲为子女付出自己的生命力不是负担和消耗，而是需要的满足和生命力的升华。但母爱的伟大，还不在于这种无条件性、天然性，而在于母爱的无私。母亲爱从自己身体分离出去的子女，这种爱的目的不是让子女与自己重新结合，而是为了让子女走向自立。也就是说，真正的母爱从一开始就朝着自身的隐退努力，使自己逐步变得"多余"，如果没有这一点，母爱就会变成溺爱、娇惯和控制，成为子女成长的障碍。

弗洛姆认为与母爱不同，"父爱从自然上讲是一种有条件的爱"②。也就是说，父爱是需要努力去争取的，要想获得父亲的爱，子女就得表现出自己有值得爱的地方。阿克曼认为："父爱倾向于奖善惩恶，订立规矩，提出要求，指望服从。一个孩子也许值得，也许不值得父亲的爱。这是一种评判性的爱，随时都有可能失去它。"③ 这样的观点到底是不是事实，很难断定。弗洛姆也知道这样的观点与很多人的直接感受不符，所以特别强调自己所说的父爱不是某个特定父亲的爱，而是抽象意义上的父爱。在独生子女增多和性别界限已经不那么僵硬的今天，父爱与母爱正在融合，但无论如何，我们都得承认父爱与母爱有所不同。首先，在进化的过程

---

① 弗洛姆. 健全的社会 [M]. 孙恺详, 译. 贵阳: 贵州人民出版社, 1994: 31.
② 弗洛姆. 生命之爱 [M]. 王大鹏, 译. 北京: 国际文化出版公司, 2001: 30
③ 阿克曼. 爱的自然史 [M]. 张敏, 译. 广州: 花城出版社, 2008: 182.

中，人类先经过母系社会的漫长岁月，子女与母亲的联系更具有始发性、本源性，甚至在很长一段历史时期内，父亲是谁并不重要。其次，从个体的角度看，父子关系与母子关系相比要间接一些，婴儿一开始就是与父亲相分离的存在，父子关系的建立更多依赖后天的习得。最后，虽然也不乏母爱的温情，但起码从抽象的意义上，父爱与母爱的表现形式毕竟有所不同，它往往以严格要求的方式表现出来。

普遍之爱与特殊之爱既不同又相通。两种形态的爱在对象上截然不同，一个爱所有的人，一个爱特定的人。但这不同的背后却是息息相通的，如果一个人只爱特定的人，没有博爱的情怀，那这种爱就不是真正的爱，而是放大了的自私；反之，如果一个人号称博爱，却不爱任何一个特定的人，那他的博爱就没有着力点，就显得虚假。实际上，普遍之爱是特殊之爱的先决条件，而普遍之爱又是从特殊之爱中发展起来的。我们之所以爱特定的人，前提条件是这个人具有所有人都具有的人性，否则，无论这个人有多独特，我们都不会爱他。普遍之爱虽然是人的本能，但人的本能多是"弱本能"，如果没有具体附着点，很容易被压抑。正是通过爱特定的人，我们才把握了人性的美好，才能发展出对人类的爱。

三、教育爱

如前所述，无论是从形而上、生物进化还是心理发展的角度看，人都是爱的动物。人性是复杂的，人有多重规定性，但爱是人性的构成性要素，如果没有爱，无论其他规定性多么充分，都无法建构一个真正的人。人是爱的动物，教育的根本目的在于成人，那么，教育所造就的人必然应该是有爱的人，否则就是对人之规定性的背离。正是在这个意义上，克里希那穆提指出："真正的教育，乃是帮助个人，使其成熟、自由，绽放于爱与善良之中。"[①] 受教育者爱的能力与品质的形成，有赖于教育者的爱。因为要想爱人，首先得被人爱过，也就是说教育者的爱是受教育者获得爱的能力的基础和前提。

有太多的理由让我们必须重提教育爱。首先，我们身处一个缺乏爱的

---

① 克里希那穆提. 一生的学习 [M]. 张南星，译. 北京：群言出版社，2004：22.

时代,"在我们这个时代,人与人之间的关系中找不到多少爱和恨,而表面的友好倒不少……在这种表面现象的下面,却是距离与冷漠,以及较多的难以觉察的不信任"①。在这个时代,人们行为的主要驱动力不是对同胞的爱,而是自我利益,爱已经被放逐。结果是,我们时代的人获得了前所未有的财富,但却前所未有地孤独,现代人大量的心理疾病就是这种孤独的证据。教育是超越性的事业,不能无视当代人的困境,无视爱的流逝,应该有自己的努力与坚持,哪怕是"远水",也要解"近渴"。其次,家庭生活中爱在被稀释。家曾是亲爱,尤其是母爱和父爱浓厚的场所,在一定意义上,家庭扮演着"第二子宫"的角色,对人类个体"贮存"爱的情感、获得爱的能力起着至关重要的作用。但如今家庭也处在动荡之中:一方面,家庭规模越来越小,结构越来越简单,电子媒介和网络的入侵为工作世界对家庭的霸权提供了方便,很多父母在家仍然处在工作状态,无暇顾及子女;另一方面,家庭进入了易碎的"瓷器时代",对很多人来说,结婚、离婚、再结婚、再离婚,行走在婚姻之间,已经变成一种婚姻生活的常态。与家庭的这些变化相伴随的是家庭生活中爱的稀释,很多孩子已经无法单靠家庭完成童年的爱的铭记性学习了。人类"第二子宫"的功能受到了削弱,那么,作为"第三子宫"的学校就应该尽力给予弥补。正如诺丁斯所言:"我们大多数人在家中学会关怀。当这不可得时,学校就必须成为第二个家。"② 最后,在如今这个排斥爱的时代,教育爱也逃脱不了备受冷落的命运。在充满竞争的学校里,"'关心'一词听起来就有些苍白无力,甚至有些感情用事"③。在很大程度上,受教育者不是教育者爱的对象,而是他们谋取、实现自身利益的工具,学生在受教育过程中感受到的不是爱和承认,而是身心的控制与折磨、本性的压制与扭曲。

从广义上说,教育者对受教育者的爱和受教育者对教育者的爱都属于教育爱,但这里所研究的是狭义的教育爱,即教育者对受教育者的爱。教育爱具有类似母爱的性质,或者说教育爱是一种"类母爱"。首先,教

---

① 弗洛姆. 健全的社会 [M]. 孙恺详, 译. 贵阳: 贵州人民出版社, 1994: 110.
② 诺丁斯. 学会关心——教育的另一种模式 [M]. 于天龙, 译. 北京: 教育科学出版社, 2003: 170.
③ 波伊尔. 基础学校——一个学习化的社区大家庭 [M]. 王晓平, 等, 译. 北京: 人民教育出版社, 1998: 30.

爱与母爱一样，是一种无条件的爱。作为教师，只要是自己的学生，无论其是富贵还是贫贱、是聪慧还是笨拙、是纯朴还是顽劣，都要爱他。教师对学生的爱，不以学生自身状况为条件，无论学生自身状况如何，都应该得到教师的爱。与母爱不需要争取一样，从学生的角度看，教师的爱也是不需要争取的。无论自己有多丑多笨，孩子感觉老师总是爱他，这对孩子发展出对这个世界和人的信任、对学校生活与未来发展的信心来说都是非常重要的。其次，教育爱与母爱一样，是单向的给予之爱。与友情和爱情的双向性不同，教师虽然也需要学生的爱，但教师爱学生不是为了让学生爱自己，是"为爱学生而爱学生"。作为母亲，能够爱自己的孩子，那就是最大的快乐；作为教师，能够爱自己的学生，那也是最大的满足。如果教师抱着其他目的（比如用学生的成长为自己的发展铺路）去爱学生，那这种爱已经变了味道。"如果我们把孩子视为私人的财产，如果将他们视为我们卑微自我的延续，或实现我们野心的工具，则我们建造的是一个没有爱却追逐自我利益的环境和社会结构。"① 再次，教育爱与母爱一样，是一种低调的爱。母亲爱自己的孩子，那是天经地义的事。如果一个母亲大肆宣扬自己对孩子的爱，那这个母亲就让人生疑，让人觉得别有用心。同样，教师爱自己的学生，也是理所当然的事，不需要张扬，否则就令人怀疑是否真正有爱。教育爱是教师生命活力的付出，是对学生的关心、响应、尊重和理解，不是一种口头标榜。最后，教育爱与母爱一样，一开始就应朝着自己的隐退努力。母亲爱孩子不是让孩子依赖自己，而是为了让孩子独立，成为他自己。"教育是对他人的最为全面、最为周密的关心的一个例子。它仅仅是由这样的一种考虑所支配的，即我们必须训练学生以使他们能够自己照管自己。"② 也就是说，教师爱学生，同样不是为了让学生成为自己的附庸，而是让学生脱离这种爱，能够自立于世。

之所以说教育爱是"类母爱"，还因为二者除了相似，还有相异。第一，二者虽然都是无条件的爱，但二者的基础不同。母爱是有生物基础的，即哺乳动物的亲子本能，所以母爱是一种更加自然的情感。教育爱没有这样清晰的生物基础，如果非要从本能的角度去找的话，也许可以与人的博爱本能、年长一代爱护年轻一代的本能相联系。教育爱是基于教育者

---

① 克里希那穆提. 一生的学习 [M]. 张南星, 译. 北京：群言出版社，2004：98.
② 包尔生. 伦理学体系 [M]. 何怀宏, 等, 译. 北京：社会科学文献出版社，1988：555.

的天职而产生的爱，与自然而然的母爱相比，多了一些理性色彩，不是"天经地义"，而是"理所当然"。第二，母爱是特殊之爱，而教育爱既是特殊之爱，又有普遍之爱的特性。母爱的对象可能是复数，也可能是单数，但教育爱的对象绝对不是某一个特定的学生，而是一定范围内的所有学生。教育者爱自己的学生，但所有学生都可能、都可以成为自己的学生，所以教育爱是指向所有学生的。因此我们可以说，教育爱又是一种普遍之爱，体现的是人类的一种博爱情怀。第三，教育爱有母爱的味道，也有父爱的色彩。父爱依赖后天联系与情感的培育，教育爱更是如此。作为学生，感觉老师像母亲一样全心全意爱他是重要的，但感觉自己达到了老师的期望，符合老师的要求，自己本身是值得爱的，也同样重要，所以严格要求是教育爱的表现方式之一，这与父爱也是相通的。

  爱是给予，教育爱也不例外。教育者给予受教育者的，不是物质、权力，而是教育者身上有生命力的事物，比如知识、信仰、情感、人生体验、美善等，而正是这些才可以激发受教育者的生命活力，使每一个受教育者深深扎根人间，摆脱与世隔绝的孤立与孤独。现实的学校不但没能做到这一点，反而走向了教育爱的反面——沾染了商业气息的学校在一定程度上不是给予，而是索取，从学生身上索取利益回报。教育是人心对人心的活动，教育者的索取在学生那里唤起了同质的东西，学生也将学校和教育视为谋利的阶梯。这样一来，学校和学生达成共谋，形成一种互利互惠的关系，通过这样的教育过程，我们的社会培养了一批又一批"人才"，但却很难成就有爱的人、真正的人，用克里希那穆提的话说，这样的教育"助长了世界上的毁灭与不幸"[①]。索取性的学校教育推崇"近乎残忍的学术训练"（诺丁斯语），因为学术训练最能获得回报，而将关心这一爱的情感置于脑后。冷漠的教育过程，培养出来的也多是冷漠的人。从教育爱的要求出发，教育者应关心每一个学生，关心其生命活动，关心其现在，关心其未来。正是在这个意义上，诺丁斯认为"学校的首要任务是关心孩子。我们应该教育所有孩子不仅要学会竞争，更要学会关心。教育的目的应该是鼓励有能力、关心他人、懂得爱人、也值得别人爱的人的健康成

---

① 克里希那穆提.一生的学习［M］.张南星，译.北京：群言出版社，2004：5.

长"①。教育者对学生的关心不是终点,而是响应学生需要、承担教育责任的起点。真正的关心在于对学生成长需要的敏感与响应,做到这一点,也就实现了教育责任。如前所述,教育爱的一个显著特点在于这种爱时刻准备着自身的退隐,其目的在于促成学生自身的独立,所以内在地包含着对学生的尊重。从尊重的角度出发,教育爱就是帮助学生更好地成为他自己(这是爱的表现),而不是让学生按照教育者设定的框框来塑造(这是施虐的表现)。当然,让学生更好地成为他自己以了解、理解为前提,因此了解和理解也是教育爱的构成性要素。

---

① 诺丁斯. 学会关心——教育的另一种模式 [M]. 于天龙,译. 北京:教育科学出版社,2003:5.

第二部分 政治疏离与公共精神

福祸相依的古老智慧再一次应验。几个世纪以来，我们一直都在埋头奋斗，力求摆脱各种负载，孜孜以求毫无负担地轻松生活，等到我们抬起头来，却猛然发现我们一直以来所追求的解放，却是另外一种意义上的剥夺：几乎每个人都是形单影只，哪怕是在人群中，我们也只能是孤立地面对这个无常而又艰难的世界！

亚里士多德说，人是政治的动物，因为人有言辞和理性，可以靠这两种品质去建构公共生活。正是在公共生活中，人性的真正卓越才能得以实现。教育，本身就是一种公共生活和公共行动方式，天然具有政治性。问题是，在这个政治疏离的时代，教育如何回到自身的"本相"以孕育这个时代所匮乏的公共精神。

第四章 "解放"的剥夺

近代以来,"解放"一词光辉灿烂,关于"解放"的呐喊、奋斗、欢呼一直是那样美丽而动人。让我们心花怒放的解放本身包含价值预设:只要是解放,就是善的、美的。那么,何谓解放呢?所谓解放,就是"从某种阻碍或阻挠运动的羁绊"中解脱出来,"感觉到运动或行动的自由"①。从解放的含义中,我们可以发现这种价值预设的逻辑并不严密:什么是阻碍或阻挠?一切阻碍和阻挠都是恶吗?感到自由就是真的自由吗?感到自由的同时有没有可能已经滑入一种新的不自由或者剥夺状态?由此看来,解放本身也是一个问题。

一、"解放"的加速

几千年来,物质条件始终对人构成阻碍和阻挠。现代人的解放,首要的任务就是解除物质条件对人的限制,使人不再饱受物质匮乏所带来的种种束缚。现代人的物质解放是从两个方面着手的:一是思想解放,为物质欲望的满足正名;二是发展生产,为现代人提供无限丰富的消费品。现代以前,几乎所有的社会都倡导节俭,旨在为人可怕的"欲望之口"套上"口罩",现代社会却反其道而行之,不仅不约束人的欲望,还对其大加赞赏,甚至还要用欲望激发、创造新的欲望。"现代文明以金钱为最通用的价值符号,以不同等级、不同档次的商品符号来标识人生意义。它要人们相信,你的人生有没有意义,成不成功,你的个人价值是否得到实现,

---

① 鲍曼. 流动的现代性[M]. 欧阳景根,译. 上海:上海三联书店,2002:24.

就看你能赚多少钱，你的消费档次、消费品位是怎样的。现代社会就以这样一种方式来引导人们的价值追求。"[1] 也就是说，在现代社会，不约束物质欲望不但无罪，反而有功。消费，即物质欲望的满足已经彻底除罪化，成了衡量一个人是否成功的标志。甚至"欲望不希望得到满足。相反，欲望只希望得到欲望"[2]。因为欲望一旦得到满足，也就失去了意义，必须有新的欲望，这样生活才不会停滞，才不会失去意义。过去，人们用"奢侈"来为自己的物质欲望降温，但在今天，"奢侈"已经失去了意义，因为我们今天所享用的日用品在昨天还是奢侈品，今天的奢侈品明天就会变成日用品。节俭和简朴这些传统的美德，则遭到了无情的嘲弄，现代人弃之唯恐不及。

现代社会围绕着人的贪欲有一套完善的制度设计，激发它、利用它、制造它。什么构想有利于激发欲望、满足欲望，什么构想就能够大行其道，可以说，贪欲由过去时代令人警惕的魔鬼一跃而成为现时代发展的"永动机"。之所以能够做到这一点，是因为我们有现代科技。在我们这个时代，科技成了希望的源泉，成了信仰，成了"上帝"："我们的社会已经变成了一个以专门的非个人性的知识为基础的世俗社会，这个社会赋予科学家和科学知识的地位，如同我们的前辈承认牧师和宗教教义所拥有的地位。"[3] 现代科技的发展极大地满足了我们的物质欲望，消除了我们对世界的恐惧，使我们在自然面前成为"说一不二"的主人。现代人借助现代科技，甚至找到了一点做上帝的感觉。物欲无罪，物欲不再有压抑的必要，现代科技又能保证创造不断升级换代的物品，现代人已经前所未有地摆脱了物质匮乏所带来的种种束缚，获得了极大的物质解放。

与物质解放相伴随的是性解放，这当然不是巧合，而是同一逻辑使然。性欲与物欲一样，都是人的"生理"和"自然"欲望，既然物欲是无罪的，那性欲也是自然正当的。在前现代以前，性总是与生殖和情爱联系在一起，也就是说，脱离了生殖和情爱的性是非法的、不道德的。现代的性解放运动，将性从生殖目的和情爱关联中剥离出来，"它没有与有性

---

① 杜维明，卢风. 现代性与物欲的释放——杜维明先生访谈录 [M]. 北京：中国人民大学出版社，2009：7.
② 鲍曼. 个体化社会 [M]. 范祥涛，译. 上海：上海三联书店，2002：291.
③ 巴恩斯. 局外人看科学 [M]. 鲁旭东，译. 北京：东方出版社，2001：1.

生殖或情爱结成联盟，而且宣称独立于两者之外，断然拒绝对可能给两者的命运造成的影响负有任何责任；它自豪而又大胆地宣布自己就是自身存在的唯一并且充分的理由和目的。"[1]在摆脱生殖负担的过程中，科技再一次发挥了关键作用：避孕药具的发明与推广可以让现代人充分享受性欲而不用为受孕的可能性分心。而以弗洛伊德为代表的心理学及由此而衍生的现代性文化则帮助现代人摆脱了"附加"在性上的"情爱包袱"，如今性的自足性，即为性而性或者说性爱不需要其他理由的观念，已经深入人心，成了文化常规，任何批评和质疑都是徒劳无益的，只能证明一点：批评者是保守和落伍的。

与性解放同时发生的是家庭的衰退。家庭衰退既表现为家庭规模变小、结构越来越简单，也表现在家庭的脆弱上。过去的大家庭已经衰亡，取而代之的是核心家庭，但核心家庭也不是终点，"丁克家庭"、单亲家庭、单人家庭的比例正在上升。不仅如此，作为家庭自然延伸的邻里基本上已经消失，家庭的边界内缩到家门之内。如今，家庭比任何时代都容易解体，已经由过去稳如磐石的"石器时代"进入了精美易碎的"瓷器时代"，对很多人来说，从结婚的那天起就已经有了离婚的心理准备，行走在婚姻之间，即结婚、离婚、再结婚、再离婚，已经变成了婚姻生活的一种常态。家庭的衰退与性解放的关系相当复杂，不是轻易能够说清楚的，但有一点是肯定的，即家庭不再是性行为合法的唯一场所，家庭的重要性也因此降低。当然，更重要的是，家庭，尤其是结构复杂的大家庭对个体也是一种障碍和束缚，也是需要为个体解放让路的。

从专制枷锁下摆脱出来是解放的本意之一，这是步入近现代以来人们坚持不懈、力求实现的目标。应该说，现代人的努力取得了扎扎实实的成效，人权得到了前所未有的彰显和公认，一个指标性的现象就是：很少有政府和机构敢于明目张胆地践踏人权，鼓吹专制统治。在现代社会，封建专制的残余不能说已经完全清除，但起码已经不再是现代人的主要束缚。也许是受专制之毒害太久、太深，现代人似乎对大型机构和集体生活都有高度敏感和戒备之心，竭力摆脱这类机构和生活形态的控制，走向更为彻底的个体解放。

---

[1] 鲍曼. 个体化社会 [M]. 范祥涛, 译. 上海：上海三联书店, 2002: 291.

现代社会特别强调隐私权（privacy），杜维明等认为强调隐私权是"资本主义的特色"，"每个人有一个个人自我活动的空间，这个空间不能受政府、家庭、父母的干扰。如果这个空间不能保住，那么人的尊严、人权就要受到限制"[①]。在隐私权问题上，连国家都要让路，或者说国家的存在就是为了保护个体的隐私权的。脱胎于反对封建专制过程中的现代国家，很"知道"节制自己的权力，多标榜自己是"有限政府"，否则就有专制主义的嫌疑。为了维护自己统治的合法性，现代国家最关注两件事：发展经济和保障人权。发展经济是为了满足人们的物质欲望，保障人权是为了使个体免遭侵犯，至于其他事情，遵循不干涉的原则，都由个体自己去解决。与此遥相呼应的是，人们如今对政府和政治的依赖与期望都低于以往，"对大写'政治'的兴趣（换言之，对直接的政治运动、政党、政府的构成和方案表现出的兴趣）、强烈的政治信念，以及对所谓的传统政治活动的积极参与，所有这些都在越来越快地消失"[②]。参与政治，对现代人享受物质生活、维护个人自我活动空间都是威胁和负担，所以也成了个体解放需要克服、摆脱的阻碍和束缚。

个体解放加速的另一个标志是公共生活也被视为个体生活的障碍而被抛弃了。鲍曼指出，从古希腊开始，人类生活就开始区分"私宅客厅"（私人空间）和"国民大会厅"（政治空间），后来又出现了"集会广场"（公共空间）。而"集会广场"是"民主的家园"，因为在这里可以完成"私宅客厅"与"国民大会厅"之间的连通和转变，换句话说，正是公共空间的存在，在私人生活和国家政治生活之间架起了桥梁，使二者有机地联系起来。但如今"对于关心个人利益的任何一个人而言，在集会广场上聚会以磋商共同利益，促进并保护这些利益越来越显得是在浪费时间与精力"[③]。于是过去时代的公共空间也开始商品化，变成了商业场所和快速道路。正如桑内特所言："现代市民所聚集的地方是购物中心，而它不具有任何生活共同体的意义，聚集也不是为了追求政治权力。"[④] 购物中

---

① 杜维明，卢风. 现代性与物欲的释放——杜维明先生访谈录 [M]. 北京：中国人民大学出版社，2009：180.
② 鲍曼. 被围困的社会 [M]. 郇建立，译. 南京：江苏人民出版社，2005：61.
③ 鲍曼. 个体化社会 [M]. 范祥涛，译. 上海：上海三联书店，2002：266.
④ 桑内特. 肉体与石头——西方文明中的身体与城市 [M]. 黄煜文，译. 上海：上海译文出版社，2006：8.

心鼓励的是消费而不是交谈与讨论,更谈不上公共利益的磋商。而作为"城市血管"的街道提供给人的,也仅仅是一个通道,唯一的目的就是让人快速通过,结果是"公共空间变成了流动的通道,从而失去了它原本固有的任何意义"①。就连社区也在衰亡,房门外都是老死不相往来的陌生人。雅各布斯认为,社区的"头号杀手"是汽车,"高速公路及道路其实反而灭绝了它们本应该服务的社区"②。这样的指责,对汽车来说并不公平,其实归根结底,不是汽车,而是驾驶汽车的现代人将社区生活作为一种负担和障碍,不愿意过具有公共性的社区生活,才导致了社区的萎缩。

"我们试图生活在私人领域中,我们只要生活在这样一个由我们自己和亲朋好友构成的私人领域之中就够了。"③ 在这种逻辑下,公共空间成了妨碍我们自由的存在,成了个体解放需要克服的对象,除了灭亡或被改造之外,别无他路。当然,现代人也有自己的替代性"公共空间",如仿真空间和赛博空间。以电视为核心的电子媒介以快速闪动的图像对世界进行模拟与再造,为现代人建筑了一个仿真(simulacrum)世界,全球几十亿人每天同时暴露在电视荧屏之下。但仿真空间不是原来意义上的公共空间,它更多地向人们展示的是私人生活叙事,尤其是名人的个人生活甚至隐私和丑闻,而不是公共问题和公共利益。实际上,仿真空间是一个娱乐空间,人们进入仿真空间是为了"找乐",是为了摆脱现实世界的沉重负担,正如桑内特所言:"电子媒介所满足的需求是过去一百五十多年以来人们更好地了解和感知自己的人格而从社会交往中退缩的需求。"④ 换句话说,仿真空间不但自身不是公共空间,还是抽空现实公共空间的手段。赛博空间的逻辑也大体类似:网络虽然给予了我们更多虚拟交往的机会,但也降低了我们在公共空间不期而遇的机会,使我们能够过上在虚拟空间里"乐群"、在现实生活中"索居"的矛盾生活。更重要的是,网络在方便我们沟通的同时,也为我们"脱离沟通"(out communicate)提供了技术支持,使我们可以随时将他人"剔除"或"拒之门外",而不至于成为

---

① 桑内特. 公共人的衰落 [M]. 李继宏,译. 上海:上海译文出版社,2008:16.
② 雅各布斯. 集体失忆的黑暗年代 [M]. 姚大钧,译. 北京:中信出版社,2007:42.
③ 桑内特. 公共人的衰落 [M]. 李继宏,译. 上海:上海译文出版社,2008:4.
④ 桑内特. 公共人的衰落 [M]. 李继宏,译. 上海:上海译文出版社,2008:359.

我们个人生活的负担。

解放加速的另一个表现是对道德与人情的摆脱。道德与人情可以给人以温暖和归属，但也是约束和负担，所以也成了解放的对象。"不要与陌生人说话"是现代人的一个基本生活准则，在不得不"说话"的时候则将交往关系建立在职业角色的范围内，避免更深的彼此卷入，每个人都可以躲在"角色防弹衣"里面安享自由。用托克维尔的话说就是，"这些人无所负于人，也可以说无所求于人。他们习惯于独立思考，认为自己的整个命运只操于自己手里"①。在这种竭力避免彼此生命交结的生活方式下，规则和法律的地位前所未有地突出，甚至遵守规则和法律就是人与人之间关系的全部：只要我遵守规则、按法律办事了，我的义务也就到了头，我可以毫无心理负担地昂首走自己的路，其他一切都与我无关，哪怕别人正在经历生死考验。为了配合这种解放，我们时代的道德观念也发生了重大转变："过去的好人通常是指关心别人的人，与之相对的则是那些只关心自己的人；而现代的好人却是指知道如何关心自己的人，与之相对的则是不知道怎样关心自己的人。"②

二、"解放的剥夺"

在"解放列车"高速奔驰的过程中，现代人的未来面貌越来越清晰："消费者"、"自恋者"、"旁观者"。现代人加速的解放，实质上是使个人从物质、空间、关系等外在束缚中解脱出来，"全世界都会为你让路"，以便让现代人过上更加个人、更加自我、更加私人的生活。但阿伦特指出，在古希腊人那里，私人生活具有被剥夺性质，"它依其字面意义代表着一种被剥夺了某种东西的状态，……一个人如果仅仅去过一种私人生活，如果像奴隶一样不被允许进入公共领域，如果像野蛮人一样不去建立这样一个领域，那么他就不能算是一个完完全全的人"③。也许绝大多数

---

① 托克维尔. 公共参与和爱国主义［M］//谭安奎. 公共性二十讲. 天津：天津人民出版社，2008：137.
② 布卢姆. 美国精神的封闭［M］. 战旭英，译. 南京：译林出版社，2007：134.
③ 阿伦特. 公共政治生活：行动、言语与自由［M］//谭安奎. 公共性二十讲. 天津：天津人民出版社，2008：231.

现代人都无法认同这样的观点，以为这是别有用心的扫兴之言，但如果解放只意味着放任与张扬丰富人性的一个侧面、一个维度，而另外的侧面和维度则被压抑、毁灭，那就是一种剥夺——"解放的剥夺"。

1. "消费者"

这里的"消费者"，不是从法律意义上讲的，不是指在法律上有特定权利和义务的人，而是从人的存在形态上讲的，指的是"以消费物品为生活方式的人"。人有基本的物质需要，如果不能得到满足，则是对人的剥夺；如果被物质欲望所虏，受制于物质，变成了单纯的"消费者"，同样是对人的剥夺。阿伦特指出，在古希腊一定的物质条件只是保证公民不再为满足消费所累，获得参与公共活动的自由，"在这里，占有财产意味着握有一个人自身生活的必需品，因而潜在地成为一个自由人，自由到超越个人的生活，进入所有人共同拥有的世界"[①]。也就是说，过去物质财产只是人们获得自由的手段，现在则成了人们孜孜以求的终极目标，这难道不是对人的一种剥夺吗？

"消费者"的剥夺，表现在多个方面。第一，受制于必然性本身就是一种剥夺。人类脱胎于自然，既有动物的本能、动物性的需要，也有超动物的驱动力和人所特有的需要。前者是人和动物共有的"非特异性需要"，后者是人所独有的"特异性需要"，两者相比，"特异性需要高于非特异性需要"[②]，因为后者是人之所以为人的特有标志。因此，人要成为人，就要在满足本能需要的前提下，节制动物性需要，否则，就是对"特异性需要的剥夺"。第二，"消费者"以物质为追求，一个显而易见的后果是受到物的包围。"正如狼孩因为跟狼生活在一起而变成了狼一样，我们自己也慢慢变成了官能性的人了。"[③] 因为人将自己的力量对象化的同时，对象的力量也会投射到人身上，物性也会向人性渗透。通俗地说，就是人在拥有每一件东西的同时，也被每一件东西所拥有。受到物包围的人不可避免地要根据物的节奏和特性而生活，人性物化在一定意义上是注定的。第三，"消费者"受物质欲望支配，而欲望是无底的，被欲望支配

[①] 阿伦特. 人的条件 [M]. 竺乾威, 译. 上海：上海人民出版社，1999：49.
[②] 张岱年. 文化与价值 [M]. 北京：新华出版社，2004：49.
[③] 波德里亚. 消费社会 [M]. 刘成富, 等, 译. 南京：南京大学出版社，2000：1.

的生命一刻也无法停息，满足欲望的暂时快乐必然被更大欲望的不满足所淹没，麻木、焦虑、痛苦是必然的伴生物，这正是现代人精神不健康、心理疾病丛生的根源。另一方面，为欲望所累的人，对真善美等一切美好事物的感受力下降甚至消失，结果是人性中本应该有的美与善、情与爱、精神与灵魂、超越与创造等优秀品质都没有了位置。第四，"消费是一项孤独的行为，这是一种普遍的、无可救药的孤独，甚至在这一行为是和他人一起进行的时候，也是如此"①。无论我们消费的是什么，消费行为总是个体的，这一特性，即使在一个人声鼎沸的公共餐厅也无法更改。因此，以消费为存在方式和生活形态的人割断了与他人的联系，"消费者"注定是孤独的。

2. "自恋者"

国家的后缩、公共领域的消逝、人际关系的松散使得现代人获得了充分的"解放"，可以几乎没有任何负担地"顾盼自爱"，催生了"自恋者"，正是在这个意义上，桑内特说"自恋是当今时代的新教伦理"②。自恋就是对自我的迷恋，就是将自己作为衡量万事万物的尺度和标准。"自恋者"挥之不去、萦绕心头的问题是："这人、这事与我有什么关系？对我有什么意义？"也就是说，他唯一关心的是自己的安逸与舒适，关注的是自己的主观体验和感受，除此之外，一切都不在自己的考虑之内。"我关心的既不是神性，也不是人性，更不是真理、善恶、权利和自由，我只关心我自己……而且，我的关心不会多于我自己。"③ 在这种逻辑支配下，"自恋者"总是觉得外部世界不够完美，总觉得整个世界都对不起自己，"全世界都亏欠自己"，都在与自己为难。

"自恋者"的剥夺，同样是多维度的。第一，"自恋者"的天空"塌了一大片"。"自恋者"迷恋自我以及以自我为圆心的亲密小圈子，将自己封闭于私人天地或者将公共空间泅透私人气息，导致公共空间的死亡。这样的结局，一方面是解放，另一方面也是剥夺，因为在公共领域人才是

---

① 鲍曼.流动的现代性 [M].欧阳景根,译.上海：上海三联书店,2002：256.
② 桑内特.公共人的衰落 [M].李继宏,译.上海：上海译文出版社,2008：418.
③ 布雷钦卡.信仰、道德和教育：规范哲学的考察 [M].彭正梅,等,译.上海：华东师范大学出版社,2008：16.

真正自由而有个性的。"自由意味着既不受制于生活的必然性或他人的命令，也不对其他人发号施令。它既不意味着统治，也不意味着被统治。因此，在家庭中，自由是根本不存在的。仅当一家之主，即家庭的统治者有权离开家庭，进入人人平等的政治领域时，他才被认为是自由的。"① 不是一定要贬低家庭生活的重要性，而是家庭确实与人的直接需要和欲求相联系，只能反映人类的一部分经验。而公共空间则与人的直接经历、需求保持一定距离，是人类的另一个世界，包含着不一样的人类经验。"自恋者"的天空塌了一大片，已经没有了政治和公共空间，只能在狭小的家庭空间中自我顾盼，也就意味着受生活必然性支配，失去了在公共空间"行走"的自由，被剥夺了在共同世界中一起行动和言说的机会，被剥夺了只有他人在场才能展现的人类能力。另一方面，"如果说生的欲望和生活必需品的获得发生在私人领域范围内，那么，公共领域则为个性提供了广阔的表现空间"②。因为公共空间是一个为所有人所见所闻的地方，在这样一个空间里，每个人力求显示的不是自己庸常的一面，而是与众不同的一面。"自恋者"以"解放"为名缩回家庭这样的私人领域，以俗常代替了公共领域的功绩与卓越，个性展现的机会被剥夺，成了耽于俗事的"大众人"。正如加塞特所言："我们现在到处都可以看到：每一个人终其一生都在以一种自由而简易的风格，运用自己的精力和坚毅来追求一切转瞬即逝的快乐和幻想，强制实现他个人的意志。"③

第二，"自恋者"是公民的敌人。公民是一个含义丰富且有歧义的概念，有时候是指活跃于公共领域的"公共人"，有时候又指相对于国家而言的"国民"。在全球化时代，民族国家的神圣和权威在降低，在与个人打交道的过程中，国家也在收敛自己的阵线，"国民"身份虽然依然有效，但已经不那么坚硬。如果"国民"意义上的公民还有一定的生命力，那么"公共人"意义上的公民已经是苟延残喘、行将消亡了。公民作为人的一种存在形态，是要依托公共领域的。如前所述，在我们这个时代，公共领域成了"解放"的牺牲品，已经伴随着个体的膨胀走向了死亡。

---

① 阿伦特. 公共政治生活：行动、言语与自由 [M]//谭安奎. 公共性二十讲. 天津：天津人民出版社，2008：227.
② 哈贝马斯. 公共领域的结构转型 [M]. 曹卫东，等，译. 上海：学林出版社，1999：4.
③ 加塞特. 大众的反叛 [M]. 刘训练，等，译. 长春：吉林人民出版社，2004：18.

没有了舞台，没有了活动空间，公民衰亡的命运是注定的。"个体是'公民'最坏的敌人"①，原因在于公民与"自恋者"（膨胀的个体）有不同的价值取向。公民是通过公共领域的健康运行来寻求自己幸福的人，对公共事业、公共善、美好社会充满关心。而"自恋者"对公共利益没有兴趣，只关心自身需要和自己的利益，与公民恰好反向而行。这就是我们这个时代有"大众"没有"公众"、有个人自由没有集体能力的深层原因。公众与大众相同的地方在于"众"，即人的群集，不同的地方在于公众是由共同意见、共同利益、友爱与团结联系在一起的。公共意见是经过详细的辩论和讨论而被大家所共同承认的。而大众是孤独、敏感、有消费力、自我中心的人的简单集合，有的只是杂乱无章的个人意见，无法形成共同意见，更没有友爱和团结。与此同时，个人自由成了超级意识形态，结果是团结起来共同面对困难，解决问题的能力就下降了，个人自由与集体无能同步增长。问题是，在我们这个时代，许多艰难险阻都是个体无法解决的，让个体孤独地去面对时代的风暴，犹如让个人去抵挡决堤的洪水，这与其说是"解放"，不如说是真正的剥夺。

第三，"自恋者"不可避免地会滑向利己主义者。托克维尔指出："利己主义是对自己的一种偏激和过分的爱，它是人们只关心自己和爱自己甚于一切。"② 从利己主义的这一界定看，自恋与其差别非常小，或者说利己主义是以自恋为基础的，是自恋的深化、恶化。换句话说，自恋与利己主义只有程度上的不同，没有性质上的差别。自恋是爱自己，却不一定要损别人，而利己主义则一定是既爱自己又损别人，或者以损别人的方式来爱自己。在真实的生活中，因为资源的有限性、他人存在所造成的威胁等原因，单纯的自恋很难存在，都是与利己主义结合在一起的。利己主义者将他人都"解放"、排除掉了，但得到的却是剥夺，"纯粹的自我中心是一个迷宫，一条哪里也不能通向的死路，于其中，除了围着自己打转之外，一事无成"③。不仅如此，"利己主义可以使一切美德的幼芽枯

---

① 鲍曼. 流动的现代性 [M]. 欧阳景根, 译. 上海: 上海三联书店, 2002: 55.
② 托克维尔. 公共参与和爱国主义 [M] // 谭安奎. 公共性二十讲. 天津: 天津人民出版社, 2008: 136.
③ 加塞特. 大众的反叛 [M]. 刘训练, 等, 译. 长春: 吉林人民出版社, 2004. 142.

死"①，因为道德是人际关系的一个特征，关注他人及其需要，是道德的内在特性和要求，没有他人，或者说他人不被纳入视野，道德也就没有了存在的前提。另外，利己主义也是反人性的，用弗洛姆的话说就是"要求实现人与人的结合是人内心最强烈的追求。这是人类的最基本的要求，是一股把人类部落、家庭和社会集合在一起的力量。没有实现这一要求就意味着要疯狂或者毁灭——毁灭自己或毁灭他人"②。现代人追求"解放"，结局却是可能的、现实的毁灭，真是莫大的讽刺。

3."旁观者"

"解放"的过程将每个人从与他人的命运纠葛中解脱出来，使每个人都能理直气壮地只关心个人的生命和生活，成为他人命运的旁观者。电子媒介的发达，强化了现代人作为旁观者的角色，因为电子媒介通过信息的消费化割断信息与行动的关系，将他人的遭遇作为娱乐的佐料，苦难的饱和曝光等机制③，时时刻刻锻造着这个时代所需要的旁观者。作为旁观者，现代人确实摆脱了人情和道德的种种"包袱"，一身轻松。但从古到今，旁观者始终不是人的正派形象，是对人的一种剥夺。

"旁观者"的典型特征是对自己道德责任的否定。旁观者之所以可以"心安理得"地袖手旁观他人的苦难与悲惨，就在于旁观者"理直气壮"地对道德责任的否定：他人的苦难与悲惨与我何干？我不恶意伤人已经很不错了，你还要我怎么样？人是道德存在，也就是说只要一个人还认为自己是人，就必然为自己做道德辩护，公然放弃道德，实际上就是公然放弃做人的资格。旁观者公然宣称他人的苦难和悲惨与自己没有任何干系，可以作为娱乐自己的谈资和笑料，这是"解放"呢，还是对人性的剥夺？任何一个人都不是孤悬于世的生命，而是融他人于自身的关系性存在，旁观者否定的恰恰是人的这种本性。由于温室气体排放等多种原因，全球气候变暖的趋势正在加剧，但从人间感情的角度，"人类居住的星球正在冷却"，"人们是如此地冷漠，他们早已忘记了人与人共同相处时的温暖，

---

① 托克维尔. 公共参与和爱国主义 [M]. 谭安奎. 公共性二十讲. 天津：天津人民出版社，2008：136.
② 弗洛姆. 爱的艺术 [M]. 李健鸣，译. 上海：上海译文出版社，2008：16.
③ 高德胜. 道德教育的时代遭遇 [M]. 北京：教育科学出版社，2008：5-8.

忘记了与他人分享自己的好运与希望所获得的慰藉、舒畅、鼓舞甚至只是平常的愉悦"①。

我们在旁观他人的命运起伏，反过来，别人也在旁观我们命运的波折，旁观是相互的、普遍的，结果是"旁观者"无可救药的孤独。有一句广告似乎道尽了现代人的骄傲与悲哀："如果你知道去哪里，全世界都会为你让路。"问题是，你真的知道要去哪里吗？全世界都会为你让路，也意味着全世界都会对你不理不睬！我们生活在茫茫人海中，但这人海是沉默不语的，既不干预你，也不关心你。"无论你兴奋也好，忧伤也罢，生也好，死也罢，都无法在这浩大的人海中激起一点涟漪！这是一种无边无际的孤独，一种透彻骨髓的孤独。"② 就连被个体当作负担"解放"掉的国家和社会也反过来抛弃个体了。在全球化时代，"国家愈缺乏经济、军事与文化的独立基础，其代言人就愈会不厌其烦地指出，个体必须依靠自己，只能依靠自己的资源，维持个人收支平衡。简言之，个体只能立足于自身，这被认为不仅必需，而且是个体义不容辞的责任"③。更不要指望社会，撒切尔宣称"并不存在叫作社会的东西"④，存在的是作为个体的男人、女人以及由男人和女人组成的家庭。当然，电子空间成了我们新的依靠，但在这一"伪公共空间"里讲述的依然是私人故事，无非是"告诉"我们有大批同样的孤独者每天都在忍受同样的孤独折磨。在这样一个时代，喜悦无人分享，困厄无人共渡，我们也许只能向宠物诉说，从宠物那里取暖，无怪乎宠物盛行！

"消费者"、"自恋者"、"旁观者"不是三种人，而是一种人，即"个体人"。或者说，"个体人"有三副面孔，每副面孔都有两副表情，一副表情是"解放"的快意，一副表情是"剥夺"的悲苦。人从诞生之日起就既是个体的，又是"群体"（公共）的，如今"个体人"如此膨胀，而"公共人"却奄奄一息，人失去了一个向度，成了"单向度的人"，"解放的剥夺"何其大矣！

---

① 鲍曼. 寻找政治 [M]. 洪涛，等，译. 上海：上海人民出版社，2006：43.
② 高德胜. 道德教育的时代遭遇 [M]. 北京：教育科学出版社，2008：96.
③ 鲍曼. 寻找政治 [M]. 洪涛，等，译. 上海：上海人民出版社，2006：31.
④ 鲍曼. 寻找政治 [M]. 洪涛，等，译. 上海：上海人民出版社，2006：21.

三、教育：助推还是拉力

面对加速的"解放"及其带来的剥夺，或者说，面对个体人的膨胀和公共人的衰落，教育该如何选择？是为已经加速的"解放"添把火，还是勇敢地给这种带着剥夺性的解放以必要的拉力？从实然的角度，学校教育正在忘情地投入这场"解放"的狂欢，助推着"解放"及其剥夺的过程，学校不是为社会而办的，它的主要任务不是培养公民，而是制造和生产贪婪、冷漠、自恋的个体。

现代学校对"解放"的助推是显而易见的。第一，公立学校的"私利化"。很多人对公立教育寄予了无限希望，比如布雷钦卡认为："思想方式和生活方式越是个体化，确保共同的基本理想的公立教育就越是重要。"① 但我们观照现实，这些人的希望已经落空。现在的学校对名利的追逐甚至不输纯粹的商业机构，逐利欲望越来越膨胀，越来越无所顾忌。一些所谓名校，一方面通过举办名不副实的"民办分校"进行扩张，学校变成了商业连锁店，大肆敛财；另一方面压缩计划内招生名额，扩大计划外收费名额，赚了个盆钵满盈。正如汤因比所说："在现代技术文明的社会中，不能不令人感到教育已成了实利的下贱侍女，成了追逐欲望的工具。"② 这样追逐私利的学校，一方面暗示甚至怂恿受教育者理直气壮地将各种社会和公共责任"解放"掉，明目张胆地追逐个人私利，使学校蜕变为制造追逐私利者的机构；另一方面，这样的学校，放弃了作为教育机构的公共性，"学校和教育的公共意识和公益意识日渐薄弱，使得教育和学校失去了公共价值的规范"③，使公共人失去了在学校场域生长的可能空间，加剧着现代人的剥夺和人的公共性衰亡。

第二，学校变成了"消费场所"。学校许诺给受教育者及其家长的是利益。现代学校已经无可置疑地代替了过去时代的血统和出身，成了分配社

---

① 布雷钦卡. 信仰、道德和教育：规范哲学的考察 [M]. 彭正梅，等，译. 上海：华东师范大学出版社，2008：16.
② 汤因比，等. 展望21世纪——汤因比与池田大作对话录 [M]. 荀春生，等，译. 国际文化出版公司，1985：61.
③ 金生鈜. 保卫教育的公共性 [J]. 教育研究与实验，2007 (3)：7-13.

会地位的新依据。对自己的这一优越功能，学校无时无刻不在明示和暗示，甚至以此来要挟家长和学生，学校及与其同谋的媒体反复向社会大众灌输的是：没有学历就没有未来。也就是说，学校将自己当成了通往财富和地位的阶梯，学生和家长无论认可与否，都得全盘接受。对学生和家长来说，学校在很大程度上就是一个投资场所，上学就是投资，渴望得到的回报则是获得一个良好的职业前景、一个较高的社会地位。当然，学校在物质许诺之外，也会唱唱高调，比如培养献身国家、社会的人才等，但这些都是"消费场所"的装饰，因为"任何超越个体的教育目的，哪怕是有法律效力的教育目的，也要拿到个人理性的法庭上接受审判"①。而个人理性为自我利益所主导，或者说是个人利益的理性，审判的结果不言而喻：一切超越个体的教育目的要么得为个体目的让路，要么被无情地抛弃。作为"消费场所"的学校成了欲望的工具，造就的多是自我扩张、欲望无限的"消费者"，或者说，现代学校在很大程度上已经成了生产"消费者"的基地、工厂。

第三，学校变成了"个人奋斗的场所"。"以个人升迁和利益为基础的教育，只能建造出一个竞争、对立与残酷无情的社会结构。"② 这种"社会结构"包括学校的等级化或差别化，使受教育者及其家长从一开始就为获得高等级的学校入门券而竭尽全力；班级的差别化，比如重点班和非重点班的区分，使学生在学校始终处在由等级落差所导致的紧张和竞争之中；优胜劣汰、考试频繁、分数决定一切的制度和文化；注重外在行为表现，忽视内心感受的量化管理制度等。在这样的社会结构中，竞争早早开始，无时不在，个人奋斗的弦时刻都得绷着，稍有松懈，就有可能万劫不复。"不要输在起跑线上"，竞争开始得如此之早，以至于连尚未降生于世的胎儿就得接受"胎教"，就得参与这场命中注定的竞赛！学生每天一睁眼，就会面临着家长的学习督促，老师的量化考核、口头提问、随堂测验、单元测验，同学的监督……我们总以为学校生活是社会生活的投影，学生竞争是社会竞争的预演，但认真观察学校，我们就会发现这种预演的竞争，其激烈和残酷程度甚至超过了社会竞争！要不然为什么起得最早的是学生，睡得最晚的是学生，一天中精神最紧张的还是学生呢？在这

---

① 布雷钦卡. 信仰、道德和教育：规范哲学的考察 [M]. 彭正梅，等. 译. 上海：华东师范大学出版社，2008：17-18.
② 克里希那穆提. 一生的学习 [M]. 张南星，译. 北京：群言出版社，2004：36.

样一个社会结构中，求学的过程犹如障碍赛跑的过程，同伴之间的生命关系被扭曲为你死我活的竞争关系，他人都是自己跑道上需要跨越的障碍，成功和出人头地的观念是如此突出，如此露骨！不可避免地，学校教育中充斥着焦虑、忧愁、恶性竞争、个人主义、利己主义等人性的阴暗面，严严实实地遮盖了人性的阳光面。

第四，学校成了"道德贫乏的地方"。教育应该是一项道德事业，学校毫无疑问也应该是社会的道德净地。但审视将道德教育挂在嘴上的当代学校，我们会发现这是一个道德如此贫乏的地方！功利化的学校，其全部的能量与注意力都投向了那一小部分能够为自身增光添彩的学生，其他人注定是要被无情牺牲的陪葬品，因为只有前者才能为学校带来声誉和利益的回报。在这种逻辑的支配下，快慢分班这类"损不足补有余"、"助强锄弱"等明显有悖道德的做法都可以大行其道。学校生活的消费化、竞争化教会学生懂得一个道理：弱者不值得同情。学校生活中的"弱者"和"差生"是失败者，他们的失败源于他们自身的缺陷，"可怜之人必有可恨之处"，所以是咎由自取，他们存在的唯一价值就是衬托优秀者的优秀、成功者的成功。所谓的成功者将自己的成功归结为自己的优秀，早早地跨入"自恋者"队伍；而那些遭到歧视和贬低的失败者要么认命，在人生早期就步入生命的黑暗，要么反抗，以自己的越轨行为来发泄仇恨、寻找自尊。这样的制度取向、人际关系和心理环境，更可能造就他人命运的旁观者、自身命运的孤独者。

从实然的角度看，现代学校与当今的"解放"潮流非常合拍，与社会共谋合作为每一个人锻造一个坚固的"金属外壳"，成批孵化装在套子中的"个体人"，强有力地助推着"解放"的进程。这样的进程必须缓解，必须给予必要的拉力，否则人类将来的生活真的可能变成"每一个人针对所有人的战争"，这与下地狱有什么区别？虽然"解放"是时代洪流，非教育一己之力可以抵挡，但如果连具有超越性的教育也被这洪流裹挟而去，或者教育主动投诚自愿汇入这洪流之中，那真是绝对的悲哀，因为"教育正是借助于个人的存在将个体带入全体之中。个人进入世界而不是固守着自己的一隅之地，因此他狭小的存在被万物注入了新的生气"[1]。也就是说，教育是引导人走出自我、走出个体的活动，如果反过

---

[1] 雅斯贝尔斯. 什么是教育 [M]. 邹进，译. 北京：生活·读书·新知三联书店，1991：54.

来成了帮助人走向自我、封闭自我的工具，不正是对教育自身本性的违背吗？实际上，如果保持清醒、坚守自身立场、逆流而上，教育还是可以有所为的，即使不能阻挡，也可给予一些拉力，为未来做一些准备。

给"解放"一些拉力，可以从学习共同体的建立入手。共同体有多方面的特性，而这些特性都有助于阻止人的极端个体化。"共同体的本质就是个体的关注（主体或主体性、民主、个体性、权利及尊严等）与集体的需要（团体、成员、合作、责任和共同利益等）的一种整合。"[①] 在共同体生活中，个体与集体是相互依存的，个体总是与他人有联系的、归属于集体的个体，而集体则是由个体组成，是个体的"家"，表征的是个体的集体生命。过于强调个体，就会滋生自恋、孤僻的倾向，就会坠入弱肉强食的"丛林生活"；过于强调集体，就会压抑个性，导致多样性的死亡，可能滋生专制主义。真正的共同体生活就是在个体和集体间保持适当张力的生活，不是一方压倒另一方，而是两个基本点的动态平衡。共同体的另一个内在特征在于共同体内个体成员间的相互了解与依赖。"正是因为我们认识了身边的邻居，四周的住宅才成了街坊；而工作场所之所以成为我们所向往或者害怕去的地方，不仅因为工作本身，更是因为自己的人际关系状况。同样，只有当理解教材和同伴成了我们相互的责任后，班级才会变成一个学习共同体。"[②] 也就是说，尝试建立学习共同体的过程，也是学生尝试走出自我、走向他人的过程，这无疑是"自恋者"的一副"解毒剂"。共同体中的成员在彼此的友爱中摆脱了个体的孤独，找到了生命扎根之所，每个成员在享受这份友爱的同时，必须适当让渡个人私利以实现团结，所以共同体的第三个特性是友爱与团结，而友爱和团结正是冷漠而孤独的现代个体所缺乏、所需要的。

教育爱也可以给"解放"一些拉力。人脱胎于自然，自然是人的"快乐老家"。所谓的"混不好我就不回来了"泄漏了人都有"衣锦还乡"的隐蔽性本能冲动。但如今已经"混得很好"的人就是想回来也回不来了，因为超拔而出的人已经无法再与自然浑然一体了。而人最不能忍

[①] 哈特. 从信息到转化：为了意识进展的教育 [M]. 彭正梅, 译. 上海：华东师范大学出版社, 2007：47.

[②] 哈特. 从信息到转化：为了意识进展的教育 [M]. 彭正梅, 译. 上海：华东师范大学出版社, 2007：45.

受的就是这种"与世隔绝"的境遇，必然要找到新的家，新的扎根方式。回到自然的路已经断了，人只有走向人、走向自己的同胞，将根扎在"人间"。人可以通过多种方式实现与他人的联系，比如顺从和控制。真正的爱是既爱自己，也爱他人，是自我与他人的统一，是人性的一种内在平衡。从这个意义上，我们可以说，一个真正有爱、懂爱、会爱的人绝对不会是一个只顾自己的"自恋者"。

"解放"孕育的个体人，也是失去爱的能力的人。反过来，教育如果能培育受教育者爱的能力，就能给这种"解放"一些相反的拉力。要想一个人爱人，首先得被人爱过。一个人爱的能力，既来自于父母的爱，也来自于教师的爱。来自教师的爱即教育爱，具有类似母爱的性质，是一种"类母爱"。之所以这样说，是因为教育爱与母爱一样，是一种无条件的、单向给予之爱。教育者给予受教育者的，不是物质、权力，而是教育者身上有生命力的事物，比如知识、信仰、情感、人生体验、美善等，而正是这些才可以激发受教育者的生命活力，使受教育的个体深深扎根人间，摆脱与世隔绝的孤立与孤独。教育本来是爱的事业，但如今却在学校中受到冷落和排斥，或者说教育爱实现的现实条件不充分。"解放"把教育爱排挤掉了，要想给这种无底的"解放"一些拉力，又必须重拾教育爱，真是矛盾的困境。公正地讲，即使在如此恶劣的处境下，教育爱也没有完全消失，它依然存在于那些有良知的教师的内心和行动中。认识到这一点很重要，可以为我们重拾教育爱厘清思路：首先是保护这弥足珍贵的零星的、个人化的教育爱，"不让爱受伤"，然后再考虑如何给其提供制度和文化的土壤，促使其生根发芽开花。

重构教育的公共性，同样可给这无底的"解放"以有效的拉力。有学者发出"保卫教育的公共性"[①] 的呐喊，但我以为，对中国教育来说，目前重要的不是保卫，而是重构。保卫针对的是教育公共性正在丧失，重构针对的是教育根本没有公共性或公共性已丧失殆尽。哈贝马斯意义上的公共领域，即超越私人、独立于国家政权的公共领域在中国本来就没有发育成长起来，或者是刚有了一点苗头，很快又被商业化的大潮所淹没。如果说西方资本主义国家的问题是公共领域的萎缩与结构转型，中国则是公

---

① 金生鈜. 保卫教育的公共性[J]. 教育研究与实验，2007（3）：7-13.

共领域"未诞生"。在我国,学校基本上没有公共领域的特征,过去是政府的附属机构,现在则直接演变成了政府意志和私人利益的混合物。因此,就中国教育现实而言,重要的是重构而不是保卫教育的公共性。

"无中生有"的重构,任务更为艰巨。与其他社会机构相比,学校更有成为公共领域的潜力,比如学校本来就是超个人的,或者说是帮助个人走出自我的,又与政府机构有一定的距离,不直接受政府机构的支配。但这种潜力的发挥面临着内在动力与外在许可的困难。学校作为主体,实际上追求成为公共领域的内在动力是非常微弱的,因为这有损于学校作为一个机构的自我利益。同样,学校也面临着政府和家长的压力,因为作为公共领域的学校既可能违背政府机构的意志,也可能抵制家长对私利的追逐。公共领域的运作,以公共参与、公开讨论为基本方式,这样的方式在目前的学校生活中是稀有事物,一方面在于目前的学校没有实行这样方式的文化基础,另一方面也因为这样的生活方式不见容于压倒一切的考试文化。公民教育是学校公共性重构中的重要环节,但公民教育也有无法克服的自身困难。实际上,不大可能存在与社会、政治背景相分离的公民教育,因为真正有力的公民教育是公共生活实践。如果将公民教育理解为"动员年轻人的心灵,使之不假思索地支持意识形态"①,那么这种公民教育也许是存在且有效的;如果将公民教育理解为通过公共参与、公开讨论来培养具有公共精神的人,那目前的公民教育是否有效、是否存在就令人生疑。没有社会基础的公民教育,要想发挥一定的作用,也许可以从加强学生参与学校事务和培养公共精神两方面寻求突破点。即使是在目前的环境下,开明的学校和教师还是可以让学生参与班级、学校事务的,哪怕是有限的参与,也具有公民教育的价值。而公共精神(public spirit)可以作为一种美德,依托学校德育,在道德教育中进行。

---

① 希特. 何谓公民身份 [M]. 郭忠华, 译. 长春:吉林出版集团有限责任公司, 2007: 170.

第五章　公民教育的路径选择

近些年来，公民教育的呼声此起彼伏，表现在政府文件开始认可，学者研究极力呼吁，学校积极实践探索。四面八方，高低上下，都在用"公民"一词，含义似乎约定俗成，广有共识。但仔细斟酌，各人所用，词虽一个，所指却大相径庭，甚至南辕北辙。公民概念，在我国没有文化传统根基，是一个地道的西方舶来语。这个词汇，即使在来源处的西方，歧义也多，比如用词上 civic 与 civil 的细微差异，已经透露出理论渊源、背景、立场和价值预设的不同，而我们则一概以"公民"转译，恰好淹没了这种微妙而重要的差异。因此，在呼吁、倡导公民教育之前，很有必要静下心来想想：你说的公民是什么含义，你要进行的是哪种公民教育。

一、何谓公民？

诚如舒克所说，当代学术研究领域和教育实践领域对"公民"一词的使用非常宽泛，"差不多将它当作了一个空的容器，使用者们可以随意往里灌注他们自己的社会和政治理念"[①]。但仔细琢磨，无论里面装了什么理念，都超不出政治权利人、国民资格、社会之公共人三种模型。也就是说，我们起码可以区分出在三种不同意义上的公民概念。

1. "民主公民"

公民思想与实践的源头在古希腊。如果一个人只能臣服于他人或外在

---

① 舒克. 自由主义公民权[M]//伊辛，等. 公民权研究手册. 王小章，译. 杭州：浙江人民出版社，2007：177.

的机构,那他就是一个被统治的臣民;反之,一个人只是使别人臣服,那他就是统治者,这两种人都不是公民。只有在人"既是统治者又是被统治者"(亚里士多德语)时,他才是公民。因此,公民最古老的意义,其实就是政治上的自我治理(self-governance)。虽然经过历史的风尘,公民概念不可避免地沾染了不同时代的"颜色",但这一核心意义仍然存在。正如史密斯所说,无论公民概念附丽再多其他因素,其核心意义依然是指在一个某种形式的民主政体下有权以某种方式参与政治的人[1]。只不过,"政治上的自我治理"已经转化为现代意义上的民主体制及对这一体制的影响与参与。

因此,理解这一意义上的公民概念有两个维度,一个是统治(政治)的体制(公民产生、生存的政治条件),一个是参与这种体制的权利。克罗斯利认为"公民身份仅存在于具有分化的、合理的政治体制的社会中"[2],而这样的政治体制,在很多人那里,不言而喻就是指资本主义的三权分立、多党竞争、司法独立、言论自由等制度。公民(参与)政治权利包括主动的影响政治运行的权利和免受政治压迫的权利。前者包括诸如选举权和被选举权,组织参与政党、集会等,后者包括人身自由、言论自由、信仰自由、私有财产神圣不可侵犯,以及批评、反对政治决策等权利。马歇尔将这两项权利区别开来,将主动参与政治的权利视为"政治的要素"(political element),将免受政治压迫的权利视为"公民的要素"(civil element)[3],影响甚广,实际上,这些要素反映的都是公民的政治权利。斯金纳认为,个人作为一个国家的公民,必须具备两个条件,一是有能力(power)采取行动,一是不存在依附,不存在干涉,能够自我实现[4]。这两种说法不同,其实表达的是同一个意思。

民主公民与资本主义国家相伴而生,资本主义国家为现代公民的诞生

---

[1] 史密斯.现代公民权[M]//伊辛,等.公民权研究手册.王小章,译.杭州:浙江人民出版社,2007:146.

[2] 克罗斯利.公民身份、主体间性与生活世界[M]//尼克·史蒂文森.文化与公民身份.陈志杰,译.长春:吉林出版集团有限责任公司,2007:46.

[3] 马歇尔,等.公民身份与社会阶级[M].郭忠华,等,译.南京:江苏人民出版社,2008:10.

[4] 斯金纳.国家与公民自由[M]//刘擎.公共性与公民观.南京:江苏人民出版社,2006:134-135.

和存在提供了社会条件和政治条件，而现代公民的存在也使资本主义社会得以发展和持续。正是因为现代意义上的公民诞生于资本主义国家，也正是资本主义国家首先为现代公民提供了存在的社会条件和政治条件，所以很多论者由此推论，只有在资本主义国家才有真正意义上的公民，或者说现代公民只能存在于资本主义国家，所谓"只有在西方才能找到公民的概念"①。这种"唯我独尊"的观念并不为很多后发国家所认同，很多论者认为民主公民虽然与资本主义国家有着息息相关的联系，但并不能为其所独有、独享。但由于后发国家在经济方面的劣势，封建历史的负担，导致在文化与价值方面底气不足，在此问题的争论中处于守势。反过来，对方则咄咄逼人："在'非民主'的共和国中，即使使用'公民'一词，却缺乏公民概念中的核心内涵——亦即政治参与。在此情形下，称其为'国民'远较'公民'来得适当。"②

2. 国民

作为群体动物，人必须获得群体身份（资格）去过群体生活，而不同的群体则决定了这种群体身份的特点，比如村民、乡民、市民。公民则是人相对于国家这一政治群体的资格，所以公民的参照概念是国家，"公民概念的核心部分是指公民享有一种面对国家的资格、地位或权利。更确切地说，公民权利的反面诠释即指国家对其成员所应尽的义务"③。说一个人是某国公民，实际上也是说这个人是这个国家的国民（nationals）。因此，在很多语境下，公民指称的是一种国民资格，是国民的别称。

国民者，一国之民也，对国之统治体制没有特别的要求，所以，国民概念与民主公民概念相比有更大的包容性。当然，国民与臣民还是有所不同，国民是相对于民族国家而言的，个人归属于某种形式的共和国，而臣民则是相对于君主国家而言的，个人臣服于特定的个人（君王）。在一国之民的意义上，国民概念大于民主公民，或者说民主公民只是国民之一

---

① 马歇尔，等. 公民身份与社会阶级［M］//郭忠华，等，译. 南京：江苏人民出版社，2008：10.
② 陈淳文. 公民、消费者、国家与市场［M］//刘擎. 公共性与公民观. 南京：江苏人民出版社，2006：264.
③ 陈淳文. 公民、消费者、国家与市场［M］//刘擎. 公共性与公民观. 南京：江苏人民出版社，2006：258.

种，民主公民外，国民还有其他形态。另外，国民，一国之民，这里"国"处在主导地位，而"民"处于从属地位，这与民主公民概念中突出公民、强调公民对国家的戒备与制衡有不同的意味。正是源于此，一些有优越感的西方国家学者，只承认非西方国家有国民，不承认这些国家有公民。还有一点，公民从一开始就与政治脱不了干系，政治意味深长，而国民之国多是现代意义上的民族国家，所以国民与民族有更亲密的关系。如果说公民标识的是一种政治身份的话，那么国民则更多地标识一种民族身份。

3. 公共人

近年来，公民有从一个比较严格的政治定义（参与政治生活）向社会学意义上的界定（参与公共生活）转移的趋向。原因一方面在于，参与公共生活是本来意义上的政治，所谓"人是政治的动物"就是在这个意义上讲的。在一定意义上，参与公共生活意义上的公民概念是对古希腊传统的一种现代回响。另一方面也在于现代人对国家的期望回落，不再奢望国家解决一切问题，认识到国家的有限性及这种有限性的益处，转而将目光投向各种层次的人类结合体。

公共人意义上的公民依托的是市民社会。泰勒认为市民社会存在的最基本条件在于有独立于国家机构的自由社团，否则谈不上市民社会。如果这些独立于政府机构的自由社团在社会生活中承担的"戏份"很重，甚至是"主角"，市民社会就"像模像样"了。当然，到了这些社团能够有效地决定和影响政府政策的时候，市民社会就真正存在了。① 市民社会由超越个人的人类结合体组成，它首先不是个人领域、私人领域，但市民社会同时也未达至国家，或者说并不包括国家，是个人与国家间的一个中间领域。作为中间领域的市民社会，以国家为存在的前提，对国家有一定的特殊要求，即国家起码是有限权力的国家，否则就无法存在不受干预的自由社团；对个人也有一些要求，要求个人必须有"市民风范"或"市民美德"，否则市民社会也没有存在的根基。至于何为"市民美德"，虽然众说纷纭，但基本的共识还是有的，比如公共利益优先，即作为市民社会

---

① 泰勒.市民社会的模式［M］//邓正来，等.国家与市民社会：一种社会理论的研究路径.北京：中央编译出版社，2005：7.

的成员，随时准备节制个人或特定群体的特殊利益，将超越个人的公共利益置于首要位置；公共理性，即市民间在发生观念和利益分歧时，不是从个人固有观念、利益和偏好出发，而是从公共利益、公平正义出发来寻求共识。

公共人意义上的公民，就是存在于市民社会、具有市民美德的人。这种意义上的公民，政治（现代意义上的政治）意味淡化，社会意味深长，是现代人的一种社会存在形态。一些学者，比如阿伦特、鲍曼，对人的这种社会存在形态推崇备至，为其没落耿耿于怀、忧心忡忡。也难怪，与现代社会伴随始终的是个体的诞生、发展与极端化，人类生活沦落到"每个人对所有人的战争"这种可怕境地的端倪已经显现，在局部地区甚至已经是现实。另一方面，作为公共人的公民也得到了现代国家的普遍欢迎，因为这种意义上的公民与政治保持一定的距离，对国家政权的压力相对较小，"对于许多现代共和体制下掌握着权力的人们来说，他们事实上巴不得他们所治理的人们从低于国家层次的，通常是非政府组织的角度，按照公益服务意义上的'好公民'标准，而不是更强健的政治行动意义上的'好公民'标准，来认识理解公民权的含义"①。

二、哪种公民教育？

既然有不同的公民概念，那么公民教育也就有不同的种类。基于此，我们就有必要分析那些提倡、实施公民教育者，其所理解的公民教育到底是哪种公民教育。

1. "（民主）公民教育"

很显然，我们国家的很多论者所理解的公民教育就是民主公民教育，或者说基本上是民主公民教育。西方国家基于"民主政体必须有热心于政治参与的公民"的考虑，在公民教育中突出自治、权利、平等、参与等价值，虽然这些价值有一定意义上的普遍性，但按理说，这只是对公民教育的一种理解，但我们很多人却将这种理解作为"标准答案"，以为公

---

① 史密斯. 现代公民权 [M] // 伊辛，等. 公民权研究手册. 王小章，译. 杭州：浙江人民出版社，2007：152－153.

民教育本该如此，比如有论者就直言不讳地说"公民教育的基本目标是培养与民主政体相一致的公民意识"①。至于那些由西方人主导、中国人配合的公民教育合作实践项目②，更不可能将公民教育另作他解。

这样理解，其实也难怪。第一，政治意义上的公民是公民最为古老的含义，虽然我们可以使用一个名词而忽略其内在意义，但其本来意义往往有顽强的生命力，会在不知不觉中影响使用者的理解。第二，西方国家的经济文化强势，尤其是对其政治制度及其背后价值的自信，导致其有自觉不自觉的价值输出冲动，而非西方国家由于经济文化上的落后，对自身政治制度存在着口头上的自信和实际上的不自信，自觉不自觉地认同了西方价值，并将其视为标准。第三，公民及公民教育非我国文化传统所固有，而是时代使然不得不直面公民及其教育问题，那么向公民及公民教育的发源地、成功国借鉴就是一个现实的选择。在借鉴与拿来的过程中，稍不小心，就被其文化惯性拉过去了。第四，我国封建文化的旧势力依旧强大，而现实的政治文明进程虽然取得了巨大进步，但仍然不能让人满意。比如，有深厚积习的"官本位"思想既阻碍当政者"执政为民"、以法治理，也阻碍国民对执政者进行监督，运用法律武器保护自身合法权益，这样的现实很容易使人妄自菲薄，倒向西方价值体系，成为西方文化的俘虏。

不论有多少理由，将公民教育理解为西方意义上的民主公民教育都有无法克服的矛盾。首先，以国家为范围的公民教育，都是与特定政体的维护有关，或者说都是为维护特定政体服务的，美国如此，中国也是如此。因此，在中国目前的政治体制下，进行与西方国家的政治体制相匹配的公民教育，显然政治关过不了。其次，即使不问政治上是否正确，这样的公民教育也没有存在的土壤。杜威的观点尽人皆知："民主主义不仅是一种政府的形式，它首先是一种联合生活的方式，是一种共同交流经验的方式。"③也就是说，学校所进行的公民教育虽然自有其价值，但特定政治

---

① 徐贲. 公民教育和爱国主义 [J]. 随笔. 2009 (4)：3—13.

② 据我所知，这样的合作在国内有不少，有的有西方机构的直接支持和参与，有的则只是中国人的直接引进，有教师培训，还有翻译过来的教材，利用班会等时间直接上课，弄得很热闹、红火。

③ 杜威. 民主主义与教育 [M]. 王承绪，译. 北京：人民教育出版社，2001：97.

体制下的政治社会生活更具有公民教育意义。把公民教育孤立起来，只看作学校的责任，显然有悖事实、有悖常识。"公民身份教育是一种成人的、终生的过程，教育的内容、方法和目标随着人们发挥其公民职能的政体和社会的不同而有差异，否则这样一种观点是不明智的。"① 也就是说，西方国家政治体制的运行本身就是在进行他们的民主公民教育。因此，不难想象，在我们明显不同的政治体制下进行西方式的民主公民教育，无异于"地上养鱼"、"水中放羊"。其实，不太可能存在与政治背景相分离的公民教育。最后，西方国家的学校机制与其政治体制是同构的，共同培育他们所需要的民主公民。我们的学校机制与我们的政治体制也是同构的，无法提供民主公民所需要的学校制度及相应生活。有研究者发现，在我国进行公民道德教育有一个组织困境，即学校组织的个人性、私利性特征无法满足公民道德教育对学校组织公共性的要求。② 这一发现很有启发性。换个角度，道理是一样的，即派生于我们政治体制的学校组织，同样无法为民主公民教育提供组织支持，同样存在着组织困境。

2. "国民教育"

与一些人将公民教育理解为西方性的民主公民教育不同，一些文件和学者所说的公民教育，实际上是国民教育。首先，这种公民教育虽然也有政治参与的要求，但更突出对现行政治体制的拥护与认同。或者说，这种公民教育将对现行政治体制的拥护与认同视为政治参与或作为政治参与的主要方式。对国家，尤其是对政府的拥戴与忠诚被放在了显要位置。其次，这种公民教育突出公民作为一国之民的义务。这种公民教育虽然承认法律赋予的权利，但往往更强调作为公民的义务，将承担义务作为获得公民资格的前提条件。最后，这种公民教育的注意力不单放在政治参与上，而是从民族国家的立场出发，将文化与民族认同纳入教育目标，着力培养的是既拥护现行政治体制，又认同本民族文化传统、守法爱国的国民。

这种意义上的公民教育或者说国民教育，我们已经做得相当好了。第一，学校与政府同构，或者说学校是政府机构的翻版，能够潜移默化地塑

---

① 希特. 何谓公民身份 [M]. 郭忠华，译. 长春：吉林出版集团有限责任公司，2007：178.

② 郑富兴. 学校公民道德教育的组织困境 [J]. 教育研究与实验，2008 (3)：35-39.

造现行政治体制所需要的公民。从学校层面看，学校有党组织，有书记，有行政机构，有校长，这与政府机构的内在机制是一样的；从班级层面看，小学有少先队组织，中学有团组织，再配以相应的班长、干部，两个层面都是对党政机构的摹写。也就是说，即使没有专门的国民教育，只要学校在上课、在运行，这种教育就在发生作用。第二，我们国家向来重视历史文化教育，对历史，尤其是近代史、当代史的教育很重视，从小学开始就有相应的课程，这对民族文化认同和民族精神的培育起着巨大的作用。第三，爱国主义教育始终是学校教育和社会教育的主题，"主旋律"的强音一直响亮。第四，近年来，民主法制教育有所加强，依法治国的精神在学校教育中得到贯彻，在强调公民义务的同时，也在培育学生作为公民的权利意识。

如果公民教育是指国民教育的话，我们已经做得很好。而且，我们也大可不必遮遮掩掩，这是再正常不过的事情，任何国家都会、也都在做同样的事情，西方国家的所谓民主公民教育其实也是另外一种形式的国民教育。当然，也实在没有再大声呼吁的必要，如果还要强化，可能就过头了，真要面对"专制政府利用教育系统来规整知识、培植情感，以此来赢取民众对他们的彻底忠诚。这一过程的关键在于教导人们相信统治者有能力和权威去认识人民的利益所在"[1] 这样的指责了。当然，我们的国民教育也是有改进的余地的，比如应该更加彰显个人权利、民主与法制意识、批判与监督意识等；学校外的社会生活多一些正义和正气，少一些以权谋私、贪赃枉法，政治文明程度有显著提高；学校内部多一些民主成分，使学生作为学校生活主体的地位得到真正落实，学生能够真正参与学校制度的设计与制定。

3. 公共人的培育

既然有很多人将公民理解为活跃在市民社会中的公共人，那么他们理解的公民教育就是公共人的培育。比如，在公民教育领域出现的"公共性"、"公共理性"、"公共精神"、"公民德性"、"公共美德"等词汇和概念，反映的就是这一思想。

---

[1] 斯普林格. 脑中之轮：教育哲学导论 [M]. 贾晨阳，译. 北京：北京大学出版社，2005：21.

将公民教育理解为公共人的培育有诸多优势。这是一种摆脱了意识形态负担的思路。虽然我们可以说民主公民教育不是资本主义国家的专利，但毕竟这种教育发端于西方资本主义国家，与资本主义政治及其意识形态有千丝万缕的联系，拿捏不好，就会遭到政治上的猜疑，总有摆脱不了的负担。而国民教育则总是要面对政治灌输、意识形态说教的指责。虽然公共人所依托的市民社会，有各种先决性的政治制度条件，但公共人是哪种社会形态都需要、都存在的。如前所述，将公民理解为低于国家层次的社会身份，既转移、减轻了人民对统治者的关注，又有利于帮助政府解决各种社会问题，受到了各种社会形态的政府的普遍欢迎。同样，公共人的培育稀释了公民教育的政治浓度，对政治统治的直接关注度小了，反过来受到政治当局的关注度也小了。

更重要的是，公共人的培养是我国社会事业进一步发展的迫切需要。在计划经济时代，国家的"有形之手"伸得很长，也养成了老百姓对政府的依赖。在实行市场经济的今天，很多事情要靠"无形之手"来调节，政府的阵线收缩，社会的事情要社会自己来解决，不能什么都指望政府。"个人—政府"这样两极化的模式已经不适应社会发展的需要，在这两极之间应该有另外一极：市民社会。而市民社会是由公共人建构的，没有公共人也就没有真正意义上的市民社会。市民社会的存在能够最为有效地孕育、锻造公共人，而在市民社会尚未真正建构起来的情况下，学校教育对公共人的培养就显得尤为重要。

在培养公共人的时代任务面前，中国面临着更为复杂而艰难的局面。西方国家面临的挑战是公共领域（或者说是市民社会）的解体和公共人的衰落。在商业大潮的冲击之下，过去的公共空间变成了商业空间，公共人也随之衰落，朝纯粹的消费者蜕化，社会的团结与凝聚成了大问题。作为后发国家，这样的变化我们也未能幸免，同样侵袭着我们社会的每一个角落。与西方国家不同，我们没有市民社会的传统，公共领域向来虚弱，公共人的形象还没来得及树立。如果说西方国家是"成熟的公共人"在商业雨水的冲刷下正一步步消融，我们国家则是"未诞生的公共人"或者顶多是"处在婴儿期的公共人"正面临着足以灭顶的狂风暴雨。如果任由这样的趋势发展下去，总有一天，我们就不得不过"一个人针对所有人的战争"这样恐怖的生活。因此，学校承担着培养公共人这一艰巨的时代使命，这也许是避免这种恐怖局面降临的最后希望。

简单地呼吁公民教育并不是问题的关键所在，关键在于如何理解公民概念，倡导哪种公民教育，或者说中国公民教育的独特道路在哪里。西方式的民主公民教育并不适合我们，国民教育需要改进，而公共人的培养需要加强。基于这样的现实，以不断改进的国民教育为基础，吸收民主公民教育的合理内容与方法，突出公共人的培养，也许就是中国公民教育的独特道路之所在。

第六章　公众及其培育

关于公民、公共性、公共领域的研究，似乎少了公众这一视角。公民对政治的参与既是个体的，又是群体的。个体直接的政治参与固然重要，但毕竟有限且孤立，与由公民组合而成的公众相比，力量要微弱很多，而且，公民的政治参与，多数情况下还必须经由公众的过渡与转换才有可能。公共性可以成为公民的一种可欲价值，但公众才是公共性最理想的载体。公共领域固然重要，但公众是公共领域的主体，没有公众这一主体，所谓公共领域只是一个无主的空场，也就不成其为公共领域。因此，探索公众的构成及意义、公众在大众时代的遭遇、如何通过教育培育公众等问题，具有重大的理论和现实意义。

一、"众中之众"

在日常生活、各种媒介和学术文献中，公众是一个频繁出现的名词，但基本上都不是在严格意义上使用这一概念，而是与另外一些相关却相异的概念，包括群众、民众、大众、受众等同或混用。人是合群动物，人多为众，但同样是"众"，形成机理、功能表达并不相同。可以说，公众是"众"之一种，是"众中之众"，但又"与众不同"。

日常所言的群众（the masses）是政治用语，相对于政治精英而言，或者说群众是政治精英之外、受政治精英管治的人的集合。群众总是庞大的，超出了人的直接感受力，不借助想象，我们无法把握群众。也就是说，群众既是现实的，也是想象的。是谁想象了群众呢？是政治精英。政治精英出于有效管治、政治合法性、治理神圣性的需要，将被管治者想象为庞大的群集，并通过立体性的传播与宣传将这种想象传递给社会，使之也变成"群众人"的想象。日常生活中，我们常将群众视为个人的对立概念，其实不然，个人的对立概念是共同体，群众是由个人组成的集合，与个人是相辅相成的概念。①

大众（the masses）与群众不仅仅是翻译上的不同选择，在中文语境中还有意义上的细微差别。如果说与群众相对的是政治精英，那么与大众相对的则是社会精英。从政治分类上看，即使是社会精英，只要不在政治体制之内，都在群众之列。从这个角度看，大众与社会精英都从属于群众，是群众的下位概念，是群众的再分类，即分出其中"通常的大多数"和"优秀的少数"。当然，在特定语境下，社会精英也可包括政治精英，政治精英与社会精英汇流，共同成为大众的对立存在。如果说群众是被政治精英所想象的，那么大众则是被社会精英所想象的。社会精英为了能够赫然而立，必须得有衬托物，大众就是这种衬托物，所谓"少数精英就是指那些具有特殊资质的个人或群体，而大众则是指没有特殊资质的个人之集合体"②。当然，大众的显身是晚近的事情，是随着所谓大众社会的诞生才露出峥嵘的，"随着大众社会的兴起，社会领域在经历几个世纪的发展之后终于达到了这样一个水平：它毫无例外地，并以相同的力度囊括和控制了一个特定共同体的所有成员。社会在一切情势下都实现了平均化，平等在现代世界里取得了胜利"③。一方面是所有人都被纳入到社会领域；另一方面，个人经过历史的漫长孵化，包括基督教构造的平等的"纯粹人"，文艺复兴追求的"自我人"，资本主义市场、商业、城市塑造的"经济人"，启蒙运动向往的享有不受干涉权利的"政治人"④，制造个人的现代性工程终于竣工，大众社会与大众一起走向了历史的前台。

群众与大众虽有语境、语意上的细微差别，但本质是一致的，所以在多数情况下可以互相替换。第一，大众（群众）最突出的特点在于虽然

---

① 赵汀阳. 坏世界研究：作为第一哲学的政治哲学 [M]. 北京：中国人民大学出版社，2009：218.
② 加塞特. 大众的反叛 [M]. 刘训练，等，译. 长春：吉林人民出版社，2004：6.
③ 阿伦特. 公共政治生活：行动、言语与自由 [M] // 谭安奎. 公共性二十讲. 天津：天津人民出版社，2008：233.
④ 赵汀阳. 坏世界研究：作为第一哲学的政治哲学 [M]. 北京：中国人民大学出版社，2009：226.

是人的集合，但集合起来的个人缺乏深入的交往，是由精英想象的、个人的被动集合，是"孤独的人群"（大卫·理斯曼语）。第二，大众（群众）"表达意见的人要比接受意见的人少得多"①，也就是说，大众（群众）彼此之间既少信息的交流，又不愿、不能公开表达自己的意见，只是被动地接受统治阶层灌输的信息和观念，其本身就是由外在意见塑造成型的。第三，组成大众（群众）的"大众人"（"群众人"）有通用性格，"'群众人'（mass-man）的通常性质表现于大多数人的行为举止中，表现于通常所买、通常所消费的东西中，表现于你在必须同'群众中'的人打交道时一般所能期待的情况中"②。"大众人"浩如烟海，但却有着通用的社会性格，每个人遵循的都是"他有我也要有，他能我也要能"的准则，每个人都觉得自己挺特别，其实每个人都没有什么特别的，"面对单独的一个人，我们就可以判断他是不是一个'大众人'。大众人是这样一种人：他从来不根据社会特殊的标准——这一标准的好坏姑且不论——来评价自己，他只强调自己'与其他每一个人完全相似'"③。第四，大众（群众）是消费性的存在，其个体成员最准确的名称不是公民而是消费者。这些消费者责任淡漠，对自我利益之外的公共生活、公共利益没有兴趣，其生命力都倾注在个人利益之上，一切超出这一利益的事务都是浪费时间、浪费生命。从这个意义上说，大众（群众）就是聚在一起或通过想象聚在一起进行消费的人群。第五，大众（群众）不是理性自觉地聚合，始终以非理性作为维持群体的黏合剂。在日常状态下，大众以一种压倒一切个性、独立和卓越的平夷力量使人平均化，在特殊状态下则以一种激情情绪将个人裹进无法遏止的群体性激烈行为之中。第六，与前面几个特征密切相关的是，大众（群众）并没有坚定的是非立场。大众有时候会为道德沦丧群情激昂，也可能不顾道德和人性去压制新事物与不合群的独立个人，还可能通过激情狂欢的形式犯下不可饶恕的道德大罪。

　　受众与大众传媒的兴起密切相关，可以说是大众传媒的产物。大众传媒的兴盛，使得散布在不同阶层、不同群体的人接受同一媒体信息成为可能，这是大众传媒的一个特点。大众传媒的另一个特点是其单向性，信息

---

① 哈贝马斯. 公共领域的结构转型［M］. 曹卫东，译. 上海：学林出版社，1999：296.
② 雅斯贝尔斯. 时代的精神状况［M］. 王德峰，译. 上海：上海译文出版社，1997：32.
③ 加塞特. 大众的反叛［M］. 刘训练，等，译. 长春：吉林人民出版社，2004：7.

接受者基本上无法对接触到的信息做出反馈。而且，大众传媒还阻止信息接受者彼此交流、联系，拉大人们之间的距离。因此，由现代大众传媒塑造的受众，虽然有"众"之名，却无"众"之实，其实还是一个个孤立的原子个体。之所以还可名曰为"众"，只在于接受的是相同的媒介、相同的信息，形成的是通用的人格。"受众不是个体而是有共性的一群人，他们通常有与媒介相关的行为或习惯。"① 当然，受众作为"众"，同样离不开想象。受众作为信息的实际接受者或拟定的接受者，与群众和大众一样，不是由受众自身想象的，而是由主导传播媒介的人或机构想象的。大众传媒不仅造就了受众，还是塑造大众的强力机制，在一定意义上，受众就是大众的一种存在形态。如果撇开时间因素、现代传媒因素，群众、大众、受众虽然都是"众中之众"，其实气息相通。

公众（the public）与相对于政治精英的群众、相对于社会精英的大众都不相同，公众是公共生活的主体。如果说大众、群众、受众是由单子式的原子个人自发组成或想象的，那么公众则是在关心、讨论共同问题，参与共同事务中产生的。公众同样是"众"，但这"众"不是由只埋头于私人利益的个体组成的，而是由超越私人利益、能够抬起头来关注共同利益的个人所组成的。当然，共同问题是有弹性的，一个问题不可能吸引所有人的关注，因此公众是多层次的存在，由众多的"小公众"（publics）及其互动建构而成。与大众、群众、受众基本上只接受信息不同，公众的一个特点在于表达，即不但关心共同问题，还将基于这种关心所形成的观点公开表达出来并进行讨论，形成观点的碰撞，以达成不是基于偏好，而是基于是非判断的共识（公共舆论）。大众、群众、受众是沉默不语（想说而不会说、根本没有意愿说）的大多数，而公众则是敢于在公共场所、公开场所对超出个体的公共问题发声的人群，在这个意义上，"公众就是聚合在一起讨论新闻的陌生人"②。如果说大众、群众、受众对溢出自我的事务是消极的、旁观的、冷漠的，那么公众则是积极的、参与的。"从参与意愿和行动去定义'公众'，公众就不再是一种预先存在的概念群体，而成为一种与社会行动共存亡的行为群体。公众并不能先于公共行动

---

① 罗尔. 媒介·传播·文化——一个全球性的途径 [M]. 董洪川，译. 北京：商务印书馆，2005：110.
② 徐贲. 通往尊严的公共生活 [M]. 北京：新星出版社，2009：209.

而存在，有了围绕公共事件的公共参与，才会有公众。"① 从公众的这一行动定义中我们可以看出，公众与参与行动共存亡，没有后者就没有前者，而后者又锻造了前者。需要说明的是，我们不能将行动仅仅理解为围绕某个突发事件而采取的集中行动，行动还包括围绕着天天发生的公共事件的常态参与行动。如果说大众、群众、受众是"被想象"而建构的群体，那么公众则是伴随着讨论、参与共同问题而自我想象的群体。公众的关系不是"我—他"关系，而是"我—你"关系，是参与公共生活的主体"我"想象同样是主体的"你"而形成的"我们"。

公众的"与众不同"还在于"公众人"与"大众人"（群众人）的巨大差异上。"大众人"有其通用性格，"公众人"也有自己的"人格特征"，即"对公共事务的关心；信息和知识的掌握；稳定的政治原则或道德准则；准确观察的能力；对交流与讨论的参与；理性行为；对共同利益的考虑等"②。具有这些人格特征的"公众人"，也就是我们常说的公共人，是人性的另一种可能，与阿伦特所说的"孤独、敏感、没有规范、丧失判断力、强大的消费能力、自我中心、与世界的异化"③ 的"大众人"完全不同。

二、公众之"重"

公众作为"众中之众"，其"与众不同"不仅表现在特性上，还体现在对人性、对道德是非、对政治生活、对人类未来的重要意义上。

阿伦特通过对古典政治的研究发现，公共领域其实也是一个精神领域，正是在这个领域，罗马人称为 humanitas（人性）的东西才在其中显现出来。因此，人性无法在孤独中获得，只有当人进入"公共领域的冒险"时才能获得。④ 按照这个逻辑，只有"公众人"（公共人）才能获得人性。这显然与现代对人性的理解有矛盾。现代人对人性的理解要比古希

---

① 徐贲. 通往尊严的公共生活 [M]. 北京：新星出版社，2009：182.
② 哈贝马斯. 公共领域的结构转型 [M]. 曹卫东，译. 上海：学林出版社，1999：245-246.
③ 阿伦特. 历史、政治与公民身份 [M]. 刘佳林，译. 南京：江苏人民出版社，2007：101.
④ 阿伦特. 黑暗时代的人们 [M]. 王凌云，译. 南京：江苏教育出版社，2006：65.

腊"宽大"得多，生理需要等都可以视为人性的一部分。如果以现代人对人性的理解作为基础，公众人所获得的人性所指为何呢？应该是人性的卓越，或者说是卓越的人性。人作为私人，有自己的私人生活，古希腊不将这种生活视为人性的体现，只将其视为人的不自由状态，即受人的必然性钳制的状态，与动物的存在状态类似，不是真正的人的存在状态。现代人没有这样"极端"，承认私人生活、生理需要也是人性的表现，但无论如何，这都不是人性的全部，不是人性的卓越部分。只有摆脱了必然的钳制，超越一己之私、一己之地，走向他人和公共领域，人性的另一面或者说卓越的人性才能体现出来。

在公共领域行动的公众人，即公共领域的主体，之所以能够展现并实现卓越的人性，还在于公共领域的公共、公开性，在这里发生的事情、出现的人物为所有人所见所闻，"在这一公共场景中，只有那些被认为是相关的、值得一看或值得一听的东西才是能够忍受的，那些无关的东西自然就成了私事"①。显然，人性中自然性的、本能性的东西，与动物类似的"非特异性需要"，在公共领域，或者说对于公众人来说，都属于不值一看、不值一听的东西；而那些超越个人、为群体、为社会、为民族、为人类着想和服务的东西，则是值得一看、值得一听的东西。应该承认，徜徉于私人领域的个人也可以"携带"像私有财产一样的美德，但却无法拥有正义，正义只显露于人类共处的公共领域。也就是说，作为公众人，擦亮的是人性光辉的一面，使之能够在光芒中走向辉煌灿烂。私人生活的扩张，大众的庞大，使人性的光辉被遮蔽；公共生活的蓬勃，公众人的成长，敞亮、光大的是卓越人性。

公众之"重"还在于，如果公众真身难觅，人类就会陷入"黑暗时代"（Dark Times）。"历史中有许多黑暗时代，在其中公共领域被遮蔽，而世界变得如此不确定，以至于人们不再过问政治，而只关心对他们的生命利益和私人自由来说值得考虑的问题。"② 虽然近代以来，"制造个人"的工程如此深得人心，并取得了前所未有的成功，但不要忘了，人类从来都不是单子式的原子个人之总和。任何时代的任何社会都不是奠基于原子个人之上的，而是奠基于超越个人利益的公共生活之上的。公众的衰落，

---

① 阿伦特. 人的条件 [M]. 竺乾威，译. 上海：上海人民出版社，1999：21.
② 阿伦特. 黑暗时代的人们 [M]. 王凌云，译. 南京：江苏教育出版社，2006：65.

意味着利益的分化瓦解，个体的欲望被（其他）个体的欲望所点燃，以至于坠入"弱肉强食"的"丛林法则"，托举人成为人的一切美好价值都被视为垃圾，有无限意味的生活异化为"每个人面对所有他人的战争"，不是无穷无尽的黑暗是什么？

公众既是公共领域的主体，也是公众舆论的中坚力量。公众舆论不是个人意见、个人偏好的杂陈，而是个人在参与公共事务的过程中，通过公共讨论而形成的"公意"。由此可见，公众舆论有两个要点，一是"公意"，二是经由公共讨论而形成。公意与众意有很大差别，"公意只着眼于公共的利益，而众意则着眼于私人的利益，众意只是个别意见的总和"①。公意不会自然、自发地产生，必须经由公众理性地讨论才能形成。作为公众，其标志性行为不是劳动，不是工作，而是行动和言辞。言辞在公众行为中之所以如此重要，是因为在公众生活中，"所有的事情都要通过言辞和劝说而不是通过强制和暴力来决定"②。查尔斯·泰勒认为，公共讨论形成公众舆论的关键在于共同承认，"它是经过详尽的辩论和讨论并被我们所有人承认为共同意见的那种东西"③。什么东西才能获得共同承认呢？每个人都有自己的立场和观点，都有私人利益，只有那些基于正义、体现正义、实现正义的东西才能获得共同承认。也就是说，公众舆论是有是非曲直的，是体现社会正义的。另外，公众舆论完全独立于官方政治结构之外，是在政治体制之外的公共空间发展出来的，不受官方政治的支配和左右。

公众舆论的重要性不言而喻。正因为公众舆论是有是非的，才可保证社会不至于坠落入无是非的深渊，才能为正义而正派的社会建构奠定价值基础。如果公众被遮蔽，大众显山露水，公众舆论就会消散为一种大众社会心理。在很多人的理解里，公众舆论就是大众的态度，就是众多个人意见的总和或交叉重合。这种意义上的公众舆论是没有是非的，有时候违背和牺牲的正是社会正义。鲍曼在《寻找政治》一书中所分析的一个事例

---

① 卢梭. 公意与公民精神 [M] // 谭安奎. 公共性二十讲. 何兆武, 译. 天津：天津人民出版社, 2008：93.
② 阿伦特. 人的条件 [M]. 竺乾威, 译. 上海：上海人民出版社, 1999：22.
③ 泰勒. 市民社会的模式 [M] // 邓正来. 国家与市民社会：一种社会理论的研究路径. 冯青虎, 译. 北京：中央编译出版社, 2005：20.

恰好可以说明公众舆论沦落为无是非的大众舆论之可怕：恋童癖者库克刑满释放回尤维镇，而那里的居民得到消息之后长时间包围了警察局大楼，要求将库克重新抓回监狱，理由是他对每个家庭都是一个潜在的威胁。在这种基于私人安全考虑的大众心态之下，人权、法律正义等价值都不值一提，都得为共同的私人利益让步。因此，可以说公众及公众舆论的存在，才使社会有价值方向，不至于偏离正义、正派的航向而走向无方向、无是非的迷惘。

正是因为公众舆论是独立的，其对政治权力也是一种约束。反映公众意见、公众舆论是政治权力获得合法性的依据，任何正义、正派的政治权力都不能无视公众舆论。公众舆论对政治权力的约束，不但显现在自身完成之时，还体现在公众公开讨论的过程之中，也就是说，公众进行公共讨论的过程，实际上也是影响政治权力的过程。因为公众舆论是基于正义和道德的，很难被政治权力所利用、所诱导，因为一切阴暗和权谋都经不起有理性的公众之眼的审视，都会在公众舆论光亮的映衬下现出原形。如果公众舆论蜕化为大众态度、社会时尚潮流、流行趋势，那就正中不正派的政治权力之下怀，因为这些都是无是非的个人意见的总和与心理偏好的汇集，很容易被政治权力诱导收买、利用，与公众舆论相比，对政治权力的约束力是非常微弱的。

公众的存在还是常态政治的保证。现代人对政治的理解过于褊狭，似乎政治只是政权与统治。"政治的"（political）在亚里士多德那里指的是同残酷的现实相对立的崇高理想，正是在这个意义上，鲍曼说"所谓政治，就是对现实的持续批判。政治是一种变迁机制，而不是维持和保存机制"①。在这个意义上，政治制度也是对现实的一种批判方式，是一种制度批判。作为批判方式的政权政治，同时也要接受公众的批判，在公众的审视与监督下运作。公众的存在，还使私人生活与政治运作不至于断了联系，能够在两者之间架起桥梁。没有公众的存在，私人生活与政治生活很容易变成只并行、不交叉的两个轨道，个人"所能做的只是鼓掌或吹口哨，赞扬或责骂，羡慕或嘲弄，怂恿或阻挠，纠缠或唠叨，煽风点火或泼冷水，他们绝不可能承诺去做个体自身无法做的事情"②。这就造成一种

---

① 鲍曼. 被围困的社会 [M]. 郇建立, 译. 南京：江苏人民出版社, 2005：40.
② 鲍曼. 寻找政治 [M]. 洪涛, 等, 译. 上海：上海人民出版社, 2006：57.

非常态，或者说变异的政治状态："政治的"只归"政治"，生活的只归生活，没有交集，没有交流，没有对话，"政治"没有约束，成了脱缰之马，生活失去了公共之光的照耀，变得愈发庸常。

三、公众之殇

公众的存在如此重要，但当我们将目光从理论认识转向现实世界时，却悲哀地发现公众真身难觅，用雅斯贝尔斯的话说，公众只是一种幻象，"是假定在大量的、并无实际相互关系的人们中存在着的意见的幻象，尽管这种意见并不实际出现在公众的组成单元中"[①]。鲍曼也说，公众被私人殖民化了，公众利益简化为社会名人私人生活的逸事奇闻，而真正的"公众问题"却变得几乎没法理解了。[②] 也就是说，公众不是虚幻化，就是被大众所僭越，公众之殇成了不可否认的客观现实。

何以如此？

电子媒介与公众之殇显然脱不了干系。言辞和行动是形成公众的前提条件，而这正是电子媒介所要解构的。电子媒介带来了海量信息，但电子媒介传递信息的逻辑是单向的，即将人预设为接受信息的"受众"，只能接受，不能反馈、不能表达、不能介入、不能参与。用形象化的语言来说，电子媒介给我们的眼睛提供了盛宴，却为我们的嘴巴贴上了封条！在这种逻辑的塑造之下，现代人被锻造为信息的被动消费者，而不是言说者、行动者。作为受众，现代人被海量的信息填满了，只顾接受，即使在私人生活中，与家人的交流与对话也减少了，公开场合的沉默不语更是常态。喋喋不休的电子媒介，抢走了所有话锋，造就的是沉默寡言的受众。作为受众，不但失语，还失去了行动的欲望和能力。信息一般具有行动价值，信息能够促进行动。但电子媒介所灌输的海量信息只是让人消费的，不是让人行动的，信息和行动之间的关联被打破。长期浸淫在电子媒介之中的现代人，已经被它泅透了每一个毛细血管，慢慢失去了行动的意愿与能力。

电子媒介还通过建造一个仿真世界使现代人隔离、超脱于现实，失去

[①] 雅斯贝尔斯. 时代的精神状况 [M]. 王德峰, 译. 上海: 上海译文出版社, 1997: 32.
[②] 鲍曼. 个体化社会 [M]. 范祥涛, 译. 上海: 上海三联书店, 2002: 50.

了对现实公共问题的敏感。电子媒介与快速闪动的图像对世界进行了模拟与再造，创造出了一个"新世界"。这个"新世界"并不遵守自己的边界，而是将自己与现实世界融合起来，侵蚀着现实世界，颠倒仿真与现实的关系。正是这个"新世界"的存在，现代人与现实世界有了距离，失去了"亲在"的切身感与实在感，使现代人对公众利益的威胁视而不见，作为公众的敏感开始钝化。另外，由于娱乐是电子媒介的"超级意识形态"，"不管什么内容，也不管采取什么视角，电视上的一切都是为了给我们提供娱乐"[1]。电子媒介的这种"技术偏好"最容易造就各种娱乐性的"迷"，比如"歌迷"、"球迷"、"影迷"，这些"迷"彼此之间并没有多少交流，将他们联结在一起的只是共同的偶像（偶像如衣帽钩，将追星族挂在一起，形成鲍曼所说的"衣帽钩式的共同体"）。各种各样的"迷"看起来激情而狂热，但却是一种"假象公众"或"公众的假象"，因为这些群体对严肃的公众问题相当冷漠。

在电子媒介盛行之前，私人生活和公共生活有一个相对清晰的界限，私人生活的内容一般不会错位到公共生活领域，因为私人问题在公共领域不值一提。如今，境况已经是大不同，私与公的混淆已是常态。借助电子媒介，"脱口秀"节目风行，名人的隐私成了公共生活中津津乐道的佐料，"公开自己的隐私，已经成了每一个公众人物的义务，也成了所有其他人难以抑止的嗜好"[2]。这种变化，既与当代社会的变迁相关，也与电子媒介的"暴露欲"相联。以电视为核心的电子媒介不是让人从容阅读、思考的，而是让人"看"的，背后支配性的逻辑不是个性与理性，而是娱乐和遗忘。在这种逻辑支配之下，为了吸引眼球，必须挖掘生活中的所有禁忌，暴露所有隐私，使社会"裸体化"。从这个意义上看，电子媒介都是"掘墓贼"，都有"盗墓癖"，总要挖掘一切密而不彰的事物。这样一来，公共领域被私人信息充斥，不但挤占真正的公共问题存在的空间，还塑造了大众的品性和口味，使大众对公共问题渐趋冷漠。

公众之殇也是现代人特殊境遇的结果。现代最成功的产品是个人，"现代社会是以个人为第一特征的社会，个人的概念蕴含着现代性的大部

---

[1] 波兹曼. 娱乐至死 [M]. 章艳, 译. 桂林：广西师范大学出版社, 2004：135.
[2] 鲍曼. 被围困的社会 [M]. 郇建立, 译. 南京：江苏人民出版社, 2005：169.

分秘密。"① 现代的个人有三副面孔，即消费者、自恋者、旁观者。作为消费者的个人，以物质享受为追求，被自身深不见底的欲望所支配，过着一种孤独的消费生活（消费行为本身注定是孤独的），对真善美等美好事物的感受力下降。对公共利益、公共问题要么视而不见，要么将其视为满足自身欲望的障碍，体现出"大众人"的典型通用性格，与"公众人"的秉性格格不入。作为自恋者，现代人只关注自身的感受和利益，除此之外，一切都不在考虑之内。阿伦特发明的"内在移民"（inner emigration）概念传神地描画了现代人的这种生存状态：现代人表面上看生存在这个世界上，但实际上却"纷纷退缩到内在领域，退缩到思想和情感的个体性之中"②。自恋者的天空很小，小到不能超过自身之外，很少或者根本不在公共空间行走，他们的生活里几乎没有公共问题，根本不可能参与公共讨论、公共行动。作为旁观者，现代人摆脱了人情和道德的诸多困扰，一身轻松地旁观他人的命运悲喜，将他人的悲惨遭遇当作谈资和笑料。但旁观者的代价也是巨大的，你旁观别人，别人也旁观你，做你命运起伏的看客，在你困厄时，整个世界都对你不理不睬。人情如此冷漠，彼此互相戒备，很难发生深入的思想和情感交流，更谈不上理性讨论和一致行动。

公众之殇还与风险社会的到来有关。在风险社会，每个人都过着朝不保夕的生活，时刻防备着"不确定性"这刀利剑砍伤自己的可能。不确定性所制造的生存压力和社会紧张心理，使现代人对他人充满了戒心，视他人为实实在在的威胁。在这种情况下，保全自己不被他人替代才是第一要务，至于公共利益，则无暇顾及，顾及公共利益，则给他人可乘之机。"只需要全球劳动力的 20% 就足以维持经济的运转，80% 的强壮劳动力，从经济的角度看，都是剩余的。"③ 这样的现实，使得社会的所有阶层，终其一生都面临着解雇、破产，以及与此相伴随的丧失社会地位、社会承认和人格尊严的威胁。如影随形的威胁，使得现代人时时刻刻生活在生存的恐惧中，注意力都集中在保全自己及家庭的安全上，没有时间、精力，也没有兴趣操心公共利益，谁也不会冒为公共问题而牺牲自身安全的风险。

---

① 赵汀阳. 坏世界研究：作为第一哲学的政治哲学 [M]. 北京：中国人民大学出版社，2009：217.
② 阿伦特. 黑暗时代的人们 [M]. 王凌云，译. 南京：江苏教育出版社，2006：16.
③ 鲍曼. 寻找政治 [M]. 洪涛，等，译. 上海：上海人民出版社，2006：11.

"对公众意识限制最大的并不是科技传媒条件,而是人们日常所生活的政治和社会制度。"① 原因在于政治和社会制度不同,人们受控制的程度也不同,言论自由、参与公共事务的权利与机会也就不同,而这些维度对公众的成型都是至关重要的。如果人们生活在一个政治权力渗透到一切领域的社会里,国家权力完成了"对社会的殖民","社会国家化",几乎一切活动都由政治权力来安排,人们言论和行动的自由都非常低,没有表达意见的渠道,没有参与公共生活的机会和可能,那么公众就不可能存在。就我国而言,1949 年之后,新中国将国家权力延伸到社会的最深处,几乎解构了一切民间机构和组织,社会几乎完全国家化了。这样做的好处是使新政权很快牢固扎根于社会,问题在于国家过于庞大,承担了诸多不该由国家承担的事务,社会在国家的强势面前越来越萎缩,失去了应有的社会功能。改革开放之后,这一局面有所改善,国家从一些本该由市场、由社会主导的领域抽身出来,将社会的还给社会。几十年的改革开放成果虽然巨大,但政府机构还不能真正做到还权于民,法律意义上的公民"通往尊严的公共生活"的道路仍然不够畅通,公众的土壤依然贫瘠。西方资本主义国家情况正好相反,国家为了卸载责任和负担,从很多领域全身而退,全部交由市场和资本统治。在这些国家,市场和资本的强力能够吞噬一切,公众被金钱的力量打散,成为一个个没有交集、只有竞争的单子式的消费存在,公众之殇以另外的"版本"存在着。

从宏观上看,学校既是社会制度之一种("立法者"),也是政治和社会制度的"阐释者"(鲍曼语);从微观上看,学校在为个人立法,为个人设定选择方向,赋予选择能力。学校教育的过程,也是为个体设定价值标准和行为规范的过程,正是通过受教育的过程,个体学会了什么是值得要的,什么是不值得要的(价值标准),什么是可行的,什么是不可行的(行为规范)。因此,学校既可以培育出"公众人",成为公众的摇篮,也能塑造出"大众人",成为大众的孵化器。审视现实,我们不难发现,如今的学校已经私利化,大有变成商业机构的趋势,成了向家长和学生推销产品的消费场所和个人奋斗的场所,生产的是具有通用性格的"大众人",更接近大众的孵化器,而不是公众的摇篮。因此,如今的学校教育

---

① 徐贲. 通往尊严的公共生活 [M]. 北京:新星出版社,2009:193.

制度也对公众之殇起着推波助澜的作用。

四、培育公众

对社会生活、人类发展如此重要的公众在现代社会之所以真身难觅，就在于公众的产生和存在需要特定的条件，而现代社会毁坏的正是这些特定的条件。米尔斯指出，公众存在的条件是：

> （1）事实上有许多人在表达意见和接受意见。（2）公众交往有了严密的组织，其结果是公众所表达的任何一种意见能立即得到有效的回应。（3）由这种讨论所形成的意见在有效的行动中，甚至在反对主导性的权威体制中，随时可以找到一条发泄途径。（4）权威机构并不对公众进行渗透，因此公众在其行动之中或多或少是自主的。[①]

公众的培育，没有什么捷径可走，只能从创造公众存在的这些条件入手。首先，我们这个时代"接受意见"的人太多，而"表达意见"的人太少。在大众传媒的盛世，主导传媒的阶层及其代表霸占了话语权，将表达意见的机制和机会牢牢把握在自己手中，而人数众多的大众只能被动地成为受众，表达意见的机会很少，或者根本没有机会表达意见。无法表达意见的大众，被动地成了别人意见的终端，只能在生活中讲讲"段子"，借机发泄一下。这种局面的存在，极端不利于公众的成长，必须进行改变。

改变的努力可以从多方面着手。一是"言路"之畅通，让老百姓有表达意见的渠道和机制，不会因法律范围内的意见表达而受到政治上的压力，这是政治上的努力。二是教育上的努力，要"从娃娃抓起"。我们现在的教育机制与社会机制在很大程度上是"同构"的，也是接受意见的人多，表达意见的人少。具体说来，学生就是接受教育、接受意见的，表达意见的权利只在教师那里。这样一来，学校也成了生产沉默大众的基地，培养的多是即使有机会表达意见也没有表达愿望的"受众人"。比如，中小学的"班会"，本来是"班级会议"的简称，其精髓在于在班级中开会共同讨论班级问题，每个学生与教师一样都是平等的会议参与者，

---

① 哈贝马斯. 公共领域的结构转型 [M]. 曹卫东，等，译. 上海：学林出版社，1999：295.

都可以表达意见。但审视现实，我们却发现班会已经蜕变为一种"教育课"——由教师或作为教师代言人的学生主导的、以教育学生为目的的课。在这种课上，教师或教师代言人是表达意见的人，而众多的学生则成了默默接受意见的人。如果班会能够回归本意，能够真正以"班级会议"的面貌出现，经过从小学到大学这一持续过程的人，相信会有不同的人格状态和心灵习惯。班会只是一个例子，学校教育中类似的、可以着手改变的地方比比皆是。目前学校教育基本上还是依照灌输的逻辑运行，这种逻辑同样是反公众的，而对话则是公众成长的土壤，因此，如何让对话的逻辑取代灌输的逻辑，应是公众培养中教育努力的重点和主攻方向。

如前所述，现代电子传媒与网络对公众的消解作用是客观事实，但电子传媒本身是复杂的，总是有两副面孔，在消解公众的同时，也在创造公众生长的条件，甚至在"制造"公众。汤普森认为，大众传媒造就了一种新型公众，即"经传媒的公众"①。所谓"经传媒的公众"是因传媒事件而聚合的人群，这些人不需要面对面对话，不需要出现在同一个地方亲身见证事件的发生，但却因为媒体的信息传播而将自身想象为参与性的公众，形成一种公共舆论。比如，杭州的"70码"事件经媒体披露之后，众多民众积极参与，形成了强大的舆论压力，对维护法律和社会正义起到了积极作用。当然，这种公众属于"即逝公众"，事件落幕，人也就散了，缺乏稳定性。但不可否认，在参与媒体事件的过程中，人们都在表达自己的意见和感情，在形成公共舆论的同时，也在锻炼自身作为公众人的能力和素质。因此，让大众表达意见进而由大众迈向公众，还可以从挖掘大众传播媒介的潜力这方面努力。

与传统媒介不同，网络是一种复合媒介，既降低了现实生活中人们"不期而遇"的机会，又增加了人们在网络空间中相会交流的可能。网络从来都不是单向的，每个人都可以在接触信息的同时表达看法，网络"把人们带入了一个表达所思所想的公共场所"②。从消极的角度看，网络上的意见难免鱼龙混杂、泥沙俱下；从积极的角度看，网络有成为"公共论坛"的潜力。公共论坛的特点在于一个"说话者"能够占据场所、

---

① 徐贲.通往尊严的公共生活[M].北京：新星出版社，2009：186.
② 卡斯特.网络星河：对互联网、商业和社会的反思[M].郑波，等，译.北京：中国社会科学文献出版社，2007：178.

接触众人。随着传统意义上公共空间的消失，一般人很少有这样的机会。但网络提供了这样的机会，每个人都可以在网络上占据一席之地，都可以用自己的独特方式吸引众人的关注。"当新科技能让人们更轻易地和他人商议以及交换意见时，它们也发扬了自由表达体系的积极思想。"① 所以，我们对网络应持一种开放的态度，既要研究其消极的道德影响，也要发掘其积极的民主功能，让其在公众培育中发挥最大限度的作用。

公众交往需要有"严密的组织"，公众意见需要得到有效的回应，在这方面可努力的地方很多。随着市场化的深入，过去的一些公共组织和机构多被商业大潮淹没，社区组织被以营利为目的的物业公司所取代。生活在都市中的人，都被森严的门禁系统所阻隔，我进不了你的空间，你也踏不进我的地盘，都从猫眼相互观望，人与人之间的物理密度很大，而人际密度却愈发稀薄。从公众培育的角度看，首先要做的是遏制社区的"垂亡"，重建社区，使冷漠的居民有跨越私人利益的交往，过一种微观的公共生活。由社区组织、社区交往开始，慢慢建立城市论坛、城市公益组织，使公众交往有一个制度化的常规渠道。这些方面的发展，当然离不开政府机构的支持。从根本上讲，政府机构本来就是受民众的委托为社会服务的，对公众交往、公众意见、公众组织的反对或打压是有悖这一宗旨的。政府机构一方面要为公众交往、公众组织留有自由发展的空间，另一方面要给予公众交往、公众活动必要的支持，及时将公众意见反映出来。政府机构在这些方面还有很长的路要走，因为目前反映民意的机制虽然有了一些模样，比如听证制度，但形式意义大于实质意义，不但没有解决顺应民意的问题，还为人所诟病，激化了矛盾，堵塞、打击了公众参与公共决策的积极性。

在培育公众方面，作为公共教育机构的学校承担着沉甸甸的责任。完成好这一应尽的责任，学校就是公众的摇篮，完成不好，学校则沦为公众的"墓地"。客观地讲，当前学校在培育公众方面，表现得并不好。着眼于培育公众，学校应该从不同的方面作出调整和努力。

首先，坚守自身价值，抵御大众的压力。人们总是批评学校的功利性、世俗化，却忽略了学校背后来自家长（大众）的压力。大众对学校

---

① 桑斯坦. 网络共和国：网络社会中的民主问题 [M]. 黄维明，译. 上海：上海人民出版社，2003：139.

教育的需要，最突出的就是一种功利性需要。他们不要别的，只要子女的美好前程，"他们对于理想目标所具有的严格性颇为反感，因为这些目标所要求的不是效用，而是存在之等级"①。从这个意义上说，大众满意的教育不一定是好教育。当然，家长对学校的功利性需要有其合理性，学校应适当给予满足，但不能被大众需要牵着鼻子走，遗忘了自身承担的更为神圣的使命。作为教育消费者的家长，会对一切超越个人利益的教育目的提出质疑，如果迁就这种压力，学校就会沦为实现个人目的的工具。学校必须抵御这种压力，在适当满足个人利益的同时，将更多的精力投入到人类、社会和国家的共同利益，投入到公平、公正等超功利的价值上来；大众对学校的要求只是在自己的子女超过同龄人，在与同龄人的竞争中获得优势，学校如果屈服于这种压力，就会沦为一个恶性、病态竞争的场所，为了抵御这种压力，学校必须让学生在学会正常竞争的同时，体会团结和友爱的美好，体会公共精神、公共价值的意义；大众为自身及子女的利益与前途，可以置道德和是非于不顾，"抓考试抓出血来"都行，学校如果不能抵御这种压力，就会沦为一种道德贫乏的地步，为了抵御这种压力，学校必须坚守道德底线，追求道德高标，以自身的行动表明自己对社会事务的道德立场。

学校既要坚守应有价值，严格要求自身，也要培养严格要求自己的人。"无疑可以对人类做出最基本的划分，即把人分为两种类型：一种人对自己提出严格的要求，并赋予自己重大的责任和使命；另一种人则放任自流——尤其是对自己。"② 以此为标准衡量我们的学校教育，不难发现，我们更多的是在生产后一种人，即只关注个人利益、向同辈看齐的平庸大众人。当然，严格要求自己的人，不是靠说教就能造就的，主要靠学校自身品性潜移默化地熏陶。如果学校是严格要求自身的，面对商业社会的巨大压力，对自身的使命和价值能够坚定不移，对在这里生活和学习的学生无疑是一种沁入心灵的教育。不断超越自我，敢于承担责任与义务，追求一种不懈努力的生活，有一种社会情怀和人类情怀，这些精神在人类历史留存下来的经典著作中资源最为丰富，学校教育应在这方面多下工夫，引导学生多读经典名著，通过阅读名著与人类伟大的心灵沟通。

---

① 雅斯贝尔斯. 时代的精神状况 [M]. 王德峰，译. 上海：上海译文出版社，1997：98.
② 加塞特. 大众的反叛 [M]. 刘训练，等，译. 长春：吉林人民出版社，2004：7.

成为公众人，是需要一些基本能力的，学校教育在这方面可以有所贡献。首先，学校教育应在日常的教育教学活动中帮助学生学会表达，学会倾听，学会对话。如前所述，在公开场合表达自己的意见，是公众人应该必备的基本素质。我们的学校教育在这方面有很大的缺陷，长期的灌输逻辑使孩子随着年级的升高，在公开场合变得越来越沉默寡言，在一定意义上，教育的过程就是使孩子变得沉默不语的过程。因此，改变灌输逻辑，代之以对话逻辑，使孩子从小学会倾听他人意见，敢于、善于发表自己的见解，是学校教育改革的一个迫切任务。公众人还需具备信息获取与甄别信息的能力、对现实问题的观察与分析能力、参与交流与讨论的能力、稳定的是非判断能力，等等，这些能力的培养，都是学校教育应该做而且可以做的事情。

第七章　人权教育与道德教育

人权入宪之后，人权教育这一过去我们有意无意回避的话题受到了越来越多的关注。但人权教育在我们国家是一个新的领域，需要研究的问题很多。其中一个很关键的问题是，人权教育与道德教育是什么关系？对这一问题的回答，不但有利于确定人权教育的合理生存空间，有利于人权教育思路的展开，也有利于道德教育的反思与重建。

要厘清人权教育与道德教育的关系，要先廓清人权与道德的关系。首先一点，**人权与道德有共同的基础：人性**。人权是"人之权"，道德是"人之道"、"人之德"，两者都依托于人，而人则由人性标识。至于何为人性，却很复杂，几乎无法说清楚，真是应了奥古斯丁那句话："无人问我，我便知道；有人问我，我便不知道。"① 但我们起码可以说人性是指人的基本属性，与兽性、神性、非人性相对，包括人的自然属性、社会属性和精神（心理）属性。所谓道德，则是按人性（人的基本属性）的要求来对待人、处理人与人之间关系的情感与规范。比如，满足生理需要是人之自然属性的要求，这样的要求就应得到支持，否则就是违背道德。人权则是对人性最基本要求的保护，比如生命、财产、自由等要求。"人权概念所内含的一种根本性推论是：人的权利不是来源于任何别的东西，而只能来源于人的本性或人格本身。"② 因此，人权与道德一样，也是以人性为基础、以人性为内容的。

人权是一种道德权利。因为人权一般都是得到法律认可、由法律确保

---

① 奥古斯丁. 忏悔录 [M]. 14卷. 周士良, 译. 北京：商务印书馆, 1963: 17.
② 万俊人. 寻求普世伦理 [M]. 北京：北京大学出版社, 2009: 189.

的，我们很自然地以为人权是一种法律权利。确实，人权离不开法律，人权也是一个法律概念，但人权坚硬的法律外壳包含着深厚的道德内核，从根本上说，人权是一种道德权利。所谓道德权利，就是在"道德上得到论证的要求，也就是说，权利理由完全是道德上的"①。首先，人权是"人人都应该享有的权利"，且不说"应该"一词本身的道德意味，只追问为什么人人都应该享受这种权利，答案显然在于人人皆有人性。如上所述，人性多维，但最重要的一维是道德，"人之异于禽兽者几希"，道德才是人之为人的"特异性标志"："人因其道德行为而成为人，道德行为使人的概念具有可识别特征。"② 也就是说，人权的根据在人性，更在道德，要论证人权，只能从道德上进行。

人权是道德权利已是共识，但有不同的论证理路。比如，有人从尊严的角度论证人权。唐纳利指出："人们并不是为了生活而'需要'人权，而是为了一种有尊严的生活才'需要'人权。"③ 何为尊严？尊严是人作为人所拥有的一种最基本的情感和精神需求，来自于得到他人尊重的需求，表现为避免侮辱和维护自我。不难看出，尊严的需求（得到尊重的需求），归根结底还是一种道德需求。米尔恩从最低限度的道德（包括行善、敬重生命、公平对待、互助、社会责任、不受专横干涉、诚实信用、礼貌以及抚幼）出发来论证人权，认为有七项最低限度的人权，即基本人权，包括生命权、公正权、受助权、自由权、诚实对待权、礼貌权和儿童的受照顾权。④ 也就是说，米尔恩是直接将道德作为人权的根据的，他的逻辑显然是只有存在最低限度的道德，才能存在基本的人权。理路虽然不同，指向却是同一，正如万俊人所说，人权概念所表达的最基本意思，即是"人可以做什么的道德规定"⑤。

"人权是历史上可以找到的最有道德的词汇。"⑥ 这句话不一定严密，

---

① 甘绍平. 人权伦理学 [M]. 北京：中国发展出版社，2009：43.
② 赵汀阳. 坏世界研究：作为第一哲学的政治哲学 [M]. 北京：中国人民大学出版社，2009：330.
③ 唐纳利. 普遍人权的理论与实践 [M]. 王浦劬，等，译. 北京：中国社会科学出版社，2001：13.
④ 米尔恩. 人的权力与人的多样性——人权哲学 [M]. 夏勇，张志铭，译. 北京：中国大百科全书出版社，1995：171.
⑤ 万俊人. 寻求普世伦理 [M]. 北京：北京大学出版社，2009：189.
⑥ 甘绍平. 人权伦理学 [M]. 北京：中国发展出版社，2009：5.

但却凸显了人权的道德性。人权的道德性首先体现在人是目的、不是手段上。康德"永远被人类（无论是你自身还是他人）当作一种目的而绝不仅仅是一种手段来对待"①的思想对现代人权思想影响深远，人权思想反映的正是这种精神。人类历史是一部不乏温情，但更充斥着残酷斗争的历史，人被当作工具，被轻视、被侮辱、"人不像人"、无法做人的情形并不鲜见。人权强调人作为人所应享有的权利，无论以什么名义都不能被牺牲，作为人的价值和尊严神圣不可侵犯，反对对人的蔑视和伤害，反对将人作为工具，确实"最有道德"。

在一定意义上，人权就是每个人被公正对待的权利，用《世界人权宣言》的话说就是："人人生而自由，在尊严和权利上一律平等。""不分种族、肤色、性别、语言、宗教、政治或其他见解、国籍或社会出身、财产、出生或其他身份等任何区别。"②想想看，人类自从进入了文明史以后，各种外在的"人类变量"将人分门别类，划分为三六九等，人类从此陷入人为的森严壁垒中而不能自拔。人权观念是刺透这壁垒的最有力武器，其存在的目的就在于拆解这些区分人之类别和等级的厚厚铠甲，伸张只要是人就可无条件享有的权利，还有比这更道德的事业吗？

人从自然界脱颖而出之后就再也无法回归自然，与自然融为一体，不得不过上了"与世隔绝"的生活。而这种隔绝是无法忍受的，人必须找到新的扎根方向——人间。在人类历史进程中，扎根人间的努力有成功，也有失败，人类不仅有爱和团结，也有仇恨和排斥。一个很重要的原因就在于，种族、肤色、等级等外在变量阻碍了人类相互之间的接纳与认同。而人权概念表达的就是超越这些变量的相互间的深刻认同，即一个人无论其身上加载了何种身份，都享有人之为人所应该享有的基本权利，道德性不言而喻。

另外，人权的道德性还体现在人权概念"富有深刻的批判精神"、"指示了一种新的社会结合形式"③上。人权的批判精神在于不满足于特

---

① 米尔恩. 人的权力与人的多样性——人权哲学 [M]. 夏勇, 张志铭, 译. 北京：中国大百科全书出版社, 1995：102.
② 联合国大会. 世界人权宣言 [M] //何海波. 人权二十讲. 天津：天津人民出版社, 2008：153.
③ 夏勇. 人权概念的起源——权利的历史哲学 [M]. 北京：中国社会科学出版社, 2007：183.

定的经济、政治和社会条件，并力求改善这些条件，为保障人权提供更好的基础，其指向的是人性的发展和完善。人权是一种道德权利，或者说人权确立于道德；人权的实施却依赖于政治现实，或者说人权实现于政治。现实政治奠基于不同的价值预设，所以人类社会有多种多样的社会结合形式。人权概念的产生，使人权成为各种社会结合形式的共同价值基础，即无论是哪种价值预设，无论是哪种社会结合形式，都要考虑人权的要求，都要保障和发展人权。人权概念自产生时起，一直面对着西方化的疑虑与指责，哈贝马斯辩护说："人权思想主要不是源于西方文明这样一个特殊的文化背景，而是源于这样一种尝试，即：对已经在全球范围内展开的社会现代化所引起的一系列特殊挑战做出回应。"① 社会现代化不单是西方要面对的，更是全球性的，所有国家都得对其做出回应，都得考虑人权的要求。

人权的道德性还体现在"人权观念的确立，促进了人类文明发展"②。人权强调平等，反对特权，这种观念的确立，为人类社会由内斗为主转向以生产和创新为主指明了方向，人类的发展轨迹开始发生根本性的调整，生产力发展、科技进步、社会财富加速增长，对人类文明发展的促进作用是显而易见的。

人权与道德有通的一面，也有异的一面，如果没有后者，人权概念就没有存在的必要了。道德突出义务，强调的是个人对他者（他人、国家和社会）的责任担当。**人权凸显个人权利，将义务留给他者承担**。对道德的理解，多种多样，但无论如何，道德的本质都在于有对他人（情感、利益、要求）的关心和顾及，是人走出自我、走向他人的一种方式，其所指向的重点始终是自我之外的他人。③ 人权则反其道而行之，它并不要求个人做什么，而是要求他者向其基本利益和需求提供一种最低限度的保障，"提到人权，首先所涉及的总是他人对这种权利的义务，而不是这个人本身的义务"④。人权是一种权利，而所谓权利，就是个人所具有的正

---

① 哈贝马斯. 后民族结构 [M]. 曹卫东，译. 上海：上海人民出版社，2002：141.
② 茅于轼. 人权观念促进了人类文明发展 [J]. 学术界，2006（6）：116-119.
③ 新出现的环境道德是指向环境的，但环境背后还是他人。
④ 甘绍平. 人权伦理学 [M]. 北京：中国发展出版社，2009：5.

当、合法的行动要求和权益，用米尔恩的话说就是"得其应得"①。一般权利的"得其应得"以个人"给其应给"为前提条件，也就是说，权利的享有以尽义务为前提条件，不"给其应给"，就无法"得其应得"。人权是一种特殊权利，虽然也隐含着不言而喻的义务，但重点不在于此，而在于"让他人尽义务的能力"②。

人权之所以是让他人尽义务，实际上是对自我、**对个人的保护**。人是群体性动物，离开群体就无法生存。正是这一人性特质，导致在人类历史的绝大多数时间里都是群体优先，而个体依附于群体。本来应该是"你中有我、我中有你"的群体与个体关系，因为群体的长期庞大而失去和谐、均衡，群体成了压迫个体的力量。结果是，在人类漫长的历史中，个体淹没在群体之中，个体的诞生仅仅是近代以来的事情。即使是在个体已经诞生并有巨大发展的今天，群体生活的不同形式，尤其是政治形式，依然是个体最大的威胁。人权与个体一起诞生，保障的是个体正常生存所要求的基本条件，用德沃金的话说就是保障"每个生命都应成功而不被浪费，过好的生活而不是坏的生活"③。正是在这个意义上，几乎所有人权学者都不赞同集体人权的概念，因为这个概念不但本身是矛盾的，还将人权泛化，使人权失去了本真。集体有集体的权利，这一点毫无疑问，但这权利是另外一种意义上的权利，不是人权。道德与人权不同，是对他人的关心与顾及，反映的不是对个体自我的保护，而是个体生命力的扩张与增值。道德当然是依托于个体自我的，但道德不是指向个体自我的，或者说道德不是为了保护自己的，而是为了"保护"他人的。道德从原初的对他人的关心与顾及，可以发展为忘我、无我、为他人牺牲的至高境界。如果说道德对个体自我有什么"保护"的话，那就是在践行道德的过程中，自我的生命得到了升华和增值。

人权是对个人的保护，**流露出对国家的不信任**。人权运动的光辉文献《世界人权宣言》几乎专门是个人有权反对本国政府要求的宣言。施韦布

---

① 米尔恩. 人的权力与人的多样性——人权哲学 [M]. 夏勇，张志铭，译. 北京：中国大百科全书出版社，1995：128.
② 甘绍平. 人权伦理学 [M]. 北京：中国发展出版社，2009：6.
③ 德沃金，等. 认真对待人权 [M]. 朱伟一，等，译. 桂林：广西师范大学出版社，2003：18.

在纪念《世界人权宣言》发表15周年时指出,保护个人免受政府之害是这一宣言的精髓,"人权问题都大多是,尽管不总是,个人与本国政府的关系问题。正是国家反对个人,个人的人权才需要保护"①。人权是人正常生存所要求的基本条件,侵犯人权就是剥夺人的生存条件和生存本身,而"侵犯人权只有一种手段:使用武力。人的权利有两个潜在的侵犯者:罪犯和政府"②。罪犯对人权的侵犯是个别的,容易区分、制裁和补救,而政府因为掌握着"强力"和"软力",如果侵犯人权,不但范围大、程度深,而且隐匿性高、纠正难,所以"政府对人权构成了最大的潜在威胁:它拥有合法的垄断权来对那些法律上手无寸铁的受害者使用暴力。当政府不受个人权利限制和约束时,它就是人类最致命的敌人"③。道德与此迥然不同,它的关注点不是个人与国家,而是人与人之间;道德也不是对他人的警惕和不信任,而是一种推己及人的自信、信任和爱。

如果说"人权是最有道德的词汇"的话,那么**人权教育就是"最道德的教育"**,**本身就是道德教育**。人权教育可以分为"关于人权的教育"(education about human rights)和"为了人权的教育"(education for human rights)两种存在形态。关于人权的教育是通过课程、活动等教育形式帮助学生学习关于人权的知识、技能和理念。比如,"人的安全网络"组织编写的《人权教育手册》列举了禁止酷刑、摆脱贫苦、非歧视、健康权、妇女权利、法治和公正审判、宗教自由④等人权教育的内容,对这些内容的直接学习,就是关于人权的教育。为了人权的教育则有所不同,其不一定是直接关于人权的,甚至表面上看与人权并没有多大关联,但却在内在精神上体现了对人权的尊重,促进了人权的实现和人权意识的提升。比如,国家关切并采取合理措施尊重、保障每一个儿童的受教育权,虽然不是直接的人权教育,却使人权得以实现,就是一种"为了人权的教育"。严格说来,关于人权的教育,其目的也是为了促进和提升人权,也是"为了人权的教育"。

---

① 霍勒曼. 西方人权运动中的个人主义[M]//何海波. 人权二十讲. 汪晓丹,译. 天津:天津人民出版社,2008:233.
② 兰德,等. 自私的德性[M]. 焦晓菊,译. 北京:华夏出版社,2007:93.
③ 兰德,等. 自私的德性[M]. 焦晓菊,译. 北京:华夏出版社,2007:96.
④ "人的安全网络"组织. 人权教育手册[M]. 李保东,译. 北京:生活·读书·新知三联书店,2005:19.

关于人权的教育所包含的内容，比如尊重生命、反对贫困、反对歧视、儿童权利等都是具有道德性的，这样的教育不是为了功利，不是为了满足人的物质欲望，而是为了保护人的尊严，提升人的价值，当然是"最有道德的教育"。从内在精神上看，这样的人权教育，实际上也是道德教育，因为如果为了人的尊严和价值的教育不是道德教育的话，那什么是道德教育呢？为了人权的教育虽然不直接关涉人权，但却是对人权的默默支持和实质保障，以人权的实现为追求，这种形态的人权教育无论从形式上和内在追求上都更具有道德特征，更是一种真实性的道德教育。人权教育的道德性，或者说人权教育与道德教育的一致性，根源在于人权是一种道德权利，人权本身具有"高尚的道德品质"。

人权教育的重点在于教育学生维护自己的基本权利，而道德教育的重点则在于教育学生尽自己的义务，这是人权教育与道德教育方向上的不同。人权教育就是关于权利的启蒙教育，旨在使每一个人知道自己的权利，愿意主张、敢于主张、善于主张自己的权利。人权教育的这一取向是由人权的特性决定的：人权作为一种特殊权利，是指向他者的，是要求他者（主要是政府机构）尽义务的能力。也就是说，人权的享有依赖于他者对义务的承担，而承担义务对他者来说是一种负担和束缚，必须有权利人的主张和要求。道德教育尽管不是无视个体自我的，教会学生接受、爱惜、尊重自己也是道德教育的追求之一，但归根结底，道德教育的着重点还是教学生"心中有他人"，这当然也是由道德的本性所决定的。

人权教育突出个人自我权利的维护，但并不意味着对他人权利的漠视。联合国大会指出："人权教育不应止于提供信息，而应该是一个全面性的终身过程，所有发展阶段和社会所有阶层的人借此学习尊重他人的尊严，并且学习在所有社会内确保此种尊重的方式方法。"[①] 也就是说，尊重他人的尊严内在于人权教育本身。**当人权教育指向对他人权利和尊严的尊重时，与道德教育又合二为一了。**人权教育所指对他人人权的尊重，体现的是对他人的深度认同，尊重他人人权，实际上就是对他人本身的尊重，因为人权作为人之为人所应享有的权利，与人性处在同一层次，尊重他人人权就是对他人所体现的整体人性的尊重。道德教育也讲尊重，尊重

---

① "人的安全网络"组织. 人权教育手册 [M]. 李保东，译. 北京：生活·读书·新知三联书店，2005：19.

是一个德性品质，其实质在于将他人视为与自己一样的有尊严的存在，不将自己的意志强加于他人。不难看出，人权教育和道德教育在尊重这里汇合了。当人权教育指向对他人人权的尊重时，本身就是道德教育；当道德教育指向对他人的尊重时，包含但不限于对他人人权的尊重，本身就是人权教育或者是有助于人权的教育。

人权所主张的权利主要是针对国家的，本意在于通过高扬人的价值与尊严，从而在政府强力面前筑起一道保护墙。换句话说，人权对个人是权利，对国家则是义务，或者说人权实现的义务主体是政府，也只有政府才能保障人权得以最大可能的实现。由此不难看出，人权主要是个人与国家的权利义务关系，这与道德主要是人与人之间的关系明显不同。正是因为这一点，人权教育有一个区别于道德教育的特性，**即国家对人权的尊重是最重要的人权教育形态**，而学校所进行的关于人权的教育（对人权知识和技能的学习）只是一种辅助形态。人权有两面，一面是权利，一面是义务，如果国家能够承担义务，对国民来说，那就树立了保护人权、尊重人权的典范，就是一种全面、深入、持久、有力的人权教育，否则，关于人权的教育无论如何强化，都是隔靴搔痒。我们可以受教育权为例来说明这一点。斯普林格将包括人权教育在内的受教育权视为"首要人权"，因为"在当今世界，教育对于维持生命是必要的，对于人类活动也是必要的"[①]。但如何进行受教育权这一"首要人权"的教育呢？关于人权的教育，其局限性在这里充分显露，因为如果适龄儿童没有上学的机会，也就没有进行这种教育的条件。而国家如果能够充分保障适龄儿童的受教育权，即使不进行专门的关于受教育权的教育，也无关宏旨，因为国家对受教育权的保护本身就是受教育权的教育，适龄儿童及其家长就会将受教育权视为天经地义的个人权利。

国家及其政府机构行为的道德性对国民和学生当然也是一种道德教育，但道德教育主要不是发生在这里，而是发生在人与人之间的友爱与公正。政府机构虽然也有自己的德性，但其运行的主要依据是法律，而不是道德。说到底，道德还是人与人的相处之道，不是国家与个人的相处之道。我们可以想象这样一种局面：政府机构腐朽败德，而人与人之间的基

---

① 斯普林格. 脑中之轮：教育哲学导论 [M]. 贾晨阳，译. 北京：北京大学出版社，2005：163.

本道德并没有遭到根本性的破坏；但我们无法想象这样一种局面：政府机构违法滥权，而个人权利并没有遭到侵犯和践踏。归纳起来，政府对人权与人权教育的影响力要大于其对道德及道德教育的影响力；而学校教育对人权及人权教育的影响力要小于其对道德及道德教育的影响力。

综上所述，人权教育与道德教育有相通的一面，也有相别的一面。二者之所以相通，在于人权与道德以人性为共同基础，人权实质上是一种道德权利，人权具有道德性。**人权教育与道德教育的相通，使得二者可以相互支持、相得益彰**。这既表现在人权教育作为道德教育，是对道德教育的补充和丰富，也表现在道德教育为人权教育奠定道德基础和理论确认。人权教育与道德教育之所以有所不同，在于人权与关注他人的道德不同，突出权利和对自我的保护，将义务留给他者，尤其是国家，反映出对强力的警惕和戒备。**人权教育与道德教育的不同，使得二者可以互为阈限，共同形成一种教育张力**。一方面，道德和道德教育可以作为人权教育的阈限，因为人权与人权教育走向极端，容易滑向"目中无他人"的极端个人主义；另一方面，人权和人权教育也可以作为道德教育的阈限，因为道德与道德教育如果走向极端，容易导致对个人的束缚、压制和侵犯。

第三部分 世俗时代的价值精神

现代性的一个核心观念是世俗性。所谓世俗性,一方面是指"我们的生活我们做主",不再需要虚无缥缈的神明指引;另一方面是指生活的消费性,活着就是物质享受,幸福就在消费过程之中。

世俗时代是精神萎缩的时代,诸多价值精神已经失落。消费社会发展到今天,其根基不是别的,而是人的欲望。从消费的角度看,今天的社会无疑是非常成功的;但如果从人的角度看,如今的社会则无疑蕴藏着巨大的危机。无节制,不成人。节俭精神的失落,损害的不只是环境,还包括人自身。

无所依靠的人只能靠自身的勇敢,但在我们这个时代,勇敢的形态已经发生了变化,我们需要的不再是"尚武的勇敢",而是"文明的勇敢",包括爱的勇敢、节俭的勇敢、高贵的勇敢、公共行动的勇敢等。这是一种平静而坚定的精神坚守,一种宁静但却决然的不屈服,一种对真理和正义的持久忠诚。

第八章　物欲时代的节俭精神

节俭，是现代社会以前几乎所有社会形态都推崇的道德价值。为什么会这样呢？优越感过强的现代人对这一问题有一个不假思索的答案，即过去时代物质匮乏，节俭生活是不得已的选择。应该承认，物质匮乏在前现代社会是常态。但现代人对这一问题的自动化反应也充分暴露了自身的傲慢，不但低估了先辈们的智慧，也高估了自己时代的丰裕。先辈推崇节俭的价值，不单基于物质匮乏的生存境况，还在于对人性的深刻洞察，因为节俭是人性的内在需要。当今时代的丰裕基于现代人的贪欲，既导致了现代人的异化与病态，也掏空了地球资源并用垃圾填满了地球，使人类处于比匮乏更不堪的境地。因此，重新体悟节俭的人性价值，警觉贪欲的人性和环境后果，是现代人、现代社会、现代教育应该再次担起的使命。

一、节俭：人性的内在需要

节俭是节制的一种。节制主要是对欲望的节制，节俭则是对物质欲望的节制。我们都知道节俭是一种美德，因为节俭是人对待物质享受上的一种中道。亚里士多德说："德性就是中道，就是对中间的命中。"[①] 在物质欲望的满足上，有两个极端，一个是苦行、吝啬，一个是放纵、挥霍，而节俭在这两个极端中间，既不否定人的基本需要，又要克制欲望，不被欲望所虏，因此是中道和德性。

为什么节俭这样的中道就是德性呢？还得从鞭辟人性入手。人类是复

---

① 苗力田.亚里士多德选集·伦理学卷[M].北京：中国人民大学出版社，1999：39.

杂多维的生物，在其生命中有无数的驱动力、本能和意向，每一种都想支配人的心灵和生命。人类脱胎于自然，既有动物的本能、动物性的需要，也有超动物的驱力、人所特有的需要。前者是人和动物共有的"非特异性需要"，后者是人所独有的"特异性需要"，两者相比，"特异性需要高于非特异性需要"①，因为后者是人之所以为人的特有标志。也就是说，人既要满足本能需要，受后退到动物本能状态的"下坠力"的拉扯，也要满足人所特有的需要，受向上超脱而为人的"上升力"的托举。如果更多地被"下坠力"所钳制，人就会更多地靠近动物状态；如果能够更多地被"上升力"托举，向上提升，人就更多地摆脱动物状态而成为人。活在方向相反的张力之中是人无法逃脱的命运，而本能性的需要是生物定律，在生命深处着力，以欲望为外在表现，力量超乎寻常的强大，稍有不慎，人就会被其支配。因此，人要成为人，就要在满足本能需要的前提下，节制动物性需要，否则，就无法脱胎成人。由此可见，节制为人所必须，是人性的内在需要。

可以从消极和积极两个方向来理解"无节制，不成人"这一人性定律。从消极的角度看，第一，不节制的人被欲望所控制，成了欲望的奴隶，无法成为自主的人，无法摆脱被奴役状态。正如斯蓬维尔所说："不节制的人是一个奴隶，由于到处随身携带着他的主人，他所受的奴役更为深重。他是他肉体的俘虏，是他欲望或习惯的俘虏，是他的力量或他软弱的俘虏。"② 比如，贪吃的人无法控制自己，成了自身食欲的俘虏，损害的不单是身体，还包括其整体生命。人无法自主，被自身那部分孤立的贪欲力量所支配，失去的是人的特异性，或者说是自身的异化。第二，"欲望之无节制"会导致"自我的瘫痪和最终的毁灭"，因为如果人不延迟欲望的满足，就体会不到生命力的冲突，就不必思考，不必有意志决断，就无法与真实的自己相遇，成了"一整套欲望与满足的组合系统"③。第三，欲望多指向物质，不节制的一个显而易见的后果是受到物的包围。"正如狼孩因为跟狼生活在一起而变成了狼一样，我们自己也慢慢变成了官能性

---

① 张岱年. 文化与价值 [M]. 北京：新华出版社，2004：49.
② 孔特-斯蓬维尔. 小爱大德：人类的18种美德 [M]. 吴岳添，译. 北京：中央编译出版社，1997：35.
③ 弗洛姆. 健全的社会 [M]. 孙恺详，译. 贵阳：贵州人民出版社，1994：131.

的人了。"① 因为人将自己的力量对象化的同时，对象的力量也会投射到人身上，物性也会向人性渗透，通俗地说，就是人在拥有每一件东西的同时，也被每一件东西所拥有。受到物包围的人不可避免地要根据物的节奏和特性而生活，人性物化在一定意义上是注定的。第四，"放纵（不节制）不只是向动物状态的倒退，而且使人的最高的精神力量和天赋为感觉欲望所支配。"② 一方面，欲望是无底的，被欲望支配的生命一刻也无法停息，满足欲望的暂时快乐必然被更大欲望的不满足所淹没，麻木、焦虑、痛苦是必然的伴生物，实际上连基本的精神健康都实现不了。另一方面，为欲望所累所苦的人，对真善美等一切美好的事物的感受力下降甚至消失，结果是人性中本应该有的美与善、情与爱、精神与灵魂、超越与创造等优秀品质都没有了位置。

从积极的角度看，节制为人之为人奠定了基石。首先，节制可以使人走出自己，走向他人。人从自然中脱颖而出，这是人的幸运，也是人的不幸，因为人无法回到物那样与自然浑然一体的状态，人得靠自己生活。这时候，"与他人联合在一起，与他人相关联的需要，是人的迫切需要，这种需要是否满足决定着人的精神健全问题"③。在弗洛姆看来，人有两种强制性需要，一个是自我保存的需要，它植根于人的物质机体之中；另一个是与他人联合的需要，它植根于人性机理之中。这两种需要互为条件，我们往往只注意到前者的决定性作用，忽视了后者的存在意义。实际上，人只有与他人合作才能生存，才能克服自己的渺小无力感，进而找到归依。而节制自身欲望、体会、理解他人的需要，是走向他人、与他人联合的前提，因为被欲望所虏的人要么无法走出自己的欲望，无法看到他人的存在，要么将他人视为满足自己欲望的工具，无法实现与他人的真正联合。其次，如果说纵欲使人麻木、焦虑、痛苦的话，那么，节制具有相反的效果，它使人健康并充满活力，使人具有格外的感受力，为人的创造性奠定了坚实的心理基础。最后，节制是人性升华的前提。情与爱、美与善、精神与灵魂等，与物质欲望一样，都是人性中确实存在的东西，是

---

① 波德里亚. 消费社会 [M]. 刘成富，等，译. 南京：南京大学出版社，2000：1.
② 包尔生. 伦理学体系 [M]. 何怀宏，廖申白，译. 北京：中国社会科学出版社，1988：414.
③ 弗洛姆. 健全的社会 [M]. 孙恺详，译. 贵阳：贵州人民出版社，1994：23.

"人性的花朵"。我们可以从爱这一人性的花朵窥得真谛。"爱首先是给而不是得"①，不论一个人给予他人的是物质财富，还是自身所拥有的最珍贵的东西——生命的一部分，都包含着对自我的克制。爱建立在节制的基础之上，其他一切人性美好的要素莫不如此。节制不但能够获得内心的宁静与精神的愉快这样直接的果实，还在于这一果实本身就是人"真正的享乐的源泉"："在满足的心境中社会责任感——正义、诚实、体贴、仁慈、忠实才会得以发展，而社会责任感又反过来带来了友谊和家庭幸福的种种欢乐。"②

人为什么不像动物那样任由本能支配，却能节制欲望呢？答案在于人有自我意识。弗洛姆指出："怎样识别人和动物的区别呢？并不是人的站立姿态。远在大脑发展之前，这种情况就出现在类人猿中。无论能否使用工具。它是一种以前从未知晓的全新特点：自我意识。"③动物有意识，能够辨别物体，但无法将自身与环境区别开来，而人不仅有意识，还有自我意识，能够将自身从自然中剥离出来，既意识到了自己的"动物出身"，也意识到了自身作为人的独特性。有自我意识的人意识到"他失去了原来的家——自然，再也不能返回，再也不能重新成为动物了。他只有一条路可走：从他自己的家中完全脱离出来，去寻找一个新家——一个他创造的家。他把世界变成一个人类世界，使自己真正成了人"④。也就是说，有自我意识的人没有了回头路，做人是其不能不做出的选择。他"知道"什么该做，做什么符合人的特性；什么不该做，做什么不符合人的特性。不是否定自己的本能和动物性要求，而是不沉溺于此，不被其所控制，主动地对其加以控制。正是在这个意义上，包尔生认为自我控制（节制和勇敢）"是全部道德德性的基本条件，是全部人类价值的基本前提，甚至，是人类本性的基本特征"⑤。

放纵导致人的毁灭，因而，历史上在节制这一中道之外，总有走向绝

---

① 弗洛姆. 爱的艺术［M］. 李健鸣，译. 上海：上海译文出版社，2008：20.
② 包尔生. 伦理学体系［M］. 何怀宏，廖申白，译. 北京：中国社会科学出版社，1988：430.
③ 弗洛姆. 生命之爱［M］. 王大鹏，译. 北京：国际文化出版公司，2001：25.
④ 弗洛姆. 健全的社会［M］. 孙恺详，译. 贵阳：贵州人民出版社，1994：19.
⑤ 包尔生. 伦理学体系［M］. 何怀宏，廖申白，译. 北京：中国社会科学出版社，1988：412.

对禁欲这一相反极端的意向。与无节制地放纵一样，绝对禁欲也是反人性的，因为它否定了人性的生理和物质基础。因此，禁欲主义虽然是反对放纵的，对放纵有一种拉力，却不能成为一种普遍的道德标准。但关于禁欲的一个现象非常值得关注：人们对禁欲主义的敏感与强烈反应往往高于放纵。人们总是对已经很严重的放纵视而不见，对哪怕一点禁欲主义的声音都不能容忍。其实，禁欲主义虽然不能成为普遍的道德标准，但也不是一点价值都没有。一方面，一些人的极端节制是对另外一些人极端放纵的弥补；另一方面，极端节制也表明了另外一种"可能生活"：人在节制欲望上能够做到的最高限度。

二、纵欲：时代的病根

现代以前的社会，既由于物质匮乏的客观现实，也因为对人性的洞察，多采取宗教信仰、文学艺术等超越方式将人们的注意力从物质欲望上引开，将人的生命导向更高事物，并营造一种节俭文化。历史上存在过的有生命力的宗教传统都不曾把单纯攫取物质、权力和享乐当作人生目标。同样，现代以前的伦理文化，几乎都将节制、节俭、中庸作为美德。现代社会全然不同，对物质欲望则是"接受它，探索它，着迷于它，把它看作创造力的源泉"[①]。现代社会围绕着人的贪欲有一套完善的制度设计，激发它、利用它、制造它。什么构想有利于激发欲望、满足欲望，什么构想就能够大行其道，可以说，贪欲由过去时代令人警惕的魔鬼一跃而成为现时代发展的"永动机"。与制度设计遥相呼应，现代文化不再压抑人们的贪欲，反而怂恿并使之无罪化，进而成为一种美德，而节俭和简朴这些传统的美德，则遭到了无情的嘲弄，被现代人弃之唯恐不及。

应该说，现代社会对物质欲望的追捧非常成功，在短短的时间里创造出了古人无法想象的物质财富。但现代人、现代社会在享受经济发展带来的物质享受的同时，付出的代价也是空前的、巨大的，对人类、对地球的损毁都是致命的。人性异化、社会荒芜、环境危机等时代病症，都是我们时代无可回避的隐痛或剧痛，而病根就是对节俭的摒弃，是对物质欲望的

---

① 贝尔. 资本主义文化矛盾 [M]. 严蓓雯，译. 南京：江苏人民出版社，2007：166.

放纵。

"贪图物质，试图即刻满足欲望，是现代人的特性。"① 对现代人的这一特性，不同的学者有不同的表达方式，比如，弗洛姆的"异化"，荷妮的"病态人格"（neurotic personality），格拉夫等的流行性"物欲症"（affluenza），马尔库塞的"单向度的人"（one dimensional man），②但精神实质都是一致的。异化，虽然并不新颖，但更能全面而深刻地反映现代人被物欲所虏的状况与后果。

"所谓异化，就是一种经验方式，通过这种方式，人体验到自己是一个陌生人。我们可以说，他同自己离异了。他不觉得自己是他那小天地的中心，是他本身行为的创造者——他的行为及其后果则成了他的主人，他服从这些主人，还会对这些主人顶礼膜拜。"③ 人同自己离异的方式，或者说异化的形式有很多种。最直接的一种就是物欲症或拜物教，即将物质、金钱当成自己的主人，受它们的控制，对它们顶礼膜拜。人有物质需要，也能将自己的生命活力投射到物品上，但并不意味着要做物的奴隶。人一旦把物当作崇拜的偶像，人也就把自己降低为一件"东西"。从物质世界脱颖而出的人，为什么自甘堕落呢？贪欲是罪魁祸首，"贪欲表现为不顾一切地追求商品的获取与占有"④，但贪欲永难满足，对物质和金钱的追求永无尽头，物欲症、拜物教就产生了。

人的异化方式有多种变种或者说表现形式，但无论是哪种形式，背后都是贪欲在作祟。现代人通常将自己体验为一件可在市场上被他人利用的东西，自己的身体、头脑、灵魂都成了可以交换的物品，这就是人的交易化。比如，现代人在介绍自己的时候，不觉间将自己当成了一个可以推销的物件，"穷光蛋"、"中产阶层"、"百万富翁"、"千万富婆"、"亿万富豪"等，言说的重点已经不再是具有鲜明人格的个体，而是价值几何的"人—物"（有人之名的物）。也就是说，现代人的自我是以拥有的财产来

---

① 弗洛姆. 健全的社会［M］. 孙恺详，译. 贵阳：贵州人民出版社，1994：131.
② 参见埃里希·弗洛姆的《健全的社会》（贵州人民出版社，1994 年），卡伦·荷妮的《我们时代的病态人格》（国际文化出版公司，2000 年），约翰·格拉夫等的《流行性物欲症》（中国人民大学出版社，2006 年），赫伯特·马尔库塞的《单向度的人：发达工业社会意识形态研究》（上海译文出版社，2006 年）。
③ 弗洛姆. 健全的社会［M］. 孙恺详，译. 贵阳：贵州人民出版社，1994：95.
④ 弗兰克尔. 道德的基础［M］. 北京：国际文化出版公司，2007：14.

支撑的,"我思故我在"已经悄悄变成了"我有故我在"。传统意义上的品质,包括友好、礼貌、仁爱、诚实等,也"都变成了商品,成了'人格包裹'中的财宝,有了这些财宝,就有望在人格市场上卖个好价钱"①。关于这一点,只要我们读一读这些年的征婚启事就可明了:征婚启事无论多么艺术、多么含蓄,其内在逻辑都是先罗列自己作为"人—物"的价值和"人格包裹"中值钱的品质,然后去交易等值或超值的异性"人—物"。

消费是人满足需要的正常生存活动,但异化的人,消费的不再是具体的物品,而是一种幻想;满足的也不再是真实的需要,而是虚假的需要。很多人消费商品,看中的不是该物品的使用价值,而是该商品的附加信息,或者说消费者与社会大众一起附加在该商品上的荣耀。越价高、越贵重、越奢侈就越荣耀,真所谓"不要最好,只要最贵",结果是很多人已经拥有了远远超出其实际消费能力的物品,却仍然感到不满足。马尔库塞认为:"只有那些无条件地要求满足的需要,才是生命攸关的需要——即在可达到的物质水平上的衣、食、住。对这些需要的满足,是实现包括粗俗需要和高尚需要在内的一切需要的先决条件。"② 以此作为标准,现代人的诸多需要都是虚假的需要。真实的需要有一个客观限度,而想象制造出来的虚假需要则无边无际。需要的虚假化、消费的幻想化,双重虚幻导致的是人的虚无,似乎只有没完没了的"吃"(消费),比别人多"吃",人才能找到自我,找到一点尊严,找到一点做人的感觉。问题是,"如果他的生活只是由占有和使用而不是由生存所构成,那么他是退化的,他变成了一件东西,他的生命就无意义了"③。

现代社会号称是文明社会,现代人也以文明人自诩,但现代人对权力的追捧一点也不逊色于前人。很多人将获取、占有、使用权力作为人生目的,毕生都在追逐权力。根本的原因就在于权力不仅可以直接兑换为满足欲望的物质财富,还可以控制他人,使他人变成满足自己欲望的工具。任何社会都有竞争,但现代社会的竞争,其激烈程度超过以往任何时代,

---

① 弗洛姆. 健全的社会 [M]. 孙恺详,译. 贵阳:贵州人民出版社,1994:112.
② 马尔库塞. 单向度的人:发达工业社会意识形态研究 [M]. 刘继,译. 上海:上海译文出版社,2006:7.
③ 弗洛姆. 生命之爱 [M]. 王大鹏,译. 北京:国际文化出版公司,2001:25.

"竞争以及与之相伴随的潜在敌视,遍布一切人类关系之中"①。这是一种"病态的竞争",即不断的攀比,只关心能否跑在别人前头,是否能够独领风骚,对显在与潜在的竞争者充满敌视。这种恶化的人与人之间的关系,显然是人与人之间正常关系的一种异化,根源仍然是贪欲。是贪欲将人类同胞之间的团结和爱挤掉,剩下的只是相互利用、相互戒备、相互恶斗。

科技崇拜是现代社会的另一个突出病症。在我们这个时代,科学成了希望的源泉,成了信仰,成了"上帝":"我们的社会已经变成了一个以专门的非个人性的知识为基础的世俗社会,这个社会赋予科学家和科学知识的地位,如同我们的前辈承认牧师和宗教教义所拥有的地位。"② 根本的原因就在于现代科技的发展极大地满足了我们的物质欲望,消除了我们对世界的恐惧,使我们在自然面前成为"说一不二"的主人。现代人借助现代科技,甚至找到了一点做上帝的感觉。但代价也是巨大的,现代人崇拜科技的结果是自身也变成了机器,所以弗洛姆忧心忡忡地指出,19世纪的问题是上帝死了,20世纪的问题是人类死了,而将来的危险是人会成为机器人。③ 另一方面,正是现代科技为人类提供了慢性和急性毁灭的方式。现代科技的伟绩与罪行犹如硬币的两面,但现代科技对两者的态度截然不同。对自己的伟绩无限放大、广为传播,而"将自己的恶行和罪过定义为自己(发展)不充分的结果,将由此导致的'问题'定义为需要更多的自身"④。我们可以理出这一声称的内在逻辑:科技带来问题——问题由更多的科技来解决——更多的科技带来更多的问题——更多的问题需要更多的科技⋯⋯这是一个封闭的循环,如果无法打破,不正是人类慢性毁灭的方式吗?至于急性毁灭的方式,当然要提核武器。要知道,如果说过去的所有武器瞄准的都是特定的人或人群的话,而核武器瞄准的则是整个人类和所有生命!

除了上述现代征候,包括灵性僵死,艺术的商品化、娱乐化,道德的冷漠,社会的势利等现代病,其背后都有贪欲在作祟。如果纵欲导致的人性异化,其后果只由人类自己来承担,那也是咎由自取。问题是,人的生

---

① 荷妮. 我们时代的病态人格 [M]. 陈收,译. 北京:国际文化出版公司,2000:188.
② 巴恩斯. 局外人看科学 [M]. 鲁旭东,译. 北京:东方出版社,2001:1.
③ 弗洛姆. 健全的社会 [M]. 孙恺详,译. 贵阳:贵州人民出版社,1994:291.
④ 鲍曼. 后现代伦理学 [M]. 张成岗,译. 南京:江苏人民出版社,2003:220.

存依托于自然生态，人性异化的后果还要由生态环境承载。全球性的生态危机是我们时代最深重的灾难之一，正是在这个意义上，贝克认为我们已经由阶级社会进入了风险社会。如果"阶级社会的驱动力可以概括为这样一句话：我饿！"，那么，"风险社会的驱动力则可以表达为：我害怕！"①。生态危机所导致的毁灭性现实与前景对每个人都是迫近的威胁。正是危险的迫近性，使我们对生态危机有了一定的认识，但这种认识似乎有一种倾向，即将生态危机只视为生态本身的危机，没有充分考虑人及其堕落在这一危机中所起的致命性作用。用贝克的话说，就是关于生态危机的讨论，"有退化为一种忽略了人、没有对社会和文化意义加以考虑的有关自然的讨论的危险"②。这样的倾向实际上忽略了最关键的一点，那就是生态环境危机实质上是人性危机。生态危机的根源不在自然环境的有限性，而在人性的变异：无边无际的物质欲望。

　　无节制的物质欲望从两个方向引发了生态灾难。一个是掏空，一个是填满。贪欲将先人创造的关于世界的一切灵性都当作"魅"而去除了，世界变成了一个满足贪欲的工具，一个可以任意侵害与掠夺的东西，其存在的价值仅仅是满足人的物质欲望。用弗洛姆的话说，就是"世界只是为了填饱他们的肚子，就像一个巨大的苹果，一个巨大的酒瓶，一个巨大的乳房，而我们是婴儿，永远在期待，在希望，却永远是个失意者"③。被欲望所虏的现代人就如饕餮之兽，借助现代科技武装自身，疯狂地掠夺地球上的自然资源，消耗其他生命，整个地球在它的吞噬之下很快变得苍白贫血。据生物学家推算，在现有技术条件下，如果世界上的每个人都达到美国目前的消耗水平，那么我们至少还需要4个地球。④ 所以，在饕餮之兽的巨嘴之下，已经苍白贫血的地球显得不符期望，不能满足我们无限的欲望，所以我们有理由感到失意、失望。另一方面，人们物质欲望满足后的"排泄物"需要倾倒在地球上，又使自然世界堆满垃圾，充满废气。也就是说，我们在掏空地球的同时，也在填满自然世界，使自然世界满载、超荷。物欲的人们，其存在方式仿佛就像一场"吃"和"拉"的竞

---

① 贝克. 风险社会 [M]. 何博闻, 译. 南京：译林出版社, 2004：57.
② 贝克. 风险社会 [M]. 何博闻, 译. 南京：译林出版社, 2004：23.
③ 弗洛姆. 爱的艺术 [M]. 李健鸣, 译. 上海：上海译文出版社, 2008：80.
④ 王建辉. 论重建"适度性"消费伦理观 [J]. 社会科学辑刊. 2003 (1)：63-66.

赛,"吃"的是自然世界的资源,使世界贫血而苍白;"拉"在自然世界,使世界满载,处处蒙垢!

三、学校:欲望的工具

当社会出现病态,人们总是渴望学校是那最后一块健康的领域,并能提供医治社会病症的良方。审视现代学校,我们失望地发现,在丢弃节俭价值的这场时代流行病潮中,学校并未洁身自好、幸免于难。无论潜在的价值许诺,还是现实的运行机制,学校都表现出作为欲望工具的特征。正如汤因比所说:"在现代技术文明的社会中,不能不令人感到教育已成了实利的下贱侍女,成了追逐欲望的工具。"[1]

现代学校虽然没有明目张胆给受教育者以利益许诺,但清醒的人们都知道接受教育意味着什么。现代学校已经无可置疑地代替了过去时代的血统和出身,成了分配社会地位的新依据。对自己的这一优越功能,学校无时无刻不在明示和暗示,甚至以此来要挟家长和学生。学生和家长对这一点心知肚明,对他们来说,在很大程度上,学校就是一个投资场所,上学就是投资,渴望得到的回报则是获得一个良好的职业前景、一个较高的社会地位,以作为满足物质享受的保证。当然,学校在物质许诺之外,也会唱唱高调,比如培养献身国家、社会的人才等;学生和家长也会对自己的上学投资行为加以装饰,使之不那么露骨。教育是复杂多维的,高调和装饰之中不全是虚辞,但与利益许诺和投资行为的坚硬相比,这些都是软而无力的东西。

学校许诺给学生的是将来的利益,这种利益的缺陷是不能即刻兑现。但学校发明了分数这一绝佳的替代品,"在学校里,分数纠缠着学生,如同工资纠缠着计件活的工人"[2]。也就是说,分数之于学校,犹如货币之于社会。首先,货币作为标准,将社会上异质的、多样的劳动与财富均质化,打通了人与人之间、物与物之间的通道。同样,分数将多样的、个性

---

[1] 汤因比,等. 展望21世纪——汤因比与池田大作对话录[M]. 荀春生,等,译. 北京:国际文化出版公司,1985:61.

[2] 薇依·扎根:人类责任宣言绪论[M]. 徐卫翔,译. 北京:生活·读书·新知三联书店,2003:36.

的、异质的教学活动均质化，成了衡量一切教和学的通用标准。其次，分数与货币一样，是一种交换手段。拥有货币可以直接购买自己欲求的物品，拥有的分数虽然不能直接用于购买，但在校内却可以换来尊重、羡慕、荣耀、尊严，能够起到货币在社会上所能起的同等效用，更何况分数还可以换取将来好的职业。最后，分数与货币一样，是一种"储蓄手段"。一次分数虽然不足为凭，但一次次的分数积累犹如银行存款的累加，却可以使自己的价值直线提升。正是在这个意义上，佐藤学认为，学力（分数）与货币是"异姓双胞胎"①。身染物欲沉疴的社会崇拜金钱，而作为教育机构的学校追求分数，表面上的差异是明显的，但内在的本质却是一致的。

纵欲的社会充满了病态的竞争，而学校的竞争有过之而无不及，实际上求学的过程已经变成了血腥竞争以获取最大利益的过程。对这一点深有体会的家长从小向孩子灌输的就是竞争性的价值观，想尽一切办法让自己的孩子上最好的学校，获得最好的教育经历，找到最好的工作，挣到最多的钱。而学校很好地利用了这一点："让每个孩子都置身于一场无情的障碍赛中，失败了就会受到未来就业面狭窄的惩罚。"② 这样一来，学校就变成了竞技场，教育活动也就变为竞赛的组织与评判，输和赢，成功与失败，一出出悲喜剧在不间断地上演。

在教育理论中深受诟病的灌输式教育在学校里阴魂不散，生命力之顽强超乎想象。原因很复杂，研究者给出了这样那样的答案，但灌输式教育与作为欲望工具的学校定位是相契合的，是一个常被忽略的原因。在灌输式教育中，一方面，学校作为欲望主体，学生变成了满足其欲望的工具，通过对学生这一生命产品的加工，学校可以换来直接的金钱和间接的声望回报；另一方面，学生作为欲望主体，要想获得更大的回报和物质利益，就必须忍受作为物品的非人待遇，以方便学校在自己身上添加更多的附加价值，使自己升值，将来可以"卖"个好价钱，获得更大的物质收益。艾尔文将欲望分为终极欲望和工具性欲望③，在这一过程中，学生自愿或不自愿牺牲的只是工具性欲望，比如作为独立儿童的欲望，维护的是将来

---

① 佐藤学. 学习的快乐——走向对话 [M]. 钟启泉，译. 北京：教育科学出版社，2004：292.
② 雅卡尔. 科学的灾难？一个遗传学家的困惑 [M]. 阎雪梅，译. 桂林：广西师范大学出版社，2004：26.
③ 艾尔文. 欲望 [M]. 董美珍，译. 北京：中国青年出版社，2008：44.

享受"荣华富贵"的终极欲望。

如果我们用审视道德主体的标准来审视学校,就会发现作为主体的学校非但不节俭,还纵欲、浪费成性。现代学校最大的浪费是对人的浪费。偏好竞争的学校犹如过滤器,通过考试对一个个具有鲜活生命力的人进行筛选,将大多数人像扔垃圾一样扔掉。功利化的学校,其全部的能力与注意力都投向了那一小部分能够为自身增光添彩的学生,其他人注定是要被无情牺牲的陪葬品。试想,一个机构,连人都能浪费,那还有什么是它不能浪费的?如果一个社会以金钱作为一切事物和价值的"公分母",作为编织社会之网的"蜘蛛",那这个社会无疑是物欲的、堕落的社会。如前所述,在现代学校中,分数是货币的"异姓双胞胎",而分数又是决定学校一切问题的最终标准,是串联学校所有活动的主线,显然学校也是物欲、堕落的机构。学校对这一点是不加掩饰的,为了追求分数,可以毫不节制地进行题海战术,可以付出一切代价,包括学生的健康和生命,不是有"抓高考要抓出血来"的恐怖流行语吗?

社会机构都有自己的利益追求,学校也不例外。但学校作为教育机构,其最大的利益在于学生的健康成长,不在于金钱和物质回报的多少。现在的学校对名利的追逐甚至不输纯粹的商业机构。这些年,在国家逐步降低教育收费的过程中,老百姓的教育负担却有加重的趋势,学校乱收费已经成为社会的焦点问题,根本的原因就在于学校逐利欲望越来越膨胀,越来越无所顾忌。一些所谓名校,一方面通过举办名不副实的"民办分校"进行扩张,学校变成了商业连锁店,大肆敛财;另一方面,压缩计划内招生名额,扩大计划外收费名额,赚了个盆钵满盈。每每听到一些校长高调介绍自己的"万人学校",每每看到小小的教室里挤进了七八十人,我们怎么能看不见其背后钞票的舞动!

现代学校传递的是物质主义的世界观。人们抱着功利的目的接受学校教育,而通过学校教育,人们更相信我们拥有的知识越多,我们对自然的控制能力就越强,正是这一点导致我们像现在这样榨取自然,使生态环境不断恶化。格罗夫指出:"我们的教育制度有一种错误的倾向,讲授的是过时的世界观。"[1] 此言非虚:科学学科将自然作为人类认识和研究的客

---

[1] 拉兹洛,等.意识革命——跨越大西洋的对话[M].朱晓苑,译.北京:社会科学文献出版社,2001:147.

观对象，自然只是无生命的存在，自身没有价值，其价值就在于满足人类的需要；社会学科到处充斥着人类战胜自然的各种或明或暗的叙事，强化着人类不属于自然，是自然之主人的世界观。在这种世界观的指导下，学校教育将精力都放在帮助受教育者认识、把握客观世界，即帮助人们增强从客观世界中获取更多利益的本领，造就的是"欠缺人文文化、只对物质和日常事务感兴趣的人"[1]。从这个意义上说，虽然学校在进行生态环境教育，但对生态环境并不友善，因为学校也在传递"自然是满足人类物质欲望的工具"这样的世界观。

四、教育：重拾节俭

节俭是人性的内在需要，纵欲是时代病症的病根，而学校在一定程度上又沦为欲望的工具，这些都表明节俭无论是作为传统美德，还是作为时代精神，都被我们丢弃了，因此，有重拾节俭和节俭教育的迫切需要。

在一个物欲时代，节俭作为美德、俭朴生活作为生活方式遭到了前所未有的嘲笑，节俭被污名化了。这对节俭教育起到了釜底抽薪的作用，因为节俭已经不再是美德，节俭教育也就失去了合理、合法的依据。因此，不难理解，节俭教育在我们的学校中为什么与"伟人的旧睡衣"[2]一起消失不见了。如前所述，既然节俭是人性的内在需要，更是我们这个危机四伏的时代迫切需要的时代精神，那么就应该擦掉蒙在节俭和节俭教育上的尘土，使其重见天日。目前急需做的，就是为节俭正名，将节俭作为自身运行的核心价值之一，理直气壮地通过课程、教育活动和学校生活所蕴涵的隐性课程让学生体悟"无节制，不成人"的人性真义，引导学生探究时代病症、环境危机与现代人纵欲的关系，深刻认识节俭作为时代精神的意义和价值。当然，节俭不是孤立的，而是与节制、审慎、淡泊等价值血脉相连的。节制是更普遍意义上的自我克制，节俭只是节制之一种。审慎既包含对自身欲望的节制，也包含对自身期望的客观衡量和对自身行为后果的冷静分析，是我们所处风险社会所急需的一种稀缺价值观。而淡泊主

---

[1] 富里迪. 知识分子都到哪里去了 [M]. 戴从容，译. 南京：江苏人民出版社，2005：1.
[2] 原来的小学《思想品德》教材有"艰苦奋斗"的教育内容，伟人补了又补、穿了好多年的睡衣是一个经典的艰苦朴素象征。

要是关于荣誉的中道，表面上看与节俭没有关系，实际上人们在荣誉追求上的野心常常与物质欲望密不可分，好名的人往往也好利。因此，要想推行严肃而系统的节俭教育，就要将节制、审慎、淡泊等价值纳入进来进行综合考虑，为教育重建一个新的伦理基础。在一个推崇欲望的时代，倡导节俭及相关价值无疑是逆潮流而动，会遇到超乎想象的困难。但如果这潮流是反人性的，会将人类推向绝境，而整个社会又都沉浸其中而不能自拔，如果朝向未来的教育不逆这潮流，还有什么机构能逆潮流？

如果学校一边进行专门的节俭教育，一边还以欲望工具作为价值定位来运作，那这种节俭教育就是"金玉其外，败絮其中"，不但没有效果，还会起到为学校纵欲遮羞的作用。因此，真正有效、真正有生命力的节俭教育有赖于学校价值定位的调整，即将学校由满足物质欲望的工具转向通往智慧与幸福的通道。

要想完成学校价值定位的调整，有几点特别关键。首先是学校教育目的的正本清源。学校教育的目的在学理上很复杂，但说到底还是培养什么人的问题。培养什么人的问题与对人性的理解息息相关。与现代社会将人解释为欲望无限的物质消费者相匹配，现代教育充满了物化人性的气息，培养的也是适应现代社会的、追求物质享受的"经济人"[①]。如前所述，人有物质的一面，但这不是人的特异性品质，人的特异性品质在于人有以自我控制为基础的爱、美、道德和神圣等精神性追求。基于此，原来那种片面、庸俗的教育目的必须改变，转向培养有爱和创造力，有独立性和归属感，追求善和美，爱护环境的人。

在物化人性的时代，社会和学校都在传递着成功和幸福依赖于财富的观念，而对什么才是拥有财富又没有定见，"在一个不太贫困的社会里，水和面包几乎从不缺乏，在最富裕的社会里，金子或奢侈品却总是不够"[②]。现代生活的残酷事实已经无数次地证明这一幸福观的荒谬性和欺

---

① 与"经济人"相联系的是弗洛伊德的"性欲的人"。"经济人"与"性欲的人"看上去区别很大，但实际上暗暗相通。"性欲的人"所具有的人格特征，包括孤独、非社会性、贪婪、竞争，与"经济人"是一致的，正是在这个意义上，弗洛姆认为"性欲的人"有暗助、护卫"经济人"假设和资本主义社会的意味（参见：弗洛姆. 健全的社会 [M]. 贵阳：贵州人民出版社，1994：61）。

② 孔特-斯蓬维尔. 小爱大德：人类的18种美德 [M]. 吴岳添，译. 北京：中央编译出版社，2006：36.

骗性：物质财富并不能保证幸福，幸福与金钱并不直接相关。实际上，**纷扰现代人心灵的不是财富的匮乏，而是有财富就幸福，没有财富就不幸福的信念**。我们的社会和学校依然在宣扬这种幸福观，在不遗余力地讲述着关于财富的神话，将那些财富占有者作为追求的目标和仿效的榜样。在这种幸福观的导引下，对幸福的追求被对财富的追逐所替代，学校俨然变成了通往财富和权力的阶梯。基于对人性的全面理解，学校教育应该有新的幸福观："幸福不仅仅是占有物质，而是个人创造力、公正诚实、爱和友情、在茫茫人世中特立独行、与自然和谐相处，是问心无愧地为自己、社会以及全人类尽最大的努力。"[①] 学校教育如果能传递这样的幸福观，那学校就会逐渐成为通向智慧、道德和神圣的阶梯。以历史教育为例，我们的教育讲述的往往是战争英雄、财富巨人，很少讲述那些为人类精神追求做出巨大贡献的思想者、艺术家，总是前者吸引了受教育者的注意力，而后者则被忽略。因此，教育在这方面应该有一种精神自觉，通过改说"另一套故事"，传递不同的幸福观，重建一种心仪精神的教育氛围。

学校在调整价值定位的同时，还需要找回一些已经失落的维度。现代人醉心于物质世界，唯独忘了了解自己。教育的本来目的之一就是帮助人认识自己、反思自己。在我们所处的风险时代，学校教育再也不能只将学生的注意力引到认识物质世界上，要帮助年轻一代不停地追思人是什么、人生的意义是什么、幸福是什么等问题，要将他们的注意力引到认识人自身上。只有这样，才能避免教育成为人性物化的帮凶，才能使教育成为一个"富于人性和使人具有人性的过程"[②]。在这方面人文教育可以有特殊的贡献，因为与科学教育指向物质世界不同，人文教育是直接指向人及人类社会的，是"认识你自己"（维柯语）的"天然领域"。

宗教与艺术是人们超越物质欲望的两个主要方式。在宗教式微的今天，艺术在抵制物欲泛滥潮流中的重要性越发凸显。从个人角度看，审美活动是对物质利益的克服与超越，是摆脱物欲、挣脱人性弱点、升华人性的一种有效方式，因为艺术"可以帮助我们解决生活中隐藏在心灵深处

[①] 拉兹洛. 人类的内在限度：对当今价值、文化和政治的异端的反思 [M]. 黄觉, 等, 译. 北京：社会科学文献出版社, 2004：23.
[②] 维柯. 论人文教育 [M]. 王楠, 译. 上海：上海三联书店, 2007：13.

的紧张和焦虑"①。从社会的角度看,艺术既是对自身所处时代的批判,也是对未来理想生活的畅想。真正的艺术几乎都包含对自身所处时代的不满,可以说艺术是"对社会和生活的批判"。在物欲席卷一切的这个时代,虽然一些艺术形式也跟着堕落了,还是有那么一些真正的艺术作品对社会的物欲化和人性的堕落给予了无情的揭露和批判。在批判的基础上,艺术也用想象的方式为我们的时代指明方向,因为"每一个时代都要把自己心目中的人的形象投射到这一时代的艺术之中"②。有时候,心仪的人的形象在思想中还没有清晰表达的时候,艺术家已经创造出来了,艺术家甚至走在了哲学家的前面,艺术成了时代的先声。基于此,艺术教育在重拾节俭、改造人性这一时代任务中可以扮演重要的角色。但目前学校的艺术教育面临着多重困境:一方面地位边缘、低下,在学校的课程体系中可有可无,成了功利教育的点缀;另一方面,艺术教育工具化、功利化,成了少部分人谋取财富和利益的工具,与艺术的本质越离越远。有鉴于此,学校教育首先应该深刻认识艺术的价值,给艺术教育以充分的重视,还艺术教育应有的地位。其次,剔除艺术教育中的铜臭,向学生强调的不能是艺术的交易价值,而是艺术对丰富、升华人性的作用,回归艺术教育的本真状态。最后,突出"集体艺术"教育。"我们的感官,以一种有意义的、熟练的、创造性的、积极的、与人共享的方式,对世界做出反应。这种反应就是'集体艺术'。"③ 也就是说,艺术不是那些所谓有艺术天赋的个别人的技能,而是每个人生活的一部分,是人与人之间一种有意义的结合方式。学校教育应该创造一切尽可能的机会,如少数民族将艺术与生活融为一体那样,让学生能够一起过艺术的生活,一起感受艺术之美。

休闲不但与劳动一起创造了人类生命和人类文化,还是个体生命升华的机会,因为休闲的生命是开放的、真实的、协调一致的、完整的、创造的。④ 更重要的是,休闲可以帮助我们超越自身的限度。如前所述,人类自身的异化也好,环境的危机也好,归根结底还是人类自身思想意识的结

---

① 德波顿.身份的焦虑[M].南治国,译.上海:上海译文出版社,2007:123.
② 巴雷特.非理性的人——存在主义哲学研究[M].杨照明,等,译.北京:商务印书馆,1999:59.
③ 弗洛姆.健全的社会[M].孙恺详,译.贵阳:贵州人民出版社,1994:281.
④ 高德胜.道德教育的时代遭遇[M].北京:教育科学出版社,2008:148–155.

果，所以迫切需要反思和改变的是人类自身，尤其是思想意识。但人类对自身的审视与改造注定是艰难的，因为以欲望为基础的现代意识取得了如此辉煌的物质成就，已经在我们的心灵深处扎根。休闲可以给我们以反思的机会，因为生命只有从忙碌中解脱出来——哪怕是暂时的解脱，才能静静地倾听自己生命的声音：自己是谁？想到何处去？到底如何才能幸福？这样你死我活地竞争到底为什么？值不值得？……对生命如此重要的休闲能力不是天生的，而是后天习得的，需要学习和教育。所以在希腊文里，闲暇本来就是指学习和教育的场所。但我们的学校却是排斥休闲的，既不给学生休闲的时间与机会，也不进行休闲教育。从改造人性和节俭教育的目的出发，教育应该拥抱休闲，浸润休闲精神，使自身富有休闲色彩。首先应该做的是在尊重学生的休闲权利的同时，帮助学生树立休闲权利意识，鼓励他们敢于争取、维护自己的休闲权利。其次，改变过于制度化、过于僵硬的学校生活，与学生一起营造一种自然性的、富于情感的日常生活，充分利用游戏等形式，使学校生活充满休闲色彩。最后，改变过去对学习的褊狭理解，将学生对自己内心和对人际的探索纳入学习概念之中，保护学生多种多样的好奇心和探究欲，从学生的生活世界出发组织课程与教学，追求以兴趣为基础的学习，使学习不再成为负担，而是探究世界、探究自身、探究伙伴的过程。

过一种俭朴的学校生活至关重要。专门的节俭教育也许组织得当、及时甚至可以直接作用于学生的头脑和意识，而俭朴的学校生活，其教育功能也许并不及时有效，但通过暗示和接受暗示的心理和文化过程，"润物细无声"，其影响可以达至学生意识和无意识深处，变成学生的一种生活本能，变成一种牢固而持久的品性。在这方面，当代学校需要做的事情太多了，比如珍惜每一个学生，不让任何一个学生被埋没；追求精神生活，不唯利是图；不过分强调分数和竞争，过一种平和的学习生活；不贪大求全，抛弃虚荣与攀比，不将注意力放在高楼大厦上，追求校园的实用与舒适；物尽其用，不浪费一分一毫物质产品，等等。

第九章 找回教育的对话精神

对话与灌输是性质不同的两种教学范式,对此学术界已广有研究,但从道德教育的角度进行研究,揭示两种范式不同的道德教育意蕴,则不多见。实际上,作为不同的教学范式,对话与灌输各有自己的世界观和价值观,在实施过程中通过暗示与明示等方式对牵涉其中的学生和教师产生着影响,进行着"道德教育"。

一、人性使然与非人性化

对话是人性使然,根据在于人是交流的动物。人是群体性动物,本能地"知道"共同行动才能生存、才能强大。作为有意识的动物,人的共同行动不能靠本能驱使,只能靠意识协调,交流的需要由此产生。"我们的意识不是隐居者的草棚,而是待客和交流的客厅。……没有这有意识的交往,就没有智慧、力量和正义,就根本没有高级的存在。意识的生命基本上是交流的生命。"[①] 另外,从自然中脱颖而出的人不能再像其他动物那样与自然浑然一体,面对与"世"隔绝的独特处境,人必须找到新的扎根方式:扎根于人间。正如弗洛姆所说:"与他人联合在一起,与他人相关联的需要,是人的迫切需要。"[②] 无法扎根人间,无法与同胞相连,是人无法忍受的存在状态。如何才能满足这一迫切需要呢?一切都仰仗于交流。正是通过交流,人们了解了彼此的所感、所思、所想,结成了命运

---

① 库利. 人类本性与社会秩序 [M]. 包一凡, 译. 北京: 华夏出版社, 1999: 70.
② 弗洛姆. 健全的社会 [M]. 孙恺详, 译. 贵阳: 贵州人民出版社, 1995: 24.

共同体，用弗兰克的话说就是："'我'和'你'之间的任何交往都会导致一种新的实在产生，我们用'我们'这个词来指称它，或者更确切地说，这个词与它相符。"①

人类的交流有多种形式，比如触摸、手势、表情等，但人是语言动物，最主要的交流方式是语言交流。语言的价值不仅仅在于交流，但语言起源于交流，或者说人的交流需要催生了语言，"语言通过人际交往由一个种族发展起来，又以同样的方式分授给个人，因而语言不能在意识中与人际交往脱离"②。语言交流也有多种形式，但对话是标准性的，或者说对话最能体现语言交流的真义。语言交流，顾名思义，就是语言的"交互流动"，也就是说，语言的双向流动（对话）是内在于语言交流本身的。独白、讲解等虽然也是语言交流，但却是语言交流的变异形式，因为其违背了语言的"交互流动"。

人性使然在儿童身上则表现为天性使然。正常的孩子几乎都天然地喜欢与父母、伙伴对话，儿童几乎抑制不住对话所带来的快乐，总是口无遮拦、心无城府地沉浸在交流、对话与游戏之中。当无人陪伴、无人可说的时候，儿童总是将玩具拟人化，与这些被其赋予人性特征的"伙伴"进行想象中的对话。儿童在独自玩耍时，哪怕是面对一张纸片、一个棍子、一只小蚂蚁、一辆玩具车，嘴里也能"念念有词"，成年人总是纳闷孩子怎么就没有安静的时候，其实孩子是在进行想象性的对话。孩子正是在这种想象性的对话中学会了思维，慢慢将有声的对话转变为内在的无声的对话。也就是说，这种想象中的对话不是专属于儿童的，实际上，成年人像儿童一样，每日都在进行这种虚构的对话，只是这对话就不再说出声来，以至于我们常常没有意识到它的存在，"成年人和孩子是一样的，我们的意识都处于永久的对话中"③。

对话是人性使然，对话又丰富、滋养着人性。在对话中，一方首先要将另一方视为与自己一样的人，否则对话无法进行。有时候为了进行虚拟的对话，即使对方不是人，也要将其拟人化，当作有生命的存在来看待。也就是说，"把他者当人看"是对话发生的前提，而这一看似简单的前

---

① 弗兰克. 人与世界的割裂 [M]. 徐凤林，等，译. 济南：山东友谊出版社，2005：29.
② 库利. 人类本性与社会秩序 [M]. 包一凡，译. 北京：华夏出版社，1999：66.
③ 库利. 人类本性与社会秩序 [M]. 包一凡，译. 北京：华夏出版社，1999：65.

提，实际上包含着对他人、对自己作为人的肯定，也即对人性的肯定。通过对话（包括想象中的对话），人学会了思考，学会了走出自我、走向他人，在这一过程中既增加了对他人的理解，也增进了对自我的认识。在对话中，我和你不再是单纯的我和你，而是有一个新的存在诞生：我们。"我们"不是个人的简单叠加，而是一种新的增殖，人性的增殖。维柯说："教育是一个富有人性和使人具有人性的过程。"① 对话就是这样的过程，因此我们可以说对话与教育是天然一致的，对话就是教育，教育离不开对话，难怪远古的先贤，比如孔子、苏格拉底在自己的教育实践中就如此推崇对话！

与对话不同，灌输则使人非人性化。灌输作为一种教学方式，由灌输者、灌输内容、灌输对象三个部分构成。灌输的非人性化首先体现在灌输对象身上。与对话"将人当人看"截然相反，在灌输结构中，灌输对象变成了"存储"灌输内容的"容器"，成了一种非生命性的物理存在。将活生生的人视为、型塑为非生命的物，正合弗洛姆所说的"恋死癖"特征，即"把有机体转变成无机体，机械地看待生命，好像所有有生命的人都是东西……真正重要的是记忆，而不是经验；是拥有，而不是存在"②。学生作为灌输对象，其根本使命就在于接收灌输者倾倒的内容，成了不折不扣的接收器。显然，作为生命存在的任何人都不甘于作无生命的接收容器，因为这是对生命本性的扭曲。灌输体制和灌输者往往会发明一套理由使灌输合理化，比如效率理论，即灌输是学习知识最高效的方式；"为学生前途着想"理论，即灌输不是为了灌输者的利益，而是为了学生的利益；"今天换未来"理论，即今天所忍受的非人性化是为了换取美好的未来所必须付出的代价；权威理论，即灌输者是知识的权威，相信灌输者是最佳选择；等等。一套套类似的理论在学校弥漫，形成了一张无形的大网，无时无刻不在暗示或明示着学生，使所有学生尽收网底，鲜有"漏网之鱼"。问题是，离开了探究，离开了自身体验和经验，离开了交往，离开了做人的感觉，物化的学生是不可能学到真知、成为拥有丰富人性的人的。

---

① 维柯. 论人文教育［M］. 王楠, 译. 上海：上海三联书店, 2007：13.
② 弗莱雷. 被压迫者教育学［M］. 顾建新, 等, 译. 上海：华东师范大学出版社, 2001：29.

灌输的非人性化不仅体现在灌输对象身上，还体现在灌输者身上。"当一个人要阻止他人成为人时，他就不可能是真正的人。一个人想利己地变得更像人，便会自私地要得到更多，这是一种非人性化的表现。"①弗莱雷的这句话看起来有点费解，实际上非常深邃，可以说是一针见血。成就人性不是一个人可以独自完成的，必须放在人际中，是人与人相互成就的。每一个人身上都有无数个他人的"贡献"，在这个意义上，当一个人不把别人当人的时候，也就等于不把自己当人。我们常说，他人是自己的镜子，如果他人不是人，从他人那里照出的我们自己的影像会是人形吗？从灌输本身来看，当教师把学生视为接受容器，实际上也就意味着把自己当作知识的蓄水池、仓库，也就将自己降格为另一种物理容器。作为灌输线上端的"蓄水池"，要想坚守自己的"本分"，出色地完成既定的灌输任务，必须摒弃自己作为有生命的人所应具有的情感，比如对学生的爱与关心，对自身的怀疑、检讨与批判等，但这些被摒弃的东西，恰是人性的表征！也就是说，灌输在使灌输对象非人性化的同时，也在使灌输者自身非人性化。

从道德教育的角度看，人性使然的对话与非人性化的灌输都有自己的"道德诉说"，都在进行"道德教育"，只不过是两种性质不同的诉说与教育。对话是人性使然，换句话说就是人性的需要，教学若能采取对话的方式，满足的是人性的需要，本身就是道德的。从儿童的角度看，对话体现出对儿童本性的尊重与提升，道德教育意义不言而喻。对话不是将他人、学生当作客体，而是当作人，当作与自己一样的人，看似平淡，却散发着平等、尊重等道德幽香，同样是一种深刻的道德教育。与对话相反，灌输则是将有生命的人降格为无生命的物，是对人性的蛮横与扭曲，本身就是不道德的。非人性化的灌输总是在为自己的合理性辩护，总是在为将人视为没有生命气息的物张目，似乎可以理直气壮地不把人当人，这一过程本身就是一种"道德教育"过程。

二、敞开与封闭

"我们之所以进入对话，主要地是为了我们能学习、改变和成长，而

---

① 弗莱雷. 被压迫者教育学[M]. 顾建新，等，译. 上海：华东师范大学出版社，2001：36.

不是为了我们能够迫使其他人改变。"① 人的存在即人的生活过程也是人的生成过程，所谓生成，用雅斯贝尔斯的话说就是"习惯及其超越"②。习惯不单是行为习惯，还包括思维习惯、心灵习惯。习惯，即按熟悉的方式行为、思考、感受，使生命摆脱了事事从头开始的沉重负担，对生命力的保护意义不言而喻。但习惯如果过于沉淀，也会使生命封闭起来，不再对新事物敏感和有兴趣，导致生命活力的凝固。思维习惯的凝固表现在每个人都有思维定式，心灵习惯的凝结则表现在先入之见上。一旦这些与生命纠结在一起的定式和成见受到挑战，人们总会不自觉地做出激烈的反应以对其进行捍卫，总是试图打败别人（其实是别人的观点），使生命的超越维度难以发挥作用。对话是实现超越的最佳方式之一，因为对话的精髓在于放空自己，使自己处于一种敞开状态。放空不是放弃，而是腾出心灵空间，对自己和对方的意见、想法一视同仁，不问归属，只问对错与价值，从善如流。"对话仿佛是一种流淌于人们之间的意义溪流，它使所有对话者都能够参与和分享这一意义之溪，并因此能够在群体中萌生新的理解和共识。"③ 放空自己以吸收新鲜事物，从积极的意义上说是人走出自我的方式，从"消极的"意义上说则意味着一定的"风险"：自己旧的立场和习惯也许就此改变。如果放弃定式和成见也是风险的话，那"没有任何风险可能的对话就不是真正的对话"④。

对话对权威主义、独断论、外在控制的拒斥以否定的形式展示了自身的敞开性。人有对自由的渴望，也有害怕孤独的本能，作为必须扎根人间的存在，完全孤独与隔离会让人精神崩溃。在很多情况下，自由与孤独是一体两面的，孤独是自由必须付出的代价。并不是所有人都能承受自由的代价，更多的人宁愿不要自由，也不要孤独，这就是弗洛姆所说的追求自由的人对自由的逃避。迷信权威是逃避自由的机制之一，"放弃个人自我的独立倾向，欲使自己与自身之外的某人某物合为一体，以便获得个人自我所缺乏的力量"⑤。将自己托付给权威，完全由权威主宰自己的生活，

---

① 斯维德勒. 全球对话的时代 [M]. 刘利华，译. 北京：中国社会科学出版社，2006：8.
② 雅斯贝尔斯. 什么是教育 [M]. 邹进，译. 北京：生活·读书·新知三联书店，1991：15.
③ 伯姆. 论对话 [M]. 王松涛，译. 北京：教育科学出版社，2004：6.
④ 斯维德勒. 全球对话的时代 [M]. 刘利华，译. 北京：中国社会科学出版社，2006：9.
⑤ 弗洛姆. 逃避自由 [M]. 刘林海，译. 北京：国际文化出版公司，2000：97-98.

用权威堵塞自身的思想、行为和心灵通道，意味着将自己的生命力量封闭起来。对话的前提是平等。对话关系不承认、不存在权威，实际上也就意味着搬开了堵塞思想、行为、心灵等生命力量得以发挥的权威压制，使生命敞开。对照教育实践，我们不难发现事实的确如此——将教师和教材视为绝对权威，学生将自己的创造性封闭起来，只在心灵中为权威的灌输留下一个小小的通道；而对话关系存在，学生的心灵不但向教师敞开，也向同学、周围的环境敞开，更向自己的生命活力敞开！

对话的敞开性还表现在创造上。对话是一种创造性活动，首先在于对话者将自己的定式和成见"放在了括号里"，摆脱了惯习的束缚，为新的发现创造了条件。对话内在地包含着对他人思考、观点的关注与尊重，也内在地蕴含着对自身思考与见解的反省与批判。做到前者不易，但更难做到的是后者，即对自身的反思。很多人类行为是加剧定式和成见的，而对话则是激发自我批判的。关注、尊重他人的见解，使个人分享了他人的智慧；自我反思使自身摆脱了僵化带来的封闭，创造性由此自然激发。正是在这个意义上，我们说真正的学习离不开对话，"所谓学习，就是跟客观世界的交往与对话，跟他人的交往与对话，跟自身的交往与对话"[1]。我们总是将学习理解为孤立的、接受性的过程，实际上，没有对话，真正的学习不可能发生。一方面，学习不仅仅是接受，还是创造与探索的过程，而创造与探索离不开对他人智慧的参照，离不开与他人的对话；另一方面，即使是个人独立学习，这里面也交织着与他人隐蔽的关系，知识摆脱不了社会性建构。

与对话的放空与敞开不同，灌输的特征在于灌满。灌输者通过隐而不彰的后台备课行为先将自己灌满，然后在前台将已经灌入自身的知识倾倒给学生，学生成为被灌满者。教师后台的备课过程，即将自己灌满的过程，实际上是在强化自己，通过事先的灌满，使自己看起来无所不知、无所不晓，以取得灌满学生、改变学生的优势。作为灌输者的教师貌似强大，实际上灌给自己的只是一些僵死的知识信息，并没有掌握知识的精髓，没有享受知识探索的过程，也失去了通过对话与学生一起获取新知的机会，外强中干，是一种伪强大。被灌满的学生失去的不仅仅是自己探索

---

[1] 佐藤学. 学习的快乐——走向对话 [M]. 钟启泉，译. 北京：教育科学出版社，2004：20.

的机会，还有自己作为人的特征，"学生们感到自己不过是一些沿着供应信息和授予学位的教育装配线上被灌注知识的物件而已"①。学生被灌注的死知识撑得鼓鼓胀胀，但冷静一想，又是空洞和虚无，因为学生得到的是没有生命力的僵死信息，更糟糕的是，在这一过程中自己的生命活力也僵凝了。试想，连自己的生命都僵住了，还能得到什么呢？总起来看，在灌输过程中，灌输者与被灌输者虽然地位不同，但生命被堵塞的遭遇是一样的，都是貌似得到很多，实际上失去的更多。

如果说对话是反权威的，那么灌输则是极端权威主义的。灌输者通过事前后台的备课将自己装扮成全知全能者，而被灌输者则是绝对的无知者，相信全知全能的灌输者是最佳选择。这样的逻辑，实际上就是强化权威主义的逻辑。在这一逻辑的支配下，灌输者愈发高大、伟岸，被灌输者愈发卑下、弱小，只能孕育出施虐人格和受虐人格。具有施虐人格的人，总是"让别人依赖自己，以绝对无限的权力统治别人，使他人成为自己手中的工具"②。我们不难发现灌输者的施虐倾向：让被灌输者依赖自己，以绝对的权威统治被灌输者，使他们成为接受自己灌输的容器（工具）。而受虐倾向则表现为"深感自卑、无能为力、个人微不足道"③，被灌输者虽然主观上并不想如此，但潜意识里的虚弱感成了支配力量，长期的被灌输经历使自身养成了对灌输者的依赖。换句话说，受虐的感觉并不美好，但没有权威可依则更可怕。

施虐的灌输者"看上去很美"，实际上也是封闭的，没有创造性可言。每一个单个的灌输者实际上都是灌输机制的一个链条，只能按事先设计好的轨道运行，与被灌输者一样也是工具，即规范世界进入"学生容器"的工具。在灌输过程中，被灌输者的创造力被降到最低甚至被完全封闭，这不仅体现在被灌输者学习自由的丧失，也体现在被灌输者创新意志的消磨上。被灌输者只能按灌输者所要求的方式接受灌输者所选定的知识内容，在学习上毫无自由可言，而自由是创新的前提。而且，随着灌输的持续，被灌输者受虐心理倾向形成，养成了对灌输者权威的依赖，也就消磨掉了创新的动机、勇气和意志。

---

① 里茨尔. 社会的麦当劳化——对变化中的当代社会生活特征的研究 [M]. 顾建光，译. 上海：上海译文出版社，1999：224.

②③ 弗洛姆. 逃避自由 [M]. 刘林海，译. 北京：国际文化出版公司，2000：99.

同样，对话的敞开与灌输的封闭都是道德诉说。我们总是将道德教育理解为直接的、专门的教育活动，实际上道德教育与教育的存在形态是血脉相连、不可分割的。以符合人性、丰富人性的方式进行教育，道德教育虽然隐匿不现，却是最有力的道德教育；反之，以违逆人性、减损人性的方式进行教育，即使道德教育处处为先，也不是明智的选择。对话将教育者和受教育者的生命敞开，使其成为创造和超越的生命，本身就充满了人性与道德的光辉，就是真正的道德教育。灌输将生命封闭起来，模塑出专制的施虐人格与奴隶式的受虐人格，是对人性的扭曲，本身就是缺德和反道德教育的。

三、滋养美德与贬损德性

对话本身就是一种美德，还与人类的诸多美德密切相关，是诸多美德的土壤，滋养着对人类生活来说至关重要的美德。正因为如此，只要进行对话，与对话密切相关的美德就会得到伸张，或隐或显的道德教育也就随之发生了。

缺乏对世界、对人的挚爱，对话就不存在，"爱同时是对话的基础和对话本身"①。人是爱的动物，因为爱人才能成为人。那么，何为爱？爱的本质在于给予，并伴随着关心、响应、尊重与了解等各种态度。试想，如果不愿意将内心有生命力的东西用语言给出，如果没有对对方的关心、响应、尊重与了解，对话如何存在？所以，我们说爱是对话的基础与前提。爱是给予，是心灵的付出，同时表现出对他人生命活动的注意并做出适当响应，这本身就是对话的一种形式，是心灵的对话。真正的爱就是对话，真正的对话就是爱。教师作为对话的参与者，在对话中付出真情、真意（自身有生命力的东西），时刻注意学生，为学生操心，响应学生的需要，了解学生，尊重学生的独立性，展开的是对话的过程，也是爱的过程，学生在这一过程中不仅是在对话，也是在感受爱、学习爱。

"对话还需要对人类深信不疑，对他们的制造与再制造、创造与再创造的力量深信不疑，对人能变得更加完美的使命深信不疑。对人的信任是

---

① 弗莱雷. 被压迫者教育学 [M]. 顾建新，等，译. 上海：华东师范大学出版社，2001：39.

对话的先决要求。"① 在对话中，一方如果不信任另一方，对话就无法展开，因为没有信任，我们不会把自己真实的想法袒露出来，没有信任，我们更无法对对方的观念有客观的态度。表面上看，我们只是信任对话参与者，实际上，我们是信任人性，信任所有参与对话的人都能有创造性，都会贡献独特的力量。以信任为前提的对话，反过来又强化了信任。在教学活动中，如果教师不相信学生，不信任学生有各自独特的见解，对话就无从谈起。教师对学生的信任，往深处追究，其实是对学生本性的信任，即对学生自己愿意学习、自己能够学习、能够创造和做出贡献的信任。这种信任，使教学对话得以进行，而教学对话的展开，又教育学生对世界、对他人、对人性形成信任的态度。我们这个时代是一个旁观者盛行的时代，是一个视他人为地狱的时代，人与人之间处处戒备、时时怀疑，对人性进行了釜底抽薪式的改造，可以说人类面临着前所未有的人性危机。在这样的时代境遇之下，通过对话重建人与人之间的信任，使信任成为新的时代精神，无疑具有重大意义。

近年来，公民教育研究升温，但有很多研究没能把握公民教育的精髓，总是惯性地主张开展公民教育的专门活动或课程。诚如杜威所言，民主是一种生活方式，如果日常的教学生活是灌输性的、专制的，专门的公民教育活动与课程所能起的作用是微乎其微的；反过来，如果日常的教学生活是对话的，即使没有专门的公民教育活动与课程，公民教育也是扎扎实实的。何以如此？其奥秘在于对话的另一个前提是平等。如前所述，对话参与者各自表达自己的观念，摒弃自己的定式和成见，将自己放空，敞开心扉感悟、发现、接受真理，体现出一种真正意义上的平等精神。正是基于对对话平等精神的认识，纳什指出："对话是一种生活方式，人们本着良好的信念彼此结交，一起交谈，目的在于交流时而一致、时而对立的思想。"② 这种民主的生活方式，甚至关系到人类的未来，因为凡是人们尚在交谈对话的地方，"是不会扔原子弹的"，由此教育产生了一个"伟大的职责：教育人类进行对话，培养其对话的兴趣和能力。这是教育拯救

---

① 弗莱雷. 被压迫者教育学 [M]. 顾建新，等，译. 上海：华东师范大学出版社，2001：40.
② 纳什. 德性的探询：关于品德教育的道德对话 [M]. 李菲，译. 北京：教育科学出版社，2007：160.

受难的人类应做的贡献。人类的命运直接取决于教育能否在这方面取得成功"①。

对话还与勇气、共享、创造等品质相关，也能涵养这些品质。在公共场合开口说话是一种大胆的行为，因为"说话总是要求有自由参与的勇气和放弃'理所当然'的自信，为此始终要求在极大程度上克服自我"②。对话不是为了证明自己正确和强大，而是为了交流；对话不是为了独吞知识，而是为了共享思想、分享"意义溪流"。对话是敞开性的，它打破了我们的定式和成见，打开了所有的可能性，为创造奠定了基础，我们甚至可以说对话本身就是一种创造行为。

如前所述，灌输不是把人当人看，而是把人当物看，其对德性的最大贬损就在于这种非人性化，在于这种不人道的看人、待人方式。除此之外，灌输还对德性有直接的贬损作用，如果说对话的过程就是滋养美德的过程、道德教育的过程，那么灌输的过程就是贬损德性、教唆人"缺德"的过程。

对话奠基于对人的爱与信任，而灌输则是对人和人性的不信任。灌输者不相信被灌输者能够自己学习，能够自己实现对人、对世界、对伙伴的探究与建构，必须依赖灌输者事先预定的内容和方式进行接受性学习。表面上看是对被灌输者学习能力的不信任，实际上却是对人性的不信任，因为对人、世界、伙伴的探究恰是出于人性动机，是人性使然。人不是一个先在的实体，而是一个生成的过程，是习惯的不断形成与不断超越。灌输否定了人性的这一切，只是将人当成通过外在灌注就可完成的实体。这种否定是那样无情、那样残酷，但灌输者并不承认，相反，总是以爱为借口。灌输者不厌其烦地强调自己的灌输是为被灌输者的前途着想，是对被灌输者最有利的，似乎一切都是出于对被灌输者的爱。灌输者的这种论调是对爱的曲解，真正的爱是"在保持自我的独立与完整的情况下，与自身之外的他人或他物结为一体。爱就是体验共享与交流，它使人充分发挥自己的内在能动性"③。很显然，灌输者没有与被灌输者结为一体，更没有体验共享与交流，反过来却压抑了被灌输者的内在能动性。具体到教

---

① 博尔诺夫. 教育人类学 [M]. 李其龙，译. 上海：华东师范大学出版社，1999：111.
② 博尔诺夫. 教育人类学 [M]. 李其龙，译. 上海：华东师范大学出版社，1999：110.
③ 弗洛姆. 健全的社会 [M]. 孙恺详，译. 贵阳：贵州人民出版社，1994：23.

育领域，灌输与教育爱也是背道而驰的。教育爱与母爱一样，一开始就朝着自己的隐退努力。母亲爱孩子不是让孩子依赖自己，而是为了孩子独立、成为他自己。教师爱学生，同样不是为了让学生成为自己的附庸，而是为了让学生脱离这种爱，能够自立于世。灌输的价值目的与实际效果显然不是这样，而是相反，即强化学生的无助与依赖，违背的恰是爱的原则。

灌输背后的逻辑是专制与服从。灌输是一种非对称性的人类交往形式，一方无限强大，另一方则无限弱小，强大者的天职是专制，弱小者的本分是服从。以教育领域的灌输为例，教师教与学生被教，教师无所不知与学生一无所知，教师独白与学生温顺倾听，教师思考与学生接受，教师制定纪律与学生遵守纪律，等等，无不体现出专制与服从的内在逻辑。这样的逻辑支配着学校生活，最可能造就的是或专制或服从、既专制又服从的人。专制与服从表面上是对立的，实际上有其内在一致性。专制者的专制既以被专制者的服从为基础，也以自己的服从为前提。专制者在被专制者面前为所欲为，似乎有无限的自由，但专制者实际上也是不自由的，也是以牺牲自己的自由、服从更强大的力量为代价的，专制中有服从。被专制者的服从只是指向专制者的，在服从的过程中亲身体验了专制的好处，必然心向往之，也就是说，被专制者的服从与对专制的向往往往是同步发展的，一旦时机成熟，服从就转化为专制。正是在这个意义上，我们说服从中有专制。在这种逻辑支配的学校里，不太可能塑造出具有民主平等意识的现代公民，一切专门的公民教育活动与课程，都被熏染，注定是苍白无力的。

灌输还与自恋、利己等现代性弊病有关。"自恋是当今时代的新教伦理"①，对这一现代征候，很少有人将之与灌输联系起来。灌输具有非人性化的特征，是对人性的扭曲，正常情况下，一定会遭到被灌输者的反对，但为什么灌输在现代社会能够大行其道呢？一个非常重要的原因是，灌输者许诺给被灌输者的是个人利益。被灌输者往往相信，眼前的非人性对待是获取未来回报必须付出也是值得付出的代价。灌输者晓以利害，被灌输者心领神会，"道德教育"（教唆）自然发生。现代传媒是强大的灌

---

① 桑内特. 公共人的衰落［M］. 李继红, 译. 上海: 上海译文出版社, 2008: 418.

输机制，与学校教育中的灌输机制一唱一和，将现代人的注意力通通引向个人利益。与对话的分享逻辑不同，灌输则隐含着独吞和竞争逻辑。在灌输过程中，被灌输者争相从灌输者那里多分得一杯"知识之羹"，稍有闪失，别人就会"多吃多占"，自己就会吃大亏。这样的竞争逻辑从内部又强化了被灌输者的自恋与利己。

第十章 "文明的勇敢"与教育的勇气

一、勇敢：结构与形态

勇敢与恐惧有关。恐惧就是外界危险在人心中的投射。人类生存的世界始终充满危险，人类自己所建构的人间同样凶险，所以对人类来说，恐惧这种古老的情感一直如影随形。恐惧作为人的一种本能性情感，能够帮助人规避危险，对人的生存意义重大。如果往更深处追究，很多动物也有恐惧的本能，正是这种本能帮助动物觉察即将到来的危险以便迅速逃离。但人之所以为人，就在于人从来都不会被本能所完全控制，囿于本能、按本能要求活动那是动物的状态，人的特别之处在于能够对本能有一个适度的超越。如果完全顺应本能，一有危险就恐惧、就逃跑，恐怕人类也不会在地球上生存、发展并达到今天这样一个高度。恐惧作为一种本能是对人的保护，克服恐惧作为一种意志努力不仅是对人的一种保护，还是对人性的一种提升。人的独特之处在于，人是可以勇敢的，在需要的时候，可以战胜本能性的恐惧，直面危险。

因此，在勇敢结构中，有一个否定性的环节，即对危险和恐惧的否定。正因为恐惧是人的一种本能性情感，对恐惧的否定会给人带来痛苦。勇敢与忍受痛苦密切相关，或者说勇敢就是人的一种忍受痛苦的能力。在勇敢的结构中，否定性环节，也可以说是忍受痛苦的环节。没有这一环节，没有对危险和恐惧的否定，没有对痛苦的忍受，就没有勇敢。

否定性（忍受）环节是勇敢的必要条件，但单有这一环节还不够。对一切危险都不恐惧，敢于冲进一切危险之中，对一切痛苦都去忍受，那不是勇敢，而是鲁莽、野蛮和愚蠢。勇敢除了否定性环节之外，还需要有一个肯定性环节。在勇敢的结构中，不是为了否定而否定，而是为了肯定而否定。换句话说，为了美好的事物和价值而否定危险和恐惧，甘愿忍受痛苦，才是真正的勇敢。亚里士多德说："只有由于美好的选择而经受惊恐的人才是无恐惧和勇敢的。"① 勇敢不是不恐惧，而是为了美好的事物和价值而克服恐惧。什么都恐惧，那是懦夫，什么都不恐惧，那是莽汉，而勇敢者则是该恐惧的时候恐惧，不该恐惧的时候则战胜恐惧。

人们对勇敢有一种误解，总是以为只要有第一个环节就可成就勇敢，总是将克服恐惧视为勇敢的必要又充分的条件。勇敢内在地包含着价值判断，也就是说，只有包含着肯定美好事物的否定才是勇敢的。亚里士多德的话直至今天依然饱含智慧光芒："既然一切德性都意味着选择，那么显然，作为一种德性的勇敢就会使人为了某种目的而面对恐惧，所以，他这样做既不是由于无知，也不是由于快乐，而是因为这种行为是美好的。"② 由此看来，只有为了美好目的的美好行为才是勇敢，没有这种限定的对危险和恐惧的否定，最多算是大胆。

包尔生将节制和勇敢都视为人的自我控制能力。节制是对危及基本善的享乐的控制，而"勇敢则是出于保持基本善的需要而抵制对于疼痛和危险的本能恐惧的道德力量"③。包尔生对勇敢的理解，一方面重申了勇敢的道德目的性（为了基本善），直接将勇敢定性为道德力量；另一方面又突出了勇敢以自我控制为基础，是对痛苦和危险的抵制。回避痛苦和危险是人本能性的反应，遵循的是"生物定律"，对痛苦和危险的抵制，遵循的则"文化定律"，是对"生物定律"的超越。人为什么能以自己创造的"文化定律"超越本能性的"生物定律"呢？除了有向善的价值追求之外，还在于人有理智，能够做出判断。"人的勇敢在于：当面临外界的攻击或处于危险之中时，既不盲目地逃走，也不盲目地冲进危险，而是保持镇静，仔细冷静地研究情况，运用头脑来思考和判断，然后果断地做出究竟是去抵抗进攻，还是防御退却的决定。因此，审慎构成勇敢的重要部

---

① 苗力田. 亚里士多德选集·伦理学卷 [M]. 北京：中国人民大学出版社，1999：407.
② 苗力田. 亚里士多德选集·伦理学卷 [M]. 北京：中国人民大学出版社，1999：412.
③ 包尔生. 伦理学体系 [M]. 何怀宏，廖申白，译. 北京：中国社会科学出版社，1988：413.

分。"① 从这个意义上说,有人提出以"见义智为"取代"见义勇为"的说法是不成立的,因为真正的勇敢已经内在地包含了理智、审慎和智慧。当然,审慎的思考与判断不一定是耗费时间的左思右想,有时可能是瞬间的生命决断。

人最难否定的是自身的愉悦、幸福和生命,但还有比这些更重要的价值,有时候,"忠义不能两全",就得为了更重要的价值而"否定"(牺牲)自己的愉悦、幸福甚至生命。生命只有一次,一旦牺牲就不能复活,生命是人所能做出的最大牺牲,是忍受不可忍受之痛苦,为了某种美好的价值而牺牲生命是最大的勇敢,是勇敢的极致。所以,人类文化总是给"舍生取义""杀身成仁"以大智大勇的尊崇。但并不是只要死亡就是勇敢,如果一个人为了逃避烦恼而选择死亡,因为不符合勇敢的真义,则不是勇敢而是懦弱。

综上所述,勇敢的结构包括三个环节:一个是否定(牺牲某些欲望、本能、要求、利益,战胜恐惧,忍受由此产生的痛苦);一个是审慎的思考和判断(仅指深度上的,不是指时间长度上的);一个是肯定(为了善的、美好的价值和事物)。如果将这三个环节串起来,勇敢可以这样描述:为了"肯定"善的、美好的价值和事物,经由审慎的思考和判断而"否定"自身的恐惧,经受由此带来的痛苦。

勇敢的结构是永恒的,没有这一结构、不符这一结构就没有勇敢。但结构不变,并不意味着内里的内容没有变化。比如,同样是否定,因为不同的时代对人造成威胁的危险不同,人们所恐惧的事物也就不同,否定的内容重点也有较大区别,甚至是天壤之别;同样是肯定,因为价值观念的变迁,过去被人们奉若神明的价值今天则可能大幅贬值,甚至一钱不值。过去被人们轻视、贬低的价值,今天则攸关生死,肯定的重点,肯定的美好事物和价值也有较大区别,甚至是判若云泥。也就是说,勇敢的结构虽然古今如一,但勇敢的形态却是"与时俱进"。

勇敢是人对生物定律的超越,对人所以为人、对人及其群体生存来说至关重要,所以一直是人类不同群体所共同推崇的价值。但每个时代都有自己独特的生存境遇,都有各自不同的威胁和危险,勇敢在不同的时代有

---

① 包尔生. 伦理学体系 [M]. 何怀宏,廖申白,译. 北京:中国社会科学出版社,1988:424.

不同的"面容"和形态。比如，在远古时代，部落里的女人生孩子是件很危险的事情，常常会付出生命的代价，而通过生育补充部落成员对部落群体的生存延续又是如此至关重要，所以那时女人就是勇敢的化身，掌握着部落的权力。后来，男性从事狩猎活动，直接面对凶猛的野兽，那时的勇敢就是敢冒生命危险抵御野兽对部落的攻击、捕获肉食。再后来，随着人类的发展和进步，所有的野兽都已经无法对人类部落构成真正的威胁，真正的威胁来自同类，来自其他部落，这时的勇敢就是与外族作战，用鲜血和生命保护部落家园。

在人类历史上，一开始的勇敢都与"舍命"相关。这绝不是没有缘由的巧合。因为在人类历史的早期，人的防御手段简陋，危险可以长驱直入与血肉之躯照面，面对危险，人能拿出的"筹码"不多，只能押上自己的生命。包尔生将这种形态的勇敢命名为"尚武的勇敢"，并说"尚武的勇敢是（勇敢）这种德性为人们所认识的第一个形式，也许是赢得人们尊敬的第一种德性"[1]。尚武的、身体性的勇敢在人类生活的早期确实意义重大，因为这种勇敢激发的是整个部落或群体的血性与战斗精神，对群体自保、扩张而言是必不可少的。但随着文明的发展，尚武的、身体性的勇敢，重要性逐步降低，因为人类群体发明了专门的"战争机器"来从事危险的战争活动，一般社会成员不再需要经常直面危及生命的危险。

一种新的勇敢形态——"文明的勇敢"浮出水面："一种能平静而坚定地反对使人服从于既定习俗和权威的任何企图，使人保持对于真理和正义的忠诚并为之服务，而不管这种行为带来好处与名望，还是带来冷遇和轻蔑的力量。"[2] 亚里士多德对勇敢所要对抗的危险有严格的限定："我们所说的危险，仅仅是指这样的场合：恐惧的东西近在眼前。"[3] 在亚氏眼里，只有否定迫在眉睫的危险才是勇敢的表现，对长期的、潜在的、绵延性的危险的对抗则不是勇敢。如果以这种标准来衡量，文明的勇敢就不算是勇敢，因为在一个和平的年代，火烧眉毛的危险并不是常态的，常态的

---

[1] 包尔生. 伦理学体系 [M]. 何怀宏，廖申白，译. 北京：中国社会科学出版社，1988：425.

[2] 包尔生. 伦理学体系 [M]. 何怀宏，廖申白，译. 北京：中国社会科学出版社，1988：426.

[3] 苗力田. 亚里士多德选集·伦理学卷 [M]. 北京：中国人民大学出版社，1999：409.

危险是那种看似无形、实则无处不在的压力。这种无形的危险不像尚武的勇敢所要面对的危险那样清晰，而是一种"温水煮青蛙"型的渗透式危险。对这种危险的反抗，更需要敏锐、清醒和智慧，否则，人就无法意识到危险的存在，勇敢也就没有了用武之地。另一方面，这种危险往往不是针对个人而是针对群体的，具有"大规模杀伤性"，对这种危险的反抗，更能见证一个人的高贵，其意义一点都不逊于尚武的勇敢。正如雅斯贝尔斯所说："对于当代人来说，可能有的真正的英雄主义是在并不引人注意的活动中表现出来的，是在那种并不带来声誉的工作中表现出来的。"[①]

二、文明的勇敢

我们这个时代，最需要哪些文明的勇敢呢？我以为包括爱的勇敢、节俭的勇敢、高贵的勇敢和公共行动的勇敢。在一个人人自危的年代，人们除了自恋和渴望得到别人的关爱之外，已经不太会爱别人，在这种境况下，爱就是一种勇敢；在一个消费时代，"消费者"是人的存在形态，做一个节俭的人，过一种简朴的生活，当然是一种勇敢；在一个崇拜平庸，以平庸为荣的社会，在平凡的生活中保持高贵的心灵，更需要巨大的勇气；在一个人人都埋头于个人利益的时代，愿意、敢于参与公共事务，要冒着有碍自我利益的危险，也是一种勇敢。

1. 爱的勇敢

人是理性的动物，也是爱的动物。近代以来，我们总是强调前者，忘记后者。从形而上的角度看，爱是人从自然拔根之后重新扎根的方式，即将从自然中拔出的根（人从自然中卓然而立，但已经无法回到自然）重新扎在人间；从生物进化的角度看，爱是人的一种本能；从心理学的角度看，每个正常人都是在母爱和亲情的滋养中成长，缺少母爱和亲情这种"情感疫苗"的保护所造成的心灵创伤几乎无法弥补。理性和爱是人之属性的不同维度，爱关涉的是价值，理性关涉的则是使用。使用就是索取，因为使用意味着利用他者改善自身，关注点在于向内指向自己的利益；价

[①] 雅斯贝尔斯. 时代的精神状况 [M]. 王德峰，译. 上海：上海译文出版社，1997：162－163.

值是事物本身的性质，爱就是献出自身力量维护他者的性质、改善他者的状况，关注点在于向外指向他者的福祉。① 也就是说，与使用的索取不同，爱是给予，给予是爱的本质。需要注意的是，给予的主要不是物质，而是人内心有生命力的东西。正因为给予的是有生命力的东西，在给予的过程中不但丰富了被给予者，也激发、丰富了给予者自己。爱是情感的"白光"，蕴涵着丰富的感情色彩，除了给予之外，爱总是伴随着关心、响应、尊重与了解。

人是爱的动物，但在我们这个时代，最缺乏的就是爱。在如今这样一个激烈竞争的年代，人们行为的主要驱动力不是对同胞的爱，而是自我利益，爱已经成了人们追逐物质利益的负担，避之唯恐不及；这是一个工具理性的年代，人们在很大程度上只把同胞当做工具，只关注是否对自己有用，人和人格都抽象化、数量化、交易化了，爱已无处容身；这是一个技术的时代，"上帝死了"，科技成了新的上帝，人们普遍按机器和类机器的节奏生活，爱是痴狂、混乱和病态，已经被机械化的生活所"冷却"；这是一个陌生的时代，陌生是人与人之间关系的基本特征，冷漠代替了爱。

人是爱的动物，爱是人的本性需要，"无论多么奢华的物质享受都无法抵消爱的贫乏给人带来的伤害。没有爱也就没有人，爱的消失也就意味着人的消亡"②。爱的缺乏导致的后果非常严重，弗洛姆指出："19 世纪的问题是上帝死了，20 世纪的问题是人类死了。在 19 世纪，不人道意味着残酷；在 20 世纪，不人道系指对立的自我异化。过去的危险是人成了奴隶，将来的危险是人会成为机器人。"③ 没有爱的人就会成为机器人，机器人的诞生和大量繁殖，就意味着人的消亡。

爱是人的本性需要，按理说爱不需要勇气，爱也算不得勇敢。但在我们这个缺乏爱的时代，爱就是一种文明的勇敢。在勇敢的等式中，爱是肯定性的环节：爱是值得肯定的美好价值。肯定爱，就是肯定人性的美好，就是肯定人自身，就是对人类本性的坚守。肯定爱，肯定人性的美好，在一个"与自己离异"（弗洛姆语）的时代，已经成了很难做到的事情，需

---

① 鲍曼. 个体化社会 [M]. 范祥涛, 译. 上海：上海三联书店, 2002: 210.
② 高德胜. 论爱与教育爱 [J]. 教育研究与实验. 2009 (3): 1-6.
③ 弗洛姆. 健全的社会 [M]. 孙恺详, 译. 贵阳：贵州人民出版社, 1994: 291.

要极大的勇气。爱的勇敢还在于，在我们这个时代，爱要否定很多社会流俗所充分肯定的事物和价值，而这种否定会给个人带来真真切切的威胁和危险。比如，爱他人就意味着对他人生活和命运的卷入，但"在我们的时代，懦弱的最流行的形式就是隐藏在这个声明的背后：'我不想卷入进去'"①。为什么呢？其实很简单，对他人生活、命运的卷入有碍于我个人利益的实现、个人幸福的寻求，以至于"在我们的社会里，在身体上赤裸要比在心理上赤裸更容易，分享我们的身体要比分享我们的幻想、希望、恐惧和志趣更容易。……人们通过立即跳上床去而避免更危险地建立某种关系。毕竟身体是一个物体，是可以像机器那样来对待的"②。难怪我们这个时代的性解放已经到了无以复加的程度，表面上看是身体的勇敢，实际上则是心理上懦弱的表现。在这样的时代境遇下，爱他人就要冒着牺牲自我利益、丧失自身自由、有碍自身幸福实现的危险。

现代化的过程也是一个不断追求解放的过程。而"解放"也包括将每个人从与他人的命运纠葛中解脱出来，为"我不想卷进去"奠定社会心理基础，使每个人都能理直气壮地只关心个人的生命和生活，成为他人命运的旁观者。作为旁观者，现代人确实摆脱了人情和道德的种种"包袱"，一身轻松。现代人虽然也体会到了作为一个旁观者无可救药的孤独，但更享受着作为旁观者的轻松、自由、惬意。爱他人就是对现代人旁观者存在形态的否定，在时代推着我们做旁观者的情势之下，在人人都做旁观者的潮流之下，这种否定无疑需要巨大的勇气。

爱他人还是对自恋的否定。自恋就是对自我的迷恋，就是将自己作为衡量万事万物的尺度和标准。"自恋者"挥之不去、萦绕心头的问题是"这人、这事与我有什么关系？对我有什么意义？"也就是说，他唯一关心的是自己的安逸与舒适，关注的是自己的主观体验和感受，在此之外，一切都不在考虑之内。一方面，爱意味着走出对自我的迷恋，这对于人来说不是那么容易的事情，需要巨大的勇气；另一方面，"自恋是当今时代的新教伦理"③，自恋是通行的行为标准，在这种时代潮流中，爱他人就是一个异端，同样需要巨大的勇气。

---

① 梅. 创造的勇气 [M]. 杨韶刚，译. 北京：中国人民大学出版社，2008：6.
② 梅. 创造的勇气 [M]. 杨韶刚，译. 北京：中国人民大学出版社，2008：7.
③ 桑内特. 公共人的衰落 [M]. 李继宏，译. 上海：上海译文出版社，2008：418.

2. 节俭的勇敢

勇敢与节制有一个共同的基础，即自我控制能力。勇敢是对恐惧的控制，而节制则是对享乐的控制。对恐惧的控制会带来痛苦，如果加上美好的目的，那就是勇敢；对享乐的控制同样会带来痛苦，如果加上美好的目的，也是一种勇敢，文明的勇敢。

节制不是为了别的，而是为了让人成为人。人性有一个定律，即"无节制，不成人"，因为一方面，不节制的人被欲望所控制，成了欲望的奴隶，不但会使自我瘫痪，还会导致人的物化，甚至向动物性蜕化；另一方面，人对一切美好事物的追求都是建立在对自我欲望的克制之上的，没有对欲望的控制，人就不可能实现与他人的联合，就不可能保持健康的身心，就不可能获得人性的升华。

节俭是节制的一种，是对物质欲望（物质享乐）的节制。作为节制之一种，用勇敢的结构来衡量，节俭具备节制所肯定的美好目的，包括对人性的认可、保护、提升，使人成为人。除此之外，节俭还是对生态环境的一种人性层面的保护。生态危机实质上是人性危机，根源在于人性的物欲化，正是人的贪欲掏空、填满、污染了地球。节俭，实际上是在人性深处为人的物质欲望戴上了一个"紧箍咒"，为生态环境设置第一道，也是最为根本的"防护墙"。

节俭所肯定的环节完全符合勇敢的要求，其否定的环节又是什么呢？首先，节俭是对时代流行病的对抗。现代社会以人的物质欲望为核心进行组织和建构，欲望是我们这个时代的"永动机"，消耗物质在这个消费时代不再是一种令人羞愧的事情，而是一种可推动人类进步的"美德"。因为我们这个时代是一个生产过剩的时代，让每个人消耗更多的物品是时代需要，而节俭则成了反生产、反时代的不合时宜的力量。勇气的对立面是"自动顺从"（automation conformity）[1]，因为自动地顺从时代的流行潮，与绝大多数人保持一致，是最安全的。节俭是对这一时代潮流的对抗，会面临着诸多压力和危险。比如，在这个消费时代，金钱成了衡量一切价值的"公分母"，几乎每个人的价值都是以拥有多少金钱来衡量的，人本身

---

[1] 梅. 人的自我寻求 [M]. 郭本禹, 等, 译. 北京：中国人民大学出版社，2008：187.

已经被交易化了。一个推崇节俭的人，实际上是不依赖物质财富的人，不以拥有物质财富的多少看待自己和他人，这样的财富观与流行性的观念有深刻的矛盾，很容易被当作异数、怪物而遭到嘲笑与孤立。现代人对物质的欲望与对权力的欲望是连在一起的，很多人将权力的获取、占有作为人生目的，以为权力不仅可以直接兑换成物质财富，还可以借权力控制他人，使他人成为满足自己欲望的工具。坚守节俭原则，就意味着否定、挑战这种病态的权力观念，就得冒没有权力，被权力所排斥、打击的危险。

其次，节俭，过一种简朴的生活，实际上是对现代人主导性的存在方式的否定。现代人的存在方式与以往时代有很大的不同。在前现代，广泛接受的人的假设是"信仰人"，人活着主要不是为了消费和享乐，而是为了实现上帝或神的意志。这种存在方式有很大的被动性，人被虚无缥缈的神所控制。现代的人的假设是"经济人"，人成了纯粹的"消费者"，以消耗物质、获得欲望的满足作为基本存在方式。与"信仰人"相比，"消费者"摆脱了神的控制，获得了尘世生活的自由。但只要仔细斟酌，我们就会发现，"消费者"实际上又陷入了新的控制——物的控制。为物所控制的人并未意识到这种控制，只是享受着消耗物质的快感。在这种主导性的存在方式之下，过一种简朴的生活，实际上就是挑战一种时代性的生活方式。且不说这种挑战带来的外在压力，就是内心的挣扎也够让人纠结的。更何况，现代人已经失去了信仰，已经不能从神的依靠中获得力量。也就是说，否定了"消费者"的存在方式，就得探寻一种新的存在方式，否则就会陷入无所适从的境地。而新的存在方式的探寻充满了未知的不确定性，更需要极大的勇气。

3. 高贵的勇敢

高贵与平庸相对。无论是高贵还是平庸，都不是由人的社会地位决定的。高踞社会上层的人，并不一定高贵，平庸之辈并不少见；委身社会底层，也不一定庸常，其中也不乏高贵之人。高贵还是平庸，是由做人的标准、生活的态度决定的。"庸人"（Philistine）就是"欠缺人文文化的人；一个只对物质和日常生活感兴趣的人"[①]。以此为标准进行对照，我们很

[①] 富里迪. 知识分子都到哪里去了 [M]. 戴从容, 译. 南京：江苏人民出版社，2005：1.

多人即使不是庸人，起码也或多或少地沾染了庸人的习气，拥有了庸人的一些特性。平庸者之所以平庸，就在于其从来不根据任何特别的标准来评价和要求自己，只是强调与其他人一致，"他人所有，我也要有；他人所能，我也能"①。高贵之人则是那些对自己提出更高要求的人，"高贵的定义标准是我们对自己提出的要求，即义务，而不是权利"②。也就是说，高贵不是地位显赫，成就巨大，而是赋予自己重大的责任与使命，坚持过一种不懈努力的生活，不断超越自我。比如，作为科学家的爱因斯坦，他的"本职工作"在于"物理实在"，但他却说："在长时期内，我对社会上那些我认为是非常恶劣的和不幸的情况公开发表了意见，对它们沉默就会使我觉得是在犯同谋罪。"③ 作为科学家的爱因斯坦，对人类的前途充满忧虑，不能容忍邪恶，体现了一个科学家对人类责任的担当，这就是高贵。

高贵肯定的是人的超越性，或者说，高贵是对人类超越性价值的肯定。人有现实的一面，这是不能否认的，但仅有现实的一面，就会沦为平庸。人也有超越性的一面，即不满足于现实，竭力在现实中寻找新的可能，使有限的自我走向无限。正是在这个意义上，雅斯贝尔斯指出："高贵仅仅表现于存在力图实现自身的上升运动之中。"④ 高贵实际上潜在地存在于每个人之中，只是多数人放弃了自身的高贵，不愿意或者不能严格要求自己，安于现状，安于自身，安于平庸。我们总是将高贵与人类一些崇高的价值联系起来，比如尊严、自我超越、博爱、人类情怀、卓然独立、凛然不可侵犯、对人类前途和命运的责任感、使命感等，正是这些价值的存在，才使失去神之光彩的人依然有神圣的一面，有了上升的动力，不至于堕落。

高贵不是平庸的"榜样"，而是对平庸的否定，反衬出平庸的丑陋。但"我们这个时代的典型特征就是，平庸的心智尽管知道自己是平庸的，却理直气壮地要求平庸的权利，并把它强加于自己所触及的一切地方"⑤。

---

① 雅斯贝尔斯. 时代的精神状况 [M]. 王德峰，译. 上海：上海译文出版社，1997：33.
② 加塞特. 大众的反叛 [M]. 刘训练，等，译. 长春：吉林人民出版社，2004：58.
③ 爱因斯坦. 爱因斯坦文集·增补本（第3卷）[M]. 许良英，等，编译. 北京：商务印书馆，2009：370.
④ 雅斯贝尔斯. 时代的精神状况 [M]. 王德峰，译. 上海：上海译文出版社，1997：185.
⑤ 加塞特. 大众的反叛 [M]. 刘训练，等，译. 长春：吉林人民出版社，2004：10.

资本主义的扩张造就了一个"平凡的世界"（吉登斯语），在这个世界里，工具性、有用性、技术性的东西被推崇，而超越性的价值则被无限压缩。与资本主义所造就的平凡世界相匹配，现代社会形成了"平庸崇拜"（富里迪语）的文化心理和文化价值观念。显然，高贵是对现代人在平凡世界里的平庸生活的讽刺与威胁，一定会遭到平庸的围攻。平庸的大多数"把一切与众不同的优秀的、个人的、合格的以及精华的事物打翻在地，踩在脚下；任何一个与其他人不相像的人，没有像其他人一样考虑问题的人，都面临着被淘汰出局的危险"①。

因此，高贵之人首先要忍受的是抵抗压力，不去做平庸的大多数要求自己去做的事情，忍受由此带来的气势汹汹的平庸者的攻讦和排斥。也正因为如此，高贵之人注定要独享孤独，忍受被人群包围却无人可诉、无人可伴的孤独。如果能够做到这些，那就是勇敢，真正的勇敢，就是我们这个时代的英雄！

4. 公共行动的勇敢

我们常说人是社会动物，其实比这句话更准确的应该是"人是政治动物"，因为不能离群索居不是人类所独有的，而以行动和言辞参与公共事务（政治），才是人所特有的。② 人有两个基本活动领域：一个是以家庭生活为基本形态的私人领域，一个是以政治生活为基本形态的公共空间。从一开始，公共行动，或者说在公共空间活动就是一种冒险，就是一种勇敢的行为。因为在公共领域发生的都是超越个人的、事关重大的事情，每个人在这个领域展现的都是自己光辉灿烂、优异卓越的一面。

公共行动肯定的是人的公共性。公共性无论是对个人还是对群体（社会、国家、人类）来说都具有重大价值。对个人来说，如果丢弃公共性的维度，只追求私人性，那么个人的天空就"塌了一大片"，人性的丰富性大幅度降低，人就成了"单面人"。对群体来说，如果每个人都埋头于私人利益，抛弃作为人性构成性因素的公共性，就意味着"黑暗时代"的到来——"历史中有很多黑暗时代，在其中公共领域被遮蔽，而世界变得如此不确定，以至于人们不再过问政治，而只关心对他们的生命利益

---

① 加塞特. 大众的反叛 [M]. 刘训练，等，译. 长春：吉林人民出版社，2004：10.
② 阿伦特. 人的条件 [M]. 竺乾威，译. 上海：上海人民出版社，1999：18-21.

和私人自由来说值得考虑的问题"①。任何社会都是奠基于超越个人利益的公共性之上的，公共性的失落意味着社会的瓦解和社会的丛林化。

公共行动否定的是人的私人性。说是否定，其实更是超越。一个人在有了基本的生活保障之后，不能沉溺于个人生活，而应步入公共空间，承担更多的责任，这不是对私人生活的简单否定，而是对私人生活的一种超越。这种超越说起来简单，做起来却不那么容易，需要勇气。一方面，每个人都是从自己出发看世界的，自身是在这个世界的"立足点"，超越自我进而投入对自我短期内没有效益的公共行动中，本身就是勇敢的行为。另一方面，公共领域不像私人生活那样确定，充满了未知和不确定，有各色人等和千姿百态的观念，进入公共领域就意味着"冒险"，冒自己观点被更优观点所取代、否定之险，本身就是一种勇敢的行为。而且，在公共领域，每个人都得为自己的言语和行动负责，需要有承担责任的勇气。

在我们这个政治冷漠、人人自恋的时代，公共行动的勇敢更加突出。"自恋是当今时代的新教伦理"（桑内特语），自恋者只关心自己的安逸与舒适，其他的一切都不会认真考虑。如果说自恋者对世界还有所关注的话，那是对世界的不满和抱怨，觉得世界不够完美，觉得世界对不起自己。自恋的人对公共事业、公共善、美好社会等公共人所关注的事务和价值通通没有兴趣。一方面，个人参与公共事务的兴趣正在减弱；另一方面，这种兴趣减弱得到了现代国家的支持，因为没有公众参与的政治相对简单得多，这是职业政治人所想要的。问题是，人人自恋就会陷入"黑暗时代"，人类的未来就危险了。在这样的时代背景下，如果"人人自恋我独醒"，超越自己的切身利益，冒着大多数人的冷言冷语和政治领域的不欢迎而参与公共事务，无疑是我们这个时代需要的勇敢。

文明的勇敢不止这四种，但这四种应该是最重要的。这四种文明的勇敢不是孤立的，而是互通互渗的。节俭的勇敢、高贵的勇敢、公共行动的勇敢之中都有爱，都有对世界、对人类、对人性的爱；爱的勇敢、节俭的勇敢、公共行动的勇敢，都是人之高贵的体现；高贵的勇敢、爱的勇敢、公共行动的勇敢都内含着对自我欲望的节制；爱、节俭、高贵其实都是公共行动，也都是公共行动的勇敢。

---

① 阿伦特. 黑暗时代的人们 [M]. 王凌云, 译. 南京：江苏教育出版社, 2006：65.

三、教育的勇气

文明的勇敢是一种心灵的力量，既有赖于个人自我的努力与选择，也需要教育的涵养与引导。作为心灵的力量，文明的勇敢是无法直接传授的，能直接传授的只能是关于文明勇敢的概念和口号。最有效的教育方式是过一种勇敢的教育生活，用有勇气的教育来涵养有勇气的人。

教育的勇气同样在于敢于肯定一些美好的价值，否定一些很难否定的压力。爱是值得肯定的价值，教育本来就是爱的事业，但我们这个时代的教育面临着教育工具化的强大压力；学校本来应该是培养人的情怀和心灵的场所，现在却面临着被欲望化的压力；高贵的人需要高贵的教育，但如今的教育却在"真心实意"地平庸化；教育本来是公共事业，但如今的教育却是换取私利的通道。所有这些，都是考验教育之勇气的契机，教育，要么以自身的勇气涵养受教育者文明的勇敢，要么堕落为欲望的可怜附庸。

在一个一切都被纳入经济利益轨道的时代，教育的真正勇气是独善其身。独善其身之"善"既指自身的完满与卓越，也指伦理上的善。自身的完满与卓越，具体到教育而言，就是指教育坚守自身立场，实现自己的最大功能。康德将教育理解为"那种把人塑造成生活中的自由行动者的教育。这是一种导向人格性的教育，是自由行动者的教育，这样的自由行动者能够自立，并构成社会的一个有机组成部分，而又意识到其自身的内在价值"[①]。独善其身的教育，首先要坚守的就是作为自由行动者的教育立场。伦理上的善，则要求教育在完善自身利益和从事教育及其他活动时不仅遵循道德要求、讲究道德，还要以促进道德进步为目的。教育是道德的事业，不仅要遵循一般的道德要求，还要为社会其他部门做出表率，应该表现出超过最低道德要求的道德敏感性，成为社会的道德堡垒和道德高地。

独善其身的教育不是要与社会隔绝独自修行，而是指教育有自身的独特性、独立性，不能成为社会其他部门的附庸。教育与政治和经济有着密

---

① 康德. 论教育学［M］. 赵鹏，等，译. 上海：上海人民出版社，2005：15.

切的联系，自独立形态的教育产生以来，一直生活在政治和经济的双重拉力之下，稍有松懈，就可能被"拉拢"过去，变得与政治或经济机构没有区分度，成为政治机构的"派出机构"或挂着学校招牌的商业机构。教育不能自闭于社会，不能将自身与政治、经济隔绝开来，要为政治、经济服务。但这并不意味着失去自我、失去特性，而是要以自己独有的方式，即通过培养人来为社会服务。而且，这种服务不是消极的，不是社会需要什么，教育就给什么，而是积极服务，社会正当的需要，给予满足，社会不正当的要求，则通过坚守自身立场和培养人来给予抵制、批判和反抗。

因此，能够独善其身、有勇气的教育不是工具的教育，而是爱的教育；不是欲望的教育，而是心灵的教育；不是平庸的教育，而是高贵的教育；不是私利的教育，而是公共的教育。

人是爱的动物，教育的根本目的在于成人。显然，教育所要成就的人必然应该是有爱的，否则就是对人性需求的背离。受教育者爱的能力与品质，不会凭空得来，有赖于爱的教育。教育对爱的肯定，本身就是一种教育，因为教育作为一种心灵和精神活动，肯定一种价值，其实就是在传递这种价值。

在这个排斥爱的时代，教育爱（主要是指教育者对受教育者的爱）在教育内也是噤声不语、消逝殆尽，因为在很大程度上，学生已经不是教育者爱的对象，而是学校和教师谋取、实现自身利益的工具。教育爱的丧失，教会学生的不是爱和承认，而是功利、自私和战胜别人的心计与技巧。经过没有爱的教育，我们生产的多是没有感受过爱、贬低爱、不会爱的无爱之人，只追求个人的物质享受，既不考虑节俭，也不追求高贵，更不参与公共行动，一句话，不可能有文明的勇敢。

从宏观上看，爱的教育否定的是教育的工具化，肯定的是教育对自身本性的坚守。即使是如此基本的立场，在一个国家、社会、个人都视教育为工具的时代，也不是那么容易做到的，需要面对巨大的压力和危险，需要勇气。我们现在已经很难找到以爱为核心价值的教育存在形态，足以说明做到这一点的不易。因为对自身本性的坚守不但意味着拒绝做政治、经济的附庸和工具，也意味着教育对自身私利（教育作为行业、机构的利益）的否定。做到前者非常不易，做到后者更是难上加难，因为在当今这个教育已经非常制度化、体系化的时代，教育不但是整体社会机制的一个环节，而且已经有了自我利益要求。要教育机构否定自身利益，那是相当困难的事情，需要超越性的勇气。从根本上讲，教育机构是没有自我利益的，教育机构的最大利益不在其他，而在学生，培养好学生才是教育的最大利益。爱是给予，爱的教育就是将生命创造力给予受教育者、给予社会和国家的教育。在这种给予的过程中，教育不但不会削弱，反而得到了壮大，这才是教育真正的自我利益之所在。

从微观上看，爱的教育就是教育者无条件地给予受教育者有生命力的东西，将受教育者的成长作为最高目的，向着受教育者的独立努力。教育爱具有类母爱的性质，是一种无条件的爱，作为教育者，只要是自己的学生，无论其状况如何，都会爱他。从学生的角度看，教育爱如母爱一样，不需要努力去争取，无论自己"多笨多丑"都能获得教育者的爱。教育爱是一种给予之爱，教育者爱学生不是为了换来受教育者对自己的爱，而是"为爱学生而爱学生"。而且，教育者随时准备自己的退隐，让受教育者脱离自己获得自立自强。教育者给予受教育者的不是物质和权力，而是自己身上有生命力的东西，包括知识、信仰、体验、情感、价值等。另一方面，教育者还要否定一些流俗的常态，比如将受教育者视为工具，从他们身上索取利益。索取性的教育推崇"近乎残忍的学习训练"（诺丁斯语），因为学习训练最能获得回报。

教育的勇气，或者说有勇气的教育还体现在对欲望的教育的否定、对心灵的教育的肯定上。纵欲是我们这个时代所有人性和社会问题的"病根"，现代消费社会就是奠基于人的欲望之上的。在这种时代背景下，不够勇敢的学校并未洁身自好，也成了"欲望工具"，正如汤因比所说："在现代技术文明的社会中，不能不令人感到教育已成了实利的下贱侍女，成了追逐欲望的工具。"[①] 作为"欲望工具"的学校许诺给受教育者的是利益，传递着物质主义的世界观念和狭隘的成功观，以严酷的纪律和病态的竞争作为维持日常运行的基本手段，以灌输为基本行为范式，自身也是欲望的存在，也在追求自我利益的最大化。现代教育在作为"欲望工具"的迷途中沉溺得太久、陷得太深，要想否定它，"回头是岸"，绝

---

① 汤因比，池田大作. 展望21世纪——汤因比与池田大作对话录［M］. 荀春生，译. 北京：国际文化出版公司，1985：61.

对不是件容易的事，因为这不光是教育的价值方向的转变，还是基本存在方式的转型，不但要面对自身惯性的拖累，还要面对巨大的社会压力，没有勇气，那是根本不可能的。

雅斯贝尔斯说："教育的原则，是通过现存世界的全部文化导向人的灵魂觉醒之本源和根基，而不是导向由原初派生出来的东西和平庸的知识。"① 教育是心灵的事业，但我们总是不能坚守教育的这一特性，总是遗忘心灵去追求物质欲望。人的特异性品质在于人有以自我控制为基础的爱、美、善、圣等精神性追求，教育要肯定和努力追求的就是人的这些特异性品质，培育有爱和创造力、有独立性和归属感、追求美和善、爱护环境并以此为幸福的人。当然，教育要完成这一既本分又崇高的使命，需要找回一些已经失落的维度，比如可以直接指向人及人类社会的人文教育、有克服物质欲望意义的艺术教育、能超越功利使生命得到升华的休闲教育等。正如诺丁斯所说，勇敢是"一种能够征服任何威胁个体达到最高之善的障碍的心灵力量"②。教育如果能够坚守自身的特性，就能培育这种心灵力量。

教育的勇气还体现在对平庸教育的否定和对高贵教育的肯定上。高贵的教育，不是俗常所理解的所谓贵族教育、精英教育，不是去教学生"打高尔夫球"，将高贵的教育理解为高消费活动和行为，那是对高贵的最平庸的污蔑。高贵的教育或者说教育的高贵在于敢于以严格的标准要求自己，因为"教育是极其严肃的伟大事业，通过培养不断地教育新的一代进入人类优秀文化精神之中，让他们在完整的精神中生活、工作和交往"③。作为伟大事业的教育，第一，应该以不容降格的道德标准要求自己，敢于追求高尚。在一个普遍嘲笑高尚的社会风气之下，教育要敢于倡导、坚守高尚的道德标准，在这种坚守中体现教育自身的高贵。第二，教育始终应该将年轻一代带入人类优秀的文化之中，不惧社会流俗和压力，反对以有用、有利作为文化标准，反对知识的庸俗化。第三，虽然教育从来都是身处当时的社会体系之中，要与社会和平共处，但教育从来都是朝向未来的事业，不能只以当下的标准要求自己，只是去被动地适应社会，

---

① 雅斯贝尔斯. 什么是教育 [M]. 邹进，译. 北京：生活·读书·新知三联书店，1992：3.
② 诺丁斯. 幸福与教育 [M]. 龙宝新，译. 北京：教育科学出版社，2009：155.
③ 雅斯贝尔斯. 什么是教育 [M]. 邹进，译. 北京：生活·读书·新知三联书店，1991：3.

而是要以朝向未来的高度，抱持人类情怀，超越当下的社会。第四，与强势行业相比，教育从来都是身处弱势，但弱势的教育不自卑、不迁就，始终坚守自己的独特和独立，不成为政治和经济的附庸。第五，在一个平庸的社会文化之中，培养只对物质利益感兴趣的平庸之人是最为讨巧的，但高贵的教育就是要逆流而上，以培养尊严、超越、博爱、卓然独立、凛然不可侵犯、对人类前途和命运怀有责任感与使命感的人作为目标。做到这些的教育怎么不是既高贵又勇敢的教育？

　　教育的勇气还体现在对自身公共性的坚守上。令人痛心的现实是，公立学校"私利化"，学校成了追逐私利的机构；由于学校许诺给受教育者的是利益，学校成了提供"商品和服务"供学生和家长消费的"消费场所"；学校激发的是无情竞争，这里成了"个人奋斗的场所"。当代学校的这些变化，都是对教育公共性的背离，而这种背离又有强大的社会驱力，要扭转这种背离，需要巨大的、超乎寻常的勇气。教育必须抵御来自社会和家长的压力，超越个人利益，将更多的精力投入国家、社会和人类的共同利益上，投入公平、正义、爱等超功利的价值上来；必须扭转学校生活质量的恶化，让学生过一种团结、友爱的生活，体会公共精神、公共价值的意义；教育必须坚守道德底线，追求道德高尚，以自身的行动维护社会公共利益和人类永恒的价值。

第四部分　朝向幸福与尊严

　　人的在世方式是包含了幸福观的在世方式，获得幸福既是人的"本能冲动"，也是人的主观追求。人类发展到今天，幸福由过去的特权和奖赏，已经变成了一种权利，人人有权追求并获得幸福。

　　问题是，何谓幸福？如何获得幸福？人曾经将幸福寄托于人性的卓越，认为幸福就是完满德性的实现；人也曾经将幸福寄托于彼岸世界，以为幸福只有在那里才能实现。如今呢？如今的幸福失去了先验的参照，只能在现世中寻找，"幸福之路"在哪里？

　　教育特别是高等教育，与幸福密切相关，是我们追求幸福的一种方式。但如果大学也失去了自身的德性，它还有助于我们追求幸福吗？应然的教育与实然的教育总是相互分离，实然状态的教育是在增进幸福还是在制造不幸？

第十一章 大学德性的遗失

一、大学的德性

德性既有本体论的内涵，又有伦理学上的意义。从本体论上看，德性泛指使事物达至完美与卓越的特性，用亚里士多德的话说就是，"一切德性，只要某物以它为德性，就不但要使这种东西状况良好，并且要给予它优秀的功能"①。从伦理学上看，德性具有属人性，被理解为具有道德意义的品格，比如正义、友爱、节制等。当代伦理学与道德教育比较关注具有属人性的道德品格，而较少关注德性的本体论意涵。实际上，单就人而言，德性也不是单个的德目或品格，它以人格为形态，表征的是整个的人。德性的统一性"往往以人格为其存在形态。相对于内涵各异的德目，人格更多地从整体上表现了人的存在特征"②。

本体论的德性不限于人，人之外的事物都有自己的德性。大学，作为人之外的事物，当然有自己的德性。同时，大学作为"人的组合体"③，又具有属人性的道德品格。如果说人格是人的德性表征的话，大学之道则是大学德性的表征，即"人有'格'，大学有'道'"。

那么，如何理解大学的德性呢？或者说，大学的德性是什么呢？如果用一句话来浓缩大学的德性的话，我以为"独善其身"这四个字最为贴切。独善其身，首先要解决的是"何为其身"，即大学是什么的问题。从

---

① 亚里士多德. 尼各马可伦理学（修订本）[M]. 苗力田，译. 北京：中国社会科学出版社，1999：35.
② 杨国荣. 伦理与存在：道德哲学研究 [M]. 上海：上海人民出版社，2002：140.
③ 哈斯金斯. 大学的兴起 [M]. 王建妮，译. 上海：上海人民出版社，2007：2.

中世纪诞生之初的"师生共同体",到近代的探究高深学问的"象牙塔",再到现代的"大众服务站"、"智力城",大学历经沧桑、容颜变幻,但万变不离其宗,否则大学就不再是大学。什么是大学之"宗"呢?第一,大学是一个独立的"地方"。大学是中世纪的产物,而中世纪的大学是没有校舍和固定地点的。但那只是大学的"童年",成长起来的大学首先意味着一个特殊的"地方"或"场域"。大学是一个"地方"、一个"场域",表明大学在社会中,但与社会不是无边界的,而是有边界的、赫然独立的。这个特殊的地方有着与周遭世界不同的行事方式和生活风格,推崇自由、自主和开放。自由是学术上的,自主是管理上的,而开放则是存在方式上的。第二,在大学这个独立的"地方"主要做两件事,即培养人与发现、保存、传递知识。雅斯贝尔斯认为有三件事是大学必须做的,即职业训练、人的教化和科学研究[1],而弗莱克斯纳则认为大学要做"四件事",即保存知识和观念、解释知识和观念、追求真理、训练学生以继承事业[2]。"三件事"也好,"四件事"也罢,归拢起来实际就是两类事情,一类与教育人、培养人有关,一类与知识活动过程有关。当然,这"两件事"不是孤立进行的,而是血脉相连、融为一体的,培育人同时也是知识活动,知识活动也在培养人。第三,在大学这个独立的地方做上述两件事的不是单个的人,而是师生共同体。大学之所以产生,之所以有存在的必要,就在于师生过着共同的知识生活,需要进行思想的交流,正是在这个意义上,雅斯贝尔斯指出:"大学的最初含义——教师与学生的共同体——与它作为所有学科的统一体的含义是同等重要的。……这个理念要求应该有交流存在,不仅要有不同学科层次上的交流,而且要有不同个人层次上的交流。"[3]

"独'善'其身"的"善"有两重含义:一是自身的完满与卓越;二是伦理上的善。第一重含义切合了德性的本体论要义,就是要使大学状况良好,功能得到最大限度发挥。对照大学之"宗",大学如果能够在上述三个方面,即保持独立、做好教育人和与知识有关的活动、建构好师生

---

[1] 雅斯贝尔斯. 大学之理念 [M]. 邱立波,译. 上海:上海人民出版社,2007:67.
[2] 弗莱克斯纳. 现代大学论——美英德大学研究 [M]. 徐辉,等,译. 杭州:浙江教育出版社,2001:4.
[3] 雅斯贝尔斯. 大学之理念 [M]. 邱立波,译. 上海:上海人民出版社,2007:97.

共同体，那就是获得并实现了第一重意义上的德性。大学在伦理上的善，要求大学在完善自身和从事其他活动时不仅遵循道德命令、讲究道德，还要以促进道德价值进步为目的。也就是说，大学不仅要遵循道德要求，不能超然于一般的道德要求之上，还要为社会其他部门做出表率，为道德价值的进步做出不同一般的贡献。正是在这个意义上，布鲁贝克认为："学院和大学应该表现出远远超过最低道德要求的道德敏感性，因为高深的学问使这些机构具有较为敏锐的洞察社会不平等的能力。"[1] 作为社会中的一个独立存在，大学有自己的道德角色定位——社会的精神与道德高地、社会的心智良心。需要说明的是，大学德性的两重含义并不是割裂的，而是融为一体的。一方面，大学如果能够实现自身的完满与卓越，即做好培养人和发现、保存、传递知识的活动，本身就是善的，就是对道德价值的贡献；另一方面，大学如果能够实现伦理上的善，也是对自身完满与卓越的一种保证。

之所以要"'独'善其身"，不是说大学要和社会其他部分隔绝，躲到"深山老林"中去独自修行，而是指大学德性的获得与实现有自己独特的规律。第一，历史地看，大学诞生于与社会的区分。也就是说，大学从诞生的那一天起，就是卓然不群的，"独"乃本色。正因为如此，大学从诞生那一天起，总是生活在政治与经济的拉力之中，一不小心，就可能变色。如果大学与社会其他部门的区分度越来越小、越来越相似，那大学离灭亡也就不远了。第二，大学保持自身特性，做好自己的"两件事"，本身就是德性的获得与实现。第三，大学要服务于其栖身的社会，但不是用改变自身的方式去服务，而是用完善自身、做好分内事的方式去服务。第四，即使社会的其他部分出现了道德滑坡、道德衰退，大学也应该独自坚守道德高地的角色定位，不能随波逐流。

大学德性的载体既包括制度化的大学机构，也包括在这一机构下生活的师生，或者说，大学的德性既体现于大学制度之中，也体现在大学的师生身上。大学科学研究、教学、学术训练与交流都是在一个制度架构之内完成的，大学制度如果是能促进大学实现本身的完满与卓越，以崇高的价值为制度运行的核心价值，并以符合道德的方式运作，本身就是对大学德

---

[1] 布鲁贝克. 高等教育哲学 [M]. 王承绪，等，译. 杭州：浙江教育出版社，1987：132.

性的实现。雅斯贝尔斯认为,"一所大学的性格是它们的教授们所决定的",同时又认为,"大学生活对学生的仰仗并不少于教授"①。因此,可以说,大学的德性在一定程度上是由教授和学生承载并决定的,我们可以从一所大学的师生群体的道德风貌窥探该大学的德性状况。当然,大学德性的两种载体不是截然分割的,而是相互融合、相互作用的。超个人的制度之中有人的因素,个人的品性之中有制度的投影。虽然有错位现象存在,但多数情况下,两种载体的德性状况大体上是一致的,即制度德性与师生群体的整体德性要么都处在较佳的状态,要么都处在较差的状态。

二、大学的德性哪里去了

大学的德性在于独善其身。反观现实的大学,我们不无悲哀地发现,能够做到独善其身的大学越来越少,甚至踪影难觅。我们不能不问:大学的德性哪里去了?

1. 自私的"恐龙"

如今,大学是越来越"大"了,大得像一座座城市,大得像一头头恐龙——"就其自身的奇异而言,它是巨大的、笨拙的、辉煌的,甚至是可爱的;就其发展所经历的各种形式而言,它是庞大的;就其世系而言,它是历史悠久的;就其杰出超群而言,很久以前它一度是无可匹敌的。"② 现在,需要补充的是,"就其德性而言,它是自私的"。

不是说大学不应该有自身的利益,它的利益就在于做那"两件事"的自由。做好"两件事"是大学的本分,但大学做这"两件事"不是为了自身利益。大学不是为自身去做那"两件事"的,而是为国家、为社会,更根本的是为人类。大学"是整个人类意志的表达。大学旨在寻求真理和人类的进步,它的目的是代表人类品性的精华"③。正是这样超功利的品性成就了大学,使大学成为社会的心智良知,成为社会的精神高

---

① 雅斯贝尔斯. 大学之理念 [M]. 邱立波, 译. 上海: 上海人民出版社, 2007: 147.
② 罗德斯. 创造未来: 美国大学的未来 [M]. 王晓阳, 等, 译. 北京: 清华大学出版社, 2007: 31.
③ 雅斯贝尔斯. 大学之理念 [M]. 邱立波, 译. 上海: 上海人民出版社, 2007: 190.

地，成为充满神圣性的象牙塔，成为"存在时间超过了任何形式的政府，任何传统、法律的变革和科学思想"的不朽之地。

如今，一切都变了，大学变得前所未有的自私。大学的自私首先表现在对排名、声望的无休无止的追求上。正如刘易斯所言："学校越出名，就越强调在教师、学生和经费市场上的竞争力。"[①] 一流大学追求国际排名，普通大学追求国内排名。排名越靠前，越对排名歇斯底里：排在第一的，想永远保持第一，排名在前的，幻想有朝一日能坐头把交椅。排名的依据是一串串数字，为了获得好的排名，大学开始"数字化"。一所大学的科研水平可以简化为一组组数字的叠加：发表论著的数量、获得科研经费的数量、获得奖励的数量等。同样，一所大学的教学水平也可以简化为一组组数字的组合：招收了多少学生、毕业了多少学生、就业率多少、开了多少门课程等。大学对内部的教授也是数字化管理，也是将教授工作的质量"还原为一个简单的数字"[②]。苦心追求数量化的结果是，很多大学在数字指标上节节攀升，排名稳步或大踏步地提高，似乎实现了自身的卓越。但这是真正的卓越，还是"失去灵魂的卓越"？几乎没有人关心。

大学对"名"的追求与对"利"的追逐是缠绕在一起的。有时候，求名就是求利，因为名本身就是一种利，可以带来滚滚而来的财富；反过来，财的丰厚，又为求名插上了翅膀，使名的获得轻而易举。在世界范围内，"金钱日益成为影响大学角色的决定因素。大学口口声声说，一切为了学生的利益，可他们真正关注的还是学校里能够盈利的商业活动"[③]。很多大学都将"筹款"与"创收"作为学校工作的核心，在一定程度上，当今世界的大学变成了与以营利为目的商业机构并无二致的存在物，变成了"巨型商业中心"。有一些发达国家的国际知名大学，甚至以开发大规模杀伤性武器为手段来谋取巨额经济利益！也难怪，大学要在激烈的竞争中立于不败之地，需要花钱的地方太多了，校园扩展需要钱，提高待遇吸引拔尖人才需要钱，开展前沿课题研究需要钱，进行学术交流、扩大社会

---

① 刘易斯. 失去灵魂的卓越：哈佛是如何忘记教育宗旨的 [M]. 侯定凯，译. 上海：华东师范大学出版社，2007：8.
② 里茨尔. 社会的麦当劳化——对变化中的当代社会生活特征的研究 [M]. 顾建光，译. 上海：上海译文出版社，1999：110.
③ 刘易斯. 失去灵魂的卓越：哈佛是如何忘记教育宗旨的 [M]. 侯定凯，译. 上海：华东师范大学出版社，2007：167.

影响需要钱……不是要大学不食人间烟火，其在恪尽职守完成自己应该完成的"两件事"之余，当然可以有自己的物质利益，但"两件事"是"本"，而物质利益是派生物，是"末"。逐利的大学将"利"字当头，科研和教学都成了获利的手段和工具，真正是本末倒置。

大学追名逐利是对自己本分的背离，放弃了实现自己完满与卓越的努力，本身就是对德性的背弃。除此之外，大学在追名逐利的过程中，不可避免地会放弃道德要求，甚至以牺牲道德为代价。大学为了在名利场上占据有利位置，一方面，会不择手段地攻击竞争对手，包括学术排挤、挖对方墙脚、不正当公关等。比如，大学在科研项目竞标、学校与学科评估中所做的很多出格的事情，出于做人的起码要求，很多教授作为个人可能根本接受不了，也做不出来，但以大学的名义，以为大学整体利益考虑为理由，却真真切切、毫无障碍地做了。另一方面，大学也会制定这样那样的竞争机制，使教师成为为大学名利添砖加瓦的"高产母鸡"。在世界范围内，学者违背学术道德的事情都有增多的趋势，甚至出现了多起臭名昭著的科学造假事件，为什么呢？一个很重要的原因就在于大学之间、大学内部的竞争制度"逼良为娼"。大学为了自身的名利，在逼迫教师快出产品、多出产品的同时，有意无意地放松了学术道德要求，甚至对学术败德现象采取纵容、包庇、掩盖、回避等不正确态度。

2. "国家利器"

大学一开始就是一个普遍主义的机构，"大学（university），顾名思义，应该是一个'大而全的宇宙'（univers）"[1]。早期大学的教师和学生不是来自一个地方、一个国家的，教和学的内容也不是归属于哪一个国家的，而是具有普遍意义的。随着科学研究进入大学成为大学的重要任务，大学的普遍主义性质得到了进一步的确认和强化。大学要探索知识、发现真理，而知识和真理是普遍的，不是地域的、国家的，"大学按它们对促进普遍知识的承诺的性质而论，本质上是国际性的机构"[2]。

大学虽然侧身于特定的地区和国家，但总要"红杏出墙"，要超出其

---

[1] 雅斯贝尔斯. 大学之理念 [M]. 邱立波, 译. 上海：上海人民出版社, 2007: 75.
[2] 克尔. 高等教育不能回避历史——21世纪的问题 [M]. 王承绪, 译. 杭州：浙江教育出版社, 2001: 5.

所寄居的地区和国家，显得那样卓然不群、桀骜不驯。正是因为大学的显赫与意义重大，历史上的掌权者，包括中世纪的教廷、王室和近代国家，都想降伏大学，使大学为自己所有、所用。教廷、王权也好，近代国家也罢，虽然在降伏大学的过程并不是一无所得，但总体上看哪个也没能真正降伏大学。在这一拔河式的较力过程中，当权者学会了如何尊重大学以使自己真正获益，大学学会了如何与权力保持适当距离以使自身免遭篡改。

也许中世纪的教廷和王室还不具备降伏大学的真正强权，而近代国家有这种强权。近代国家之所以没有强行接管大学，是因为其意识到让大学保持独立，更符合自身的利益。到了现代，一切都变了。现代社会科技日新月异，国际竞争异常激烈，尤其是"冷战"造成的两大阵营的对峙导致谁都不能有半点喘息。"国家的财富，过去从来没有像现在这样依靠高等教育的工作，通过高等教育的贡献，开发人力资本和积累知识，以及直到最近，有助于大国之间的军事竞争。"① 现代国家对大学的重视程度前所未有，投入也空前加大，控制也越来越紧。结果是，"大学已经成为实现国家目标的一个主要工具"②，成为各国之间经济、科技和军事竞争的手段，成为"国家机构"和"国家利器"。

克尔认为，大学成为国家利器是"铁的事实"③。第一，现代国家对大学的投入加大。大学规模越来越大，在大学之间竞争日益激烈的背景下，对经费的需求深不见底，无论是私立还是公立的大学，没有国家的财政和经费支持都是活不下去的。金钱的力量从来都是巨大的，作为投资人，政府付了越来越多的钱，当然对大学事务就多了话语权、控制权和管理权。在大学不被国家过分重视的时代，大学可能缺乏资源，但却比较自由、自主；在当今这个大学被各国政府极端重视的时代，大学拥有了前所未有的丰富资源，但却因此而失去了相当大的自由和自主，真是一个悖论。第二，国家主导了大学的研究和人才培养。科学本质上应该是自为

---

① 克尔. 高等教育不能回避历史——21世纪的问题 [M]. 王承绪, 译. 杭州: 浙江教育出版社, 2001: 48.
② 克尔. 大学的功用 [M]. 陈学飞, 等, 译. 南昌: 江西教育出版社, 1993: 63.
③ 克尔. 高等教育不能回避历史——21世纪的问题 [M]. 王承绪, 译. 杭州: 浙江教育出版社, 2001: 34.

的、超功利的，但现在大学从事科学研究的，还有多少人认可这种理解呢？因为科学研究需要资金，过去那种"为科学而科学"的研究越来越少了，甚至没有了，有的多是国家和商业机构"发包"的科学研究。也就是说，国家需要什么样的科学研究，就会通过课题招标等方式寻找合作人，科学研究满足国家需要的目的不容置疑、压倒一切。"今天的科学家几乎完全和普通的公务员或企业行政人员一样是拿工资的人员。即令他在大学里工作，他也要受到控制整个生产过程的权益集团的有效控制，即令不是在细节上受到控制，也是研究的总方向上受到控制。科学研究和教学事实上成为工业生产的一个小小但却极为重要的组成部分。"① 在一定意义上，如今的大学已经成了国家的"科技工厂"，成了国家的"科技服务站"。人才培养同样如此，里茨尔认为，如今的高等教育就像附属于国家的"肉类加工厂"："许多学生和教职员工都被笼罩在其巨大的、工厂般的气氛中。他们也许觉得是经由官僚机器和电脑加工的自动机器，或者甚至感到是被赶进肉类加工厂的牛群。"② 第三，大学与政府越来越趋同，本质不同的机构现在则朝着同构、同质的方向靠拢，大学越来越像政府的"派出机构"（关于这一点，后文再详述）。

　　大学不是不能满足国家的需要，但要以自己独有的方式来满足，否则后患无穷、德性尽失。大学成了国家利器，成了国家的科技与人才工厂，确实能最大限度地满足国家需要，但却是以失去自身自主和特性为代价。而且，大学要满足的是国家的正常需要，而不是国家深不见底的欲望。我们总以国家的无私反衬个人的自私，实际上，"在历史上看不到任何一个国家的行动是完全无私的"③。国家总是要求自己的国民无私爱国，但没有哪个国家能够像个体公民那样为其他国家而牺牲自己的利益，相反，在国际竞争中国家有不可遏制的战胜其他国家的欲望。大学成了国家利器，大学也就成为国家的欲望工具：国家需要在技术上战胜竞争对手，大学就成了科技竞争的急先锋；国家需要在政治和意识形态上战胜竞争对手，大

---

① 贝尔纳. 科学的社会功能 [M]. 陈体芳，译. 桂林：广西师范大学出版社，2003：15.
② 里茨尔. 社会的麦当劳化——对变化中的当代社会生活特征的研究 [M]. 顾建光，译. 上海：上海译文出版社，1999：223.
③ 尼布尔. 道德的人与不道德的社会 [M]. 蒋庆，译. 贵阳：贵州人民出版社，1998：60.

学就成了国家社会理论和意识形态的论证工具；国家需要在心理上给对手以威慑、在战场上给敌人以致命打击，大学就开发各式各样的尖端杀人武器。本来应该是普遍主义的大学，如今"通过武器的开发研制"才证明了其对"现代工业社会所具有的真正价值"①，真是莫大的讽刺。另外，大学成了国家利器，作为社会心智良知的大学与政治联姻，学术和道德后患无穷。布卢姆对此有洞彻的认识，曾一针见血地指出："假如二加二等于四这个事实与政治扯上了干系，就会出现否认它的派别。"②

3. 官僚机构

不同的社会机构有不同的价值核心，比如，企业以效益为核心，是效益本位的，行政机关以权力为核心，是权力本位的，大学则以学术活动（教学也是一种学术活动）为核心，是学术本位的。价值核心不同，社会机构的性质和结构也不同，即"不同质、不同构"。大学作为与企业和行政机关有不同价值核心的机构，如果与企业和行政机关在性质和结构上同质、同构，那就是非常可怕的自我迷失。

大学与行政机关的趋同是正在发生的可怕事实。与以往的大学以教师为主体不同，如今的大学行政主导的趋势越来越明显。作为"国家机构"的大学，与真正的政府机构已经越来越没什么分别。克拉克对此有敏锐的观察："高等学校显然在向一种由国家控制的法人官僚机构发展。'官僚组合主义'（bureaucratic corporatism）不仅开始成为大学的办学环境，而且渗透高等教育本身。"③ 首先，在世界范围内，大学的非教学研究人员都在膨胀。在中国大学生活的人都能感受到大学里行政及教辅人员的庞大，比如，一所大学共有 3285 名教职员工，而行政及教辅人员竟然高达 2000 余人。④ 但我们也许并不清楚，在高等教育发达的美国，行政人员及教辅人员同样在膨胀，一项统计表明，全美大学的管理与教辅人员的比例

---

① 博克. 走出象牙塔——现代大学的社会责任 [M]. 徐小洲，等，译. 杭州：浙江教育出版社，2001：71.
② 布卢姆. 美国精神的封闭 [M]. 战旭英，译. 南京：译林出版社，2007：304.
③ 克拉克. 高等教育新论——多学科的研究 [M]. 王承绪，等，译. 杭州：浙江教育出版社，2006：45.
④ 黄俊伟. 过去的大学与现在的大学 [M] //杨东平. 大学之道. 上海：文汇出版社，2003：194.

在 1976 年是 15%，1999 年则上升到 24%。① 其次，与非教学人员膨胀相伴的则是等级制度的强化。大学领导人处在等级制度的顶端，一如庞大帝国的君主，拥有至高无上的权力和权威。由此而下，等级森严，官员众多，而教师则被淹没在这等级制度的底层，一定程度上成了任人驱使的小卒。最后，"大学成了各种各样的非人技术来对教育过程施加影响的机构"②，原来那种学者共同体式的温情、自由的生活已经消失不见，具体而微的规章制度渗透到大学的每一个角落，任何人都无法逃避细致入微的规章之网。

蜕化为官僚机构的大学，是无法独善其身的。第一，行政化的大学仿佛就是行政机构在大学的延伸，无论是组织结构、运行方式，还是价值核心，都与行政机构并无二致，这本身就是大学的异化，有悖大学的德性要求。第二，社会失去了一个伦理高地，因为官僚机构的一个显著特征就是去道德化。官僚机构强调程序和规则，成文的规章制度在官僚体系中具有优先地位。对规章制度的严格遵守是官僚机构的意识形态，代表着个体对组织的忠诚。即使个人良知告诉自己，组织要求做的事情是错的，但因为组织的权威性，不但依然要去做，而且要做好、做得出色。在这种情况下，道德已经穿上了组织规则这一"紧身衣"，被组织规则扼住了咽喉，发挥不出什么作用了。作为官僚机构的大学摆脱了"道德负担"，使自身去道德化了，一身轻松，可以干很多大学德性不允许做的事情，导致大学自身德性品质的大幅度下降。在这种情况下，大学与一般的社会机构在道德品质上并没有什么不同，已经没有批评社会其他机构，为其他机构和社会大众做榜样的资本，无可挽回地从社会的伦理高地往下滑落了。第三，主体与价值重心的倒错。教师应该是大学的主体，而行政和教辅人员应该是为教师服务的。如今，在官僚机构化的大学，学校领导和各职能部门都如行政部门一样通过发布行政命令的方式指挥教授和教师。被官僚机构挤压的教授和教师很快就悟出了权力相比学术的无比优越性，学术信念不坚定的学者开始"弃学从政"，"学而优则仕"的古老法则在当今的大学中

---

① 高磊，姜远平. 美国高校教师结构优化的趋势及启示 [J]. 现代大学教育. 2004（3）：75-79.
② 里茨尔. 社会的麦当劳化——对变化中的当代社会生活特征的研究 [M]. 顾建光，译. 上海：上海译文出版社，1999：170.

重新焕发了活力。官僚机构的价值核心是权力，蜕化为官僚主义机构的大学摆脱不了这一规律，必然信奉权力而将学术活动放在次要位置。结果是，很多教授名义上是教授，实际上做的却是行政性的事务，"很多教学人员由于拥有研究助手和教学助手，有各自的系和研究所，因此成了行政管理人员"①。教授工作的重心不再是学术活动，而是管理队伍、制订计划、承揽项目、申请经费、争取奖励、与同行竞争等事务性的工作。第四，真正的学者的生存空间遭到挤压。在生活条件、教学科研条件日益改善的今天，为什么大学教授对大学有越来越多的不满和怨言？原因当然是多方面的，但不可否认，大学的行政化使得真正的学者有尊严、有自由地从事学术活动越来越吃力。

4."学术部落"

如前所述，大学之所以产生，就在于将学者组合起来共同完成单个学者无法完成的使命，"大学以学术共同体的形式存在，就可以消解和改变单个学者的孤立状态"②。也就是说，学科间和学者个人层次的交流与对话是大学题中应有之义。如今，学术共同体已经彻底解体，演变成了一个个学术部落，学科间以及个人间的对话、交流、合作已经前所未有地苍白。

以往的大学之所以能够形成学术共同体，首先在于不同学科、不同专业之间具有共同的精神文化基础。历史上，宗教信仰和人文精神先后承担过大学精神基础的角色，如今都已逊退，而新的精神基础并没诞生，学科间的分裂、隔阂、排斥已经是铁的事实。布卢姆认为，这种自然科学与人文社会科学的分裂自康德和歌德之后愈演愈烈，因为前者是最后一位在自然科学上也很有造诣的哲学家，而后者是最后一位相信自己的科学贡献超过文学贡献的文学大师。自那以后，自然科学和人文社会科学各自搭建了自己的高墙壁垒，彼此之间没有了互通的桥梁，"大学失去了它过去拥有的那种类似于城邦的性质，它变得像是一只客船，乘客们只是偶然的同路人，不久就会下船各奔东西。自然科学、社会科学和人文科学之间的关系

---

① 克尔. 大学的功用 [M]. 陈学飞，等，译. 南昌：江西教育出版社，1993：28.
② 罗德斯. 创造未来：美国大学的作用 [M]. 王晓阳，等，译.. 北京：清华大学出版社，2007：55.

只是行政性的，没有任何实质性的思想内容"①。三大学科间的关系，就像"偶然的同路人"之间的关系，虽然不得不同处一个大学的屋檐下，却根本没有深入的交流与对话，更谈不上合作，有的只是相互的戒备和排斥。自然科学对人文社会科学的排斥随处可见，就是自然科学内部，彼此之间的隔膜、敌对、攻讦也并不少见。而处于弱势地位的人文与社会科学内部同样并不消停，学科歧视、成见到处都是。罗德斯将如今的大学比喻成一个"空心球"，球体周围是一个个学科专业的大本营，彼此之间竞争着生存的空间，"在相邻的封地成员之间，几乎不存在有意义的联系"②。"客船"也好，"空心球"也罢，表征的其实都是大学学科以及专业间的部落化、封地化。

　　如果说学科、专业间主要是隔阂与排斥的话，学科、专业内部则是森严的"啄食等级"。不同的学科与专业，溢出大学之外形成一个个学术圈子。学术圈子是超大学、超制度的，表面上看是自在而柔和的，没有大学内部强硬的制度，但实质上几乎每个学术圈子都是等级森严的。处在学术圈子上游的是所谓"学术领袖"和"学术守门人"，处在下游的是都有门属的学术新人，而中间的则是大量所谓的圈内人，当然，每个圈子都有为圈子所不容的"孤魂野鬼"。学术权力掌握在少数学术领袖和学术守门人手里，由他们配合行政权力来分配各种学术利益。往鸡舍撒一把米，"懂事"的鸡不会争先恐后地去啄食，而是按已经形成的"啄食顺位"去啄食；同样，往学术圈子里投放大大小小的学术利益，那里也有"啄食顺位"：学术领袖、守门人当然先"吃"，然后是分给自己的门人、弟子，如果还有剩余，才会匀出一点给那些没有门属之人。由"啄食等级"衍生的则是"马太效应"：那些因缘际会（不一定是学术水平高）掌握了学术权力的人，因为得到越来越多的"好处"，优势递增，成功之上再成功；而多数没有学术权力的人，得到的支持越来越少，劣势也递增，直至被圈子遗忘，真所谓"一将功成万骨枯"。结果是，在很多学术圈子，一些所谓学术领袖，学术地位高高在上、声望逼人，其实并没有多大学术贡献，盛名之下其实难副。学术圈子已经不是靠学问说话，而是靠出身、门属说话，以探究为使命的

---

① 布卢姆. 美国精神的封闭 [M]. 战旭英, 译. 南京: 译林出版社, 2007: 300.
② 罗德斯. 创造未来: 美国大学的作用 [M]. 王晓阳, 等, 译. 北京: 清华大学出版社, 2007: 53.

学术圈子变成了压抑人才、门派林立的社会机构。

更复杂的是，各学科专业学术圈子是附着于不同的大学的，学术部落的利益与大学的利益形成了一种盘根错节式的纠结。有些学术领袖之所以可以明目张胆、理直气壮地控制一个学科或专业，把学术圈子"黑社会化"，就在于背后有其供职的大学的支持。大学内各个学科专业的学术地位关系到大学本身的国际、国内排名，"自私的恐龙"当然会怂恿在这里供职的学术领袖最大限度地为自己谋利益。为自己供职的大学谋求最大的利益，可以为一些学术领袖的极端不良行为提供最有力的"合法性"：我这样做不是为了我自己，而是为了我们学校。这样一来，学术领袖不但为自己的学术不良行为找到了除罪的理由，甚至还因为能为本大学争取到巨大的利益而成为本大学的英雄。

双栖于大学和学术部落的大学教师，其角色前所未有地混乱。首先，大学教师应该是追求学问的人，"知识分子也许靠思想生活，但他们必须也为思想而生活"①。但在如今的大学，"推动学者研究的动力是什么？通过研究，我们发现是学科本身的一些主要因素在起作用，特别是那种想要在学术领域建立声誉的欲望"②。也就是说，多数学者都是为了在自己的学术圈子里出人头地，为了成为塔尖上的学术领袖而奔忙，为学问而生的人，现在变成了为名望而生。其次，能够站到塔尖上的人毕竟是少数，所以学者之间的竞争是非常激烈的。而激烈的竞争导致的不良后果很多，比如忽视科学家应有的审慎和责任。"一般而言，研究者也知道自己的责任，在开展实验的时候不能危及他人利益。然而最近，为了能在激烈的竞争中首先取得新发现，这种责任被忽视了。"③ 为了抢先发表成果，不成熟的研究急着推出，后果莫测的研究急着面世，甚至可以违背学术伦理，伪造、抄袭学术成果。最后，大学教师"非教师化"。一方面，很多学者成了专门的研究者，不再承担教学任务，成了栖身于大学的"非教员"④。

---

① 富里迪. 知识分子都到哪里去了 [M]. 戴从容，译. 南京：江苏人民出版社，2005：29.

② 比彻，等. 学术部落及其领地：知识探索与学科文化 [M]. 唐跃勤，等，译. 北京：北京大学出版社，2008：80.

③ 博克. 走出象牙塔——现代大学的社会责任 [M]. 徐小洲，等，译. 杭州：浙江教育出版社，2001：71.

④ 克尔. 大学的功用 [M]. 陈学飞，等，译. 南昌：江西教育出版社，1993：27.

而这些"非教员"处在大学教师三重结构（专门从事研究的人员、专门从事教学的人员和既搞研究又搞教学的人员）的顶端，地位最高。另一方面，那些还在从事教学工作的教师"只教学、不传道"，成了"非教师"。"教授受聘成为学者和教师，却不能引导学生培养良好的价值观，他们不是传道解惑者。"① 大学教师不传道还在其次，更糟糕的是一些教师"老板化"，将学生作为自己谋钱、谋利的工具，剥削、压榨学生！

学术部落的存在犹如大学身上的毒瘤，严重侵蚀着大学的德性。罗德斯指出："就大学而言，损失了学术共同体，不仅仅是一件不幸的事情，还是一个巨大的灾难。"② 为什么说是一种灾难呢？第一，学科间的隔膜、排斥与分裂产生了严重的社会后果。每个学科都以自己狭小的眼光来看待世界，导致世界的碎片化，世界变成了"碎片的集合体"。从单个学科看，自己看到的世界无比真实，自己的结论无比正确，自己的技术完美无缺，但合在一起，却是世界的混乱与技术的灾难。而这灾难只能由这无辜的世界和生活在这世界上的无辜的大众来承受。第二，学科、专业内的等级森严和门派化与大学的自私自利纠结在一起，对学术研究、大学德性以及年轻一代心灵的腐蚀显而易见。第三，学生进入大学，正是人格成长的关键时期，因为只有进入大学，学生才真正脱离与家庭的血肉联系，开始独立人生，"大学就是学生开始认识自我、发现生活意义和目标的场所。他们所处的年龄正好是培养责任感的阶段"③。而大学教师的"非教师化"导致处在人生关键期的学生无法得到应有的教育和帮助，学生用眼、用心看到的却是大学的自私、学科间的排斥与分裂、学科专业内的钩心斗角、教师对名利的渴求，这将给学生造成什么样的影响？

三、大学的德性为什么会遗失

大学德性既是大学本性的体现，也是大学的伦理之维，其遗失既意味

---

① 刘易斯. 失去灵魂的卓越：哈佛是如何忘记教育宗旨的 [M]. 侯定凯，译. 上海：华东师范大学出版社，2007：3.
② 罗德斯. 创造未来：美国大学的作用 [M]. 王晓阳，等，译. 北京：清华大学出版社，2007：57.
③ 刘易斯. 失去灵魂的卓越：哈佛是如何忘记教育宗旨的 [M]. 侯定凯，译. 上海：华东师范大学出版社，2007：9.

着大学本性的迷失,也意味着大学善性的丢失。大学的德性如此重要,为什么还会遗失呢?

1. 全球化的多重效应

人们对全球化有不同的理解,也存在各种歧见,但无论如何,全球化都是一个无法否认的事实,用鲍曼的话说就是"世界不可逃脱的命运,是无法逆转的过程"①。我们越来越生活在"一个世界"中,个体、群体和国家越来越相互依赖。

全球化的效应是多重的。从民族国家的维度看,全球化既可能消除了民族性的某些方面,也可激惹出浓烈的民族情绪。在缺少全球交往的时代,各民族过着地方性的生活,民族性是自在的。在全球化的时代,各民族的交往与联系日益加深,各民族对自己与其他民族的不同、对自身的独特更加敏感,"人们越是进入国际化的经济,则要求自主和民族自治的政治意愿,便越是要以血缘,以及文化和种族的特性作基础,而不像人们早先所说的以合理化的现代性计划作基础"②。可以说,全球化的过程始终伴随着民族自觉、民族情绪的激惹。全球化既使各个民族国家生活在一个世界里,也使各个国家能够更清楚地把握自己和其他国家的实力、状况,进而形成一个民族国家间的竞争舞台。比如,在全球化时代来临以前,一个国家有了一项发明,其他国家不知情的情况更为普遍,不会造成其他国家的紧张情绪;如今不同了,20世纪50年代苏联的卫星上天,不知道给了美国多大的压力!

为了在激烈的国际竞争中获胜,各个民族国家无所不用其极。越来越重要的大学,无可逃避地成了保持国家竞争力的主要工具。20世纪80年代初,美国国家教育优异委员会发表的著名报告《国家在危急中:教育改革势在必行》就是一个典型的例子,很好地诠释了国际竞争导致的国家对教育和大学的控制。报告中说:"我们的国家正处在危急之中。我们在商业、工业、科学和技术创新方面往日不受挑战的领先地位,正在被全世界的竞争者赶上。"为什么呢?因为"我们社会的教育基础正在被一股

---

① 鲍曼. 全球化——人类的后果 [M]. 郭国良, 等, 译. 北京: 商务印书馆, 2004: 1.
② 图海纳. 我们能否共同生存?——既彼此平等又互有差异 [M]. 狄玉明, 李平沤, 译. 北京: 商务印书馆, 2003: 294-295.

日益增长的平庸潮流所侵蚀,这股潮流威胁着我们国家和人民的未来。上一代人难以想象的情况已经开始出现——其他国家正在赶上和超过我们的教育成就"①。这里的逻辑简单明了:国家在国际竞争中"吃紧",一个重要的原因在于教育落后,所以要想使国家在国际竞争中立于不败之地,就要改造教育和大学。正是在这样的逻辑指导下,"二战"以后有那么多国家加大了对大学的投入,也加强了对大学的控制,使大学成为国家利器和行政机构,更直接地为国家的国际竞争服务。

全球化还导致了大学间"比拼擂台"的形成。过去,大学之间的比较和分等多是国内的,至多是地区性的。但全球化使原来生活在"不同世界里"的各国大学现在生活在"同一个世界里"。不可否认,大学的国际化有诸多积极的效应,但同样不可否认的是,"比拼擂台"上的激烈竞争同样衍生了数不尽的问题。从大学德性的角度看,国际排名的存在和大学对国际排名的过度追求强化了大学的自私倾向。国际排名的存在激惹了大学作为一个群体的自私,大学为了获得好的排名可以牺牲本性,违背伦理要求。一句话,大学德性的遗失,包括大学自私的膨胀、成为国家利器、官僚化、部落化等都与大学间的比拼与排名有直接或间接的联系。

2. 物欲时代

现代工业文明以前的时代,由于物质匮乏,几乎所有的社会和文化都营造了一个彼岸世界,将人的注意力从物质世界引开。用"心仪彼岸"来克制"心仪物质"的文化导向几乎贯穿于所有宗教之中。与这种文化导向相呼应,节制、中庸、审慎等德性一直是"典范的人之存在的一个特征"②。与人类历史上一直对欲望之魔保持高度戒备的传统迥然不同,现代工业文明"以世俗文化的姿态去拥抱、发掘、钻研它,逐渐视其为创造的源泉"③。现代化首先是世俗化,即将人从心仪彼岸的心路上拉回到世俗生活之中,将注意力转移到世俗的物质享受上。正是这一转向,激

---

① 美国国家教育优异委员会. 国家在危急中:教育改革势在必行 [M] //瞿葆奎. 教育学文集·美国教育改革. 北京:人民教育出版社,1990:588.
② 赫费. 作为现代化之代价的道德——应用伦理学前沿问题研究 [M]. 邓安庆,等,译. 上海:上海译文出版社,2005:142.
③ 贝尔. 资本主义文化矛盾 [M]. 赵一凡,等,译. 北京:生活·读书·新知三联书店,1989:65.

发了资本主义的极大发展，所以很多人认为欲望和贪婪是资本主义发展的主要动力。

按照贝尔的观点，人类有不同的活动领域，包括技术经济领域、政治领域和文化领域，而不同的领域有不同的轴心原则、模式、结构和价值观。在一个物欲时代，技术经济领域的逻辑成了霸权，渗透、蔓延到包括文化在内的其他领域，"资本主义是经济文化体系，经济上围绕着财产机构和商品生产建构起来，而文化基础则是以下事实：交易关系，即买卖关系，渗透进社会的大部分领域"[①]。大学作为文化机构，同样没有能够抵挡交易关系的渗透，也日益市场化、商品化了，变成了徒有大学之名的商业机构。

作为商业机构的大学与作为文化机构的大学是根本不同的两种社会机构。作为商业机构的大学，以求利为目的，"其身"已变，更不用说伦理上的善。为了获利，这样的大学可以主动迎合社会欲望，使自己和社会形成"无缝对接"；为了获利，这样的大学可以主动向政府和国家机构"投怀送抱"，成为政府或国家机构的欲望工具；为了获利，这样的大学可以不顾学术规律和道德，对外进行"公关"、排挤、笼络，形成学术山头，对内进行商业化管理，逼迫教师多出产品；为了获利，这样的大学鼓励、支持、怂恿各种不计后果的研究，对学术腐败、学术不端采取鸵鸟政策……总之，大学德性遗失的背后，都有商业化的影子。

既然大学成了一个商业机构，公众就会以消费者的眼光来看待大学，结果是，学生及其家长与大学的关系，"正逐步演变为消费者与出售昂贵商品和服务的卖主之间的关系"[②]。这样一来，改变的不单是大学与学生的关系性质，还包括学生上学的目的：学生花钱上学不是为了探求知识和真理，而是为了得到职业回报。虽然有悖大学的德性，但从学生的角度看，这样的要求一点都不过分，大学对这一点心知肚明，也在竭力予以满足，结果就是大学教育职业化。大学不是不能为学生的职业生涯做准备，但如果完全以职业教育为旨归，大学也就不成其为大学了。雅斯贝尔斯指

---

① 贝尔. 资本主义文化矛盾 [M]. 赵一凡，等，译. 北京：生活·读书·新知三联书店，1989：12.

② 刘易斯. 失去灵魂的卓越：哈佛是如何忘记教育宗旨的 [M]. 侯定凯，译. 上海：华东师范大学出版社，2007：4.

出，大学如果沦为"由彼此孤立的职业训练学校组成的集合体"，或者变成"一个分门别类的智力商场"，"那大学就只有分崩离析这一条路可走"①。

既然大学是商品和服务的出售者，那么只要负担得起，每个人都可以上大学。从大学的角度看，大学也愿意招收更多的学生以获取更多的利益。也就是说，大学的商业化和大众化是纠结在一起的。而大学的大众化，其效应同样是多重的。单就消极方面而言，大众化有易于滑向平庸化的一面，因为"批量生产"的只能是标准化、平均化的产品，这是其一。其二，大众化改变了大学教学方式，大学开始倒向类似于中学的、传授式的教学方法，因为这样的方法是相对"高效"的。其三，大众化还导致了大学科研和教学关系变化，使教学从科研中漂移出来。因为作为消费者的学生众多，所以需要有专门从事教学的教师，大学教师队伍由此分化，教学也由此游离于科研。但"科研与教学的结合是大学至高无上而不可替代的基本原则"②，且不论这种分离带来的诸多后果，这一基本原则的丢失本身就是对大学德性的违背。

3. 专业化的代价

现代分工对现代社会，尤其是对现代经济的贡献无法估量。同时，现代分工也使现代人从事无巨细的繁杂劳动中"脱域"（吉登斯语）出来，只专心做好自己的"那一份事情"，起到了解放人的作用。但精细分工在解放人的同时，也在"毁坏"人，用雅卡尔（A. Jacquard）的话说就是精细分工制造了"孤立的个体""残废的个体""失望的个体"③。

与社会分工遥相呼应的是大学的专业化。学科越来越分化，已经到了无以复加的程度。以现代医学为例，研究眼睛的不同方向不知道有多少，且彼此互不相通，你研究的东西我不懂，我研究的东西你也不懂。这样一

---

① 雅斯贝尔斯. 大学之理念 [M]. 邱立波，译. 上海：上海人民出版社，2007：122.
② 雅斯贝尔斯. 大学之理念 [M]. 邱立波，译. 上海：上海人民出版社，2007：73.
③ "孤立的个体"是指精细分工使人们局限于自己狭小的专业领域，越来越难以与专业外的人进行沟通；"残废的个体"是指精细分工使人只具有专业特长，特长之外的基本能力严重衰退，变得"单面、残废"；"失望的个体"是指细碎的分工使多数人看不到自己在最终产品或某项任务中的作用，觉得自己可有可无，什么也没做，没有成就感。参见：雅卡尔. 科学的灾难？一个遗传学家的困惑 [M]. 阎雪梅，译. 桂林：广西师范大学出版社，2004：20.

来，不要说学科间，就是学科、专业内部的沟通与承认都是非常困难的，"在大多数专业中，约有一半的从业者通常甚至不相信另外一半人跟自己同属于一个领域"①。经常听到一些从事自然科学的学者夸耀，自己所做的方向"全国能懂的人不超过 20 个""全世界能懂的不超过 100 个"，等等，这样的说法也许并不确切，但却能从中折射出专业化的极端性。

专业化与大学的部落化有着直接的关联。大学之所以有存在的必要，一个很重要的原因就是将不同学科专业的学者会聚在一起形成学术共同体。而极端专业化对大学学术共同体的损害是致命的。在高度专业化的时代，似乎每个学者都行走在无垠的黑暗里，能看到的只是自己的专业"手电筒"所能照到的那一小片天地，彼此之间没有共通与交会，无法交流。另一方面，各个专业所创造的专门术语犹如一块块红砖，在彼此之间砌起了高墙，使得跨专业的理解如此之难。如果说社会的精细分工造就的是"孤立、残废、失望的个体"的话，那么，极端的专业化造就的则是"孤立、残废、失望的学者和学生"，导致学术共同体的分崩离析。

极端专业化对大学德性的损害是多方面的。第一，由于专业等级的存在和专业回报的不同，热门专业会遭到"哄抢"，而人文学科不可避免地会受到冷落。对热门专业趋之若鹜与大学教育的商品化有千丝万缕的联系，而人文学科受冷落不单削弱了专业间的共同价值基础，还会导致一些专业因为缺乏人文关怀而误入歧途。第二，专业化还导致了师生关系的变异。从大学教育自身的规定性出发，教师应该关注的是学生整个个性的发展，教师和学生之间是一种完整的人与人之间的关系。如今的专业化，使得师生关系发生了根本性的变化，教师不关注学生的整体个性，关注的只是专业知识，学生面对的也不再是作为整体人的教师，而是一个个来自不同领域的"专家"。第三，专业化还削弱了大学教师对大学的忠诚。为了在自己的专业领域出类拔萃，大学教师需要更多的经费支持，而大学在这方面远远比不上政府机构和商业组织。"有奶便是娘"，提供经费的政府机构和商业机构自然会与大学分享教授的忠诚。在这种情况下，大学即使有独善其身的心思，也无法阻挡政府机构和商业组织的釜底抽薪，因为教授们已经纷纷效忠于它们。从这个角度讲，专业化与大学倒向国家利器、

---

① 布卢姆. 美国精神的封闭 [M]. 战旭英，译. 南京：译林出版社，2007：309.

被商业机构所渗透都有直接或间接的关系。

需要说明的是，大学德性的遗失，其原因是非常复杂的，可以说是"现代性的后果"（吉登斯语）。除了上述三个方面的原因之外，还有自然科学的"一枝独秀"、现代传媒的无孔不入、政治和文化传统对大学德性的排斥等原因。自然科学的独秀于林，导致大学内外生态的变化与失衡，包括学科专业关系、教学与科研关系、师生关系、大学与国家及社会关系等的变化与失谐，与大学德性的遗失密切相关。现代媒介的铺天盖地导致大学成了舆论的关注点，大学曝光于社会公众的注视之下，使大学无法与社会保持应有的距离，增大了大学独善其身的难度。一些国家和地区没有大学文化传统，大学理念又不见容于现有的政治环境和文化环境，导致这些国家和地区的大学"名虽在，而实不存"，比如，一些专制国家的大学从创办开始就是政府的御用机构。

如上所述，大学德性的遗失是正在发生的事实。大学如果继续沿着这个方向运行，再过不长时间，比如20年、30年，这个世界上还有我们所理解的大学吗？这本身就是深重的危机。但更深重的危机在于如今的大学并未意识到危机的存在，或者不以危机为危机，甚至认为大学摆脱了过去的道德负累，正轻装走在繁荣的康庄大道上。更令人悲观的是，即使大学已经意识到了危机的存在，但导致危机的原因却又是那样来势汹汹、不可逆转，全球化、商业化、专业化都是不可阻挡的时代潮流，大学的反抗只能是螳臂挡车。大学遗失的德性能失而复得吗？有太多令人悲观和绝望的事实。但大学毕竟是大学，不能低估大学的潜能和创造力，也许，我们还可以抱有一丝希望！

第十二章 现代教育的"幸福追求"

幸福（eudaimonia），就是活得好，活得欣欣向荣，这大概是深埋在每一个人灵魂深处的一种"本能欲望"，因此，"人类的在世方式是一种包含了幸福观的在世方式"①。在人类发展的各个阶段，尽管存在着路径与方式上的差异，幸福问题一直都是人类的主要关切。这种关切不仅体现在生产和生活之中，也贯穿于教育活动之中。教育与幸福是密切关联的，教育以促进幸福为目的，"一种好的教育应该极大地促进个人和集体的幸福"②。在这个意义上，我们可以说教育是人类追求幸福的一种活动方式。

幸福是人类的永恒追求，但不同的时代有不同的幸福观，有不同的幸福追求。与此相应，不同时代的教育也有不同的幸福观，有不同的幸福追求。那么，现代教育抱持何种幸福观、有什么样的幸福追求呢？

一、现代教育的"幸福公式"

1. "明天的幸福"

现代社会及其教育的幸福观是在反对中世纪幸福观的基础上建立起来的。按照基督教的观念，现世没有真正的幸福，那只是一个赎罪的痛苦过程，真正的幸福就是死亡，就是告别尘世升入天堂。现代思想将这一幸福观概括为"被来世魅惑的今生"，竭力将幸福从虚无缥缈的天堂拉回到有血有肉的尘世。反讽的是，现代社会及其教育在反对这种幸福观的同时，

---

① 鲍曼. 被围困的社会 [M]. 郇建立, 译. 南京: 江苏人民出版社, 2005: 120.
② 诺丁斯. 幸福与教育 [M]. 龙宝新, 译. 北京: 教育科学出版社, 2009: 1.

并未完全摆脱其阴影，依然受其逻辑的笼罩。如果说基督教是"来世幸福观"的话，现代社会及其教育所持的幸福观则是"明天的幸福观"。一个是"被来世魅惑的今生"，一个则是"被明天魅惑的现在"，结构相同，逻辑相通，差别只是时间跨度的大小。

在现代教育的幸福词典里，幸福与当下的生活没有多少关联，幸福只在明天、只在未来。现在的生活与幸福无涉，其意义只在于为未来的幸福做准备、打基础。在这种幸福观念的支配下，一方面，幸福"被流放到了未来"，变成了一个遥不可及的目标；另一方面，本来连续的人生被人为地切割为现在和未来两个片断，现在成了未来的工具，成了美好未来的抵押品。现代教育的这种幸福观念几乎不需要论证，因为它就触目惊心地写在现代教育的面容上！随着电子媒介所导致的教师和学生两代人"不对称性"的消逝，学校的魅力和吸引力迅速消退，现代学校最值得骄傲、最拿得出手的东西大概也就是未来许诺了。现代学校给受教育者的是一块"幸福大饼"：顺利通过学校教育这一"幸福通道"，你就能获得受人尊敬的社会身份，就能获得一个回报丰厚的职业，就能获得保证幸福生活的财富。一句话，幸福就在明天，幸福只在明天。

"幸福大饼"不可能"得来全不费工夫"。要得到明天的幸福，受教育者必须牺牲今天的生活，从这个角度看，所谓"明天的幸福"也是一种"代价幸福"。为了这种幸福，学生的现在生活本身失去了意义，只在换取未来幸福的意义上才有价值。既然如此，现在的生活就无所谓品质了，起早贪黑，披星戴月，没有片刻休闲算不了什么；与世隔绝，题海战术，脸色苍白，过一种类似于囚犯的生活算不了什么；抓考试抓出血来，残酷竞争，无情体罚也算不了什么；身心压抑、精神抑郁、心理变异甚至变态也算不了什么，因为都是为了明天的幸福！"明天的幸福"暗含着一种"苦尽甘来"的逻辑，就是要拿今天的"苦"去换明天的"甘"，没有今天的"苦"，哪有明天的"甘"？我们常说，现在的孩子是幸运的一代，他们免于战火、饥荒、苦难，但为了"明天的幸福"，现代教育人为制造了多少痛苦和苦难？由此看来，"明天的幸福"既是一种"代价幸福"，也是一种"苦难幸福"。

2. 幸福："在外者"

幸福从来都有内在精神体验和外在客观条件两个维度。有学者将内在价值观念与人生意义为核心的幸福感称为"在我者",而把幸福的实际境遇、客观条件称为"在外者",对幸福的完整理解,在于"在我者"与"在外者"的统一。① 现代教育对"在我者"提不起兴趣,倒是对"在外者"兴致勃勃。

现代国家对教育的重视程度、投入力度超过以往任何时代。这是好事,也是坏事,因为现代国家对教育的重视与投入不是为了教育本身的发展,而是借助教育的力量实现国家目的,教育成了实现国家经济增长的工具。用努斯鲍姆的话说,现代教育是一种"为了盈利的教育"②。这种教育在基础教育阶段以标准化为特征,强调科技等实用科目,忽视人文艺术教育,要求学生具备基本技能和计算能力;在高等教育阶段,将大学变成"科技工厂""人才工厂",使大学成了彻头彻尾的"国家利器"。

现代国家在如此直接地将教育当作经济增长的工具的过程中,往往理直气壮,因为其信奉一个基本的"幸福公式":富足就是幸福,幸福就是富足。借助一切手段,发展国民经济,国强民富,使国民幸福,这是现代国家的义务,只有出色地承担这个义务,现代国家才能从国民那里获得忠诚。鲍曼说这是现代国家与其国民之间的一种"幸福协定":"普遍幸福的诺言,以及伴随时间的推移将有更多幸福的诺言,使现代国家参与了某种社会协定。国家答应交付货物,公民期望接受它们。作为对利益的交换,公民答应忠诚于国家,作为对自身服务的交换,国家期望公民遵守它的命令。"③ 从这个意义上看,现代国家与现代教育在幸福观上有着惊人的一致,都认为幸福是"在外者",幸福的条件等同于幸福本身。

对绝大多数受教育者来说,他们去学校接受教育不是为了精神的提升,而是为了得到物质的回报,也是"为了盈利"。对很多人来说,学校不是一个修身养性的地方,而是一个投资场所,上学就是投资,渴望得到的回报则是获得一个良好的职业前景,一个较高的社会地位,以作为满足物质享受、获得人生幸福的保证。对于大多数受教育者的这种"幸福渴望",作为教育机构的学校是了然于胸、全然赞同并竭力满足的:"我们

---

① 杨国荣. 伦理与存在:道德哲学研究 [M]. 上海:上海人民出版社,2002:262.
② 努斯鲍姆. 告别功利:人文教育忧思录 [M]. 肖聿,译. 北京:新华出版社,2010:13.
③ 鲍曼. 被围困的社会 [M]. 郇建立,译. 南京:江苏人民出版社,2005:138.

的社会简单地认为学校教育的目的就是经济的,即改进人们的经济状况,与促进国家的兴旺一样。为此,学生应该在标准化考试中表现优秀,进入好大学,找到高薪工作,可以购买许多商品。"①

现代教育将幸福理解为"在外者"的另一个证据是对"在我者"的忽视。现代教育本质上是指向外在世界、指向物质财富的,不是指向人本身、指向人的心灵和精神的。"教育的原则,是通过现存世界的全部文化导向人的灵魂觉醒之本源和根基,而不是导向由原初派生出来的东西和平庸的知识。"② 教育是灵魂的事业,但现代教育追求的是物质占有,忘记了灵魂。应该承认,现代教育在自身的逻辑上相当卓越,只是这种卓越是"失去灵魂的卓越"(刘易斯语)。对这一点,对现代学校稍有了解的人都会有直接的体会,一个显而易见的标志是人文艺术教育在当今的学校里要么地位江河日下,要么被实用学科的逻辑改造得"物是人非"。人文艺术教育本来是直指人的灵魂的知识领域,是帮助年轻一代"认识你自己"的得力方式。但人文艺术学科在当今的学校里是最"没有用"的,在经济不景气之时,或者教育受到经济等其他部门的非难时,总是担当替罪羊的角色,总是被排挤被削减的学科。备受排挤的人文艺术学科虽然在学校里还没有彻底销声匿迹,但勉强生存的代价是按实用学科的逻辑重新构造自身,也已经完成了功利化的"灵魂转向"。

3. 竞争幸福

如果是"在我者"的幸福,比如德性、爱、创造和卓越等,那就是无限的,不存在竞争的问题;而外在幸福指向的物质财富、客观资源在每个时代都是有限的,结果是"你的幸福"有碍于"我的幸福"之实现,幸福与竞争产生了联系,一种新型的幸福,即竞争幸福粉墨登场。所谓竞争幸福,就是将幸福奠基于战胜他人之上,获胜才有幸福,否则就是不幸。罗素说:"人们常说的生存竞争,实际上是追求成功的竞争。他们在竞争中感到可怕的,不是第二天早晨起来能否吃到早餐,而是他们将不能战胜自己的对手。"③ 在竞争幸福的逻辑中,物质财富(类似于"有早

---

① 诺丁斯. 幸福与教育 [M]. 龙宝新,译. 北京:教育科学出版社,2009:5.
② 雅斯贝尔斯. 什么是教育 [M]. 邹进,译. 北京:生活·读书·新知三联书店,1991:3.
③ 罗素. 幸福之路 [M]. 曹荣湘,等,译. 北京:文化艺术出版社,2005:9.

餐")已经无法保证幸福,唯一能够保证幸福的就是在竞争中胜出,获胜成了幸福之源。

获胜就幸福,失败就不幸,竞争幸福的逻辑必然导致病态的竞争。现代社会充满了病态的竞争,而学校的竞争有过之而无不及。实际上,求学的过程已经变成了血腥竞争的过程。对很多孩子来说,上学的"乐趣"就在于竞争,竞争成了生活的主调,成了求学生活的常规样态。"我愿考试简单到底,让我来个全班第一;我愿考试简单到底,让我重新找回自己。"① 只有"全班第一",才能"找回自己"!不是孩子愿意参与如此残酷的竞争,只是因为每一个孩子都被不幸的生活前景恐吓着、推动着,身不由己。"现在不好好学习,将来找不到工作看你怎么办!""现在笑嘻嘻,将来哭都哭不出来!"类似的话语就像孩子们每天必听的"经文",哪个孩子能逃过这些话语的"销魂蚀骨"?上学就如上战场,学生每天早早出门投入大大小小的"战斗",只许胜利、不许失败,否则一步跟不上就可能步步跟不上,后果不堪设想。就连在课堂上画张画、写段文字、唱首歌,教师不经意中挂在嘴边的话多是"看谁做得最好"。

从幼儿园到大学,从日常生活到学校制度化管理,现代学校里的竞争几乎无时不在、无处不在,竞争是现代教育真正的"主旋律",已经浸入现代教育的骨髓之中。现代教育的层级化为竞争提供了基本的架构,同一层级内的等级化在方便竞争的同时加剧着竞争,而考试和分数的盛行既是激烈竞争的结果,又推动着竞争的白热化。不但生活在火热竞争之中的受教育者将自身的幸福寄托在战胜同伴之上,就是教育机构本身,其"作为机构的幸福"也维系于竞争之中。一所大学,自身内涵与品性的提高或降低并不能带来"幸福"或"不幸",能否在竞争中战胜同序列的大学则是"幸福"或"不幸"的真实来源!

二、"幸福追求"与不幸制造

现代教育有自己的"幸福追求",或者说有自己的幸福定理。这本无可厚非,因为任何时代的教育都有自己的幸福定理。问题不在于是否有幸

---

① 非野,等. 校园 MTV [M]. 上海:上海人民出版社,2003:38.

福追求，而在于有什么样的幸福追求，或者说在于追求什么样的幸福。要知道幸福追求可以导向幸福本身，也可以导向一种"新型的不幸"——由不当的幸福追求导致的不幸。作为现代性的第一批批评者，卢梭早就洞察了这一现代性的悖论："我们为了增进幸福而产生的焦虑不安，反而把幸福转为不幸。"① 现代教育的这些幸福追求，真是滑入了卢梭所说的悖论，追求幸福变成了制造不幸，成了现代教育的"木马病毒"，既毁坏了教育，毁了幸福，更毁了教育中的人。

1. 被毁的今天生活

现代教育所信奉的"明天的幸福"看起来似乎很有魅惑力，实际上有无法克服的逻辑矛盾，经不起推敲，更可怕的是这种不合逻辑的幸福观所造成的灾难性后果。

"明天的幸福"首先不符合幸福逻辑。幸福具有直接性，"幸福是拥有健全生活的经验，是全部生活行为所追求的持续性状态，而不是一个漂亮的大结局"②。"明天的幸福"割断了幸福的持续性，将幸福理解为一个在将来才有结果的"赌局"，今天的生活成了明天幸福的"赌注"。这种幸福观，这种处理今天生活与明天幸福的教育方案，是不符合每一个人本能性的幸福追求的，"我们所受的教育要求我们推迟幸福，而我们实际需要的却是现在就得到幸福并且保持幸福"③。将幸福仅仅寄存于未来，不但压抑了受教育者"现在就幸福"的天然追求，还使当下的生活降格为未来幸福的"赌注"和工具，为教育悲剧与人生不幸埋下了祸根。结果是，幸福成了笼罩在今天生活上空的幽灵，使得孩子们的获取幸福之路变成了忍受痛苦、付出代价的过程。

"明天的幸福"也不符合人生价值逻辑。"生命的价值并不是靠它最后达到的目的，而是靠它整个的过程来决定的。个人的生命也是如此；童年和青年有价值不是因为它们导向成年，而是他们自身有价值，正像成年和老年也有自己的价值一样。"④ 童年与青年有自身的价值，它们不单是

---

① 麦马翁. 幸福的历史 [M]. 施忠连，等，译. 上海：上海三联书店，2011：215.
② 赵汀阳. 论可能生活 [M]. 北京：中国人民大学出版社，2004：23.
③ 克劳宁格. 感悟幸福——身心和谐的科学 [M]. 郑州：河南科学技术出版社，2009：13.
④ 包尔生. 伦理学体系 [M]. 何怀宏，廖申白，译. 北京：中国社会科学出版社，1988：272.

未来生活的准备；同样，童年与青年也需要幸福，它们不单是未来幸福的准备。认识到这一点并不难，可以说这已经是教育学的"老生常谈"。但认识到是一回事，在实践中做到则是另一回事。杜威在差不多一百年前就已经指出了仅仅将童年生活作为未来生活准备的不良后果，包括忽视儿童现有的动力，将儿童现在的生活动机排斥在教育之外；使教育的根基不稳，抵消了教育的效力；导致教育上的灌输、外铄、强制与惩罚等。① 可悲的是，杜威百年前所指出的问题，在21世纪的今天依然存在，甚至愈演愈烈！

既然今天的生活或者童年的生活是明天幸福的工具和手段，那么相对于目的，手段不但是次要的，而且可以"无所不用其极"，甚至可以人为制造苦难，或将今天的生活变成苦难。当我们将目光投向现实的教育，就能发现这不仅仅是一种合乎逻辑的推断，而且是活生生的现实。不是有全国知名的高中校长在全国性的电视节目中公然宣扬自己的办学理念就是"艰苦奋斗300天，换得人生幸福60年"吗？有多少孩子，在我们如今的教育体制下，被以明天幸福为目的所制造的苦难、痛苦折磨着，过着奴隶一般的生活？"在有些方面，今天比20世纪60年代还糟糕，当时改革者叫嚣着变革。标准化考试使一种已经灰暗的生活方式被再度恶化了。学生和老师陷入了一场异常严峻的反复堆砌那些容易考查的事实和技能的运动中了。"② 诺丁斯所讲的美国教育的这种状况，在包括中国在内的很多国家恐怕有过之而无不及。不错，苦难自有其价值，有人说没有苦难的人生就没有深度和分量，甚至苦难对幸福而言也不全是消极的，但无论如何，人为制造苦难和痛苦都是不人道、不道德的，这不是作为道德事业的教育应该做的事情。

偏激一点说，在拿"今天赌明天"的教育体制下生活的孩子都是不幸的。黑格尔说："那不幸的人就是这样的：他的理念、他的生命内容、他的意识财富、他的根本本质以某种方式处在他自身之外。那不幸的人对其自身而言总是缺席的，对其自身而言从来不是在场的。"③ 成为自己生活的主人，成为自己生活的在场者，这是获得幸福最基本的前提。而将今

---

① 杜威. 民主主义与教育［M］. 林宝山，译. 台北：五南图书出版公司，1989：51-52.
② 诺丁斯. 幸福与教育［M］. 龙宝新，译. 北京：教育科学出版社，2009：241.
③ 托马森. 不幸与幸福［M］. 京不特，译. 北京：华夏出版社，2004：2.

天抵押给未来的孩子们，正如黑格尔所说，他们的生命已经被拔根而起，被放在了当下生活之外，与自己离异了，不能过自己所要的生活，这恰是不幸的典型表现。

在明天的幸福幻想照耀之下，今天的普遍不幸似乎并不那么可怕。问题是，明天的幸福也并不那么可靠，在很大程度上只不过是一种虚无缥缈的幸福幻想罢了。"幸福最好不要被理解为一种寄希望于未来而获得的一种状态。当前的幸福与未来的幸福之间不是互不相容的，它甚至可能对未来的幸福产生重要的作用。"① 如前所述，幸福具有连续性，我们总是牺牲今天的幸福去渴求明天的幸福，却不知道不但今天的幸福可以延续到明天，今天的不幸也可以延续到未来。幸福有"惯性"，今天的幸福生活必然在一个人的心灵和人格之中有所沉淀，必定会形成一定的内在的幸福倾向，这些恰恰为明天的幸福奠定了内在基础。同样，不幸也有"惯性"，今天的不幸和痛苦也会在一个人的心灵和人格之中有所沉淀，对内在心灵习性产生这样那样的影响，为明天的不幸埋下种子。过去我们对此没有清晰认识，在心理学已经深刻揭示"童年阴影"的影响可以纵贯人的一生的情况下，依然犯这样的教育错误，实在是不可理喻。

2. 利益追逐的不幸

现代教育将幸福等同于幸福的条件，用幸福的物质条件替换幸福本身，使幸福追求"移形换位"为利益追逐。不可否认，幸福需要外在条件，一个赤贫的人根本称不上也无法自称幸福。但在基本的物质条件得到保证之后，更多的物质享受并不能带来幸福。大量的研究都发现了这个既在意料之中又令人惊奇的事实："在最近的几十年里，美国的人均收入有着明显的增加，但在同一时期内，那些认为自己'非常幸福'的人的比例却有所下降。"② 现代生活的客观事实已经无数次证明这一幸福观的荒谬性和欺骗性：物质财富并不能保证幸福，幸福与金钱并不直接相关。一方面，利益是"身外之物"，是获得幸福的手段，不是幸福本身，人们不太可能在物质利益中找到真正的幸福；另一方面，利益的多少是相对的、

---

① 诺丁斯. 幸福与教育 [M]. 龙宝新，译. 北京：教育科学出版社，2009：237.
② 弗雷，等. 幸福与经济学——经济和制度对人类福祉的影响 [M]. 静也，译. 北京：北京大学出版社，2006：86.

比较的，总赶不上自己的欲望，总觉得比别人的少，"在一个不太贫困的社会里，水和面包几乎从不缺乏，在最富裕的社会里，金子或奢侈品却总是不够"①。

社会和学校传递幸福依赖于财富的观念，即"钱多就幸福、钱少就不幸"的信条，不知道导致了多少不幸！如今的社会大众对一些"富二代"的空虚、冷漠、无聊、奢靡痛恨不已，这些人的表现再一次证明了物质和利益并不能直接给人带来幸福，驾驭不了，它还会将人推入不幸的深渊。如果我们的眼光放长远一些，现代人不都是"富二代"吗？人类经过了漫长的前现代摸索，为现代社会的飞速发展和"一夜暴富"奠定了基础，撇开贫富差距不谈，现代社会大多数成员都在享受着现代文明的物质成果，在这个意义上都是"富二代"。作为"富二代"的现代人与狭义的"富二代"一样，追求物质享受，患上了时代的"物欲症"（affluenza），将生命力仅仅铆钉在物质上，在很大程度上已经失去了对德性、爱、心灵和幸福的感受力和理解力，变得空虚、无聊、冷漠。

里茨尔洞察到一种有趣的现代现象，即一个历史上前所未有的富裕时代，一个经济全球化的时代，同时也是一个"虚无的全球化"的时代，现代人普遍存在着一种幻灭感与虚无感，体会到了世界、人、生活、生命的空洞化。②被物质利益所虏的现代人不但空虚，还被作为"万恶之源"（克尔凯郭尔语）的无聊上了身。在前现代时期，无聊只是那些拥有了远远超出所需物质条件的上层阶级的苦恼，不是社会的普遍现象。如今无聊已呈弥漫与泛滥之势，用史文德森的话说就是"无聊成了现代人的'专利'"③，与日俱增，世界也明显变得越来越无聊。

空虚、无聊的人显然不会幸福。那么，逐利的人为什么会变得空虚无聊呢？这里面有一些常常被现代人有意无意忽略的内在机制。首先是被物质欲望所控制，人成了欲望的奴隶，无法摆脱奴役状态。其次，沉醉于物质利益，将自己降格为欲望的容器，就会导致"自我的瘫痪和最终的毁灭"。再次，被物质包围，人性也就不可避免地被物性所渗透，人性就会物

---

① 孔特-斯蓬维尔. 小爱大德：人类的18种美德 [M]. 吴岳添，译. 北京：中央编译出版社，2006：36.
② 里茨尔. 虚无的全球化 [M]. 王云桥，等，译. 上海：上海译文出版社，2006：87.
③ 史文德森. 无聊的哲学 [M]. 范晶晶，译. 北京：北京大学出版社，2010：13.

化。最后，为物欲所累的人，对真善美等美好事物的感受力下降。[①] 所有这些机制，导向的都是人之为人的那些维度的消逝，使人远离人，与自己"离异"，人成了徒有其表的空洞存在，空虚、无聊是再自然不过且无法避免的结果。

逐利的幸福观毁坏的不但是自己的幸福，后代的生存与幸福条件也因此遭到了破坏。逐利替代幸福追求，其后果需要地球来承担。在这种外在幸福观的统治下，地球只是人们获取"物质幸福"的工具。为了所谓的幸福，我们这些"富二代"无节制地向地球索取，在短短的时间里耗掉了地球通过千百万年演化所积累的自然资源。自然资源其实是千百万年光能的沉淀与积累，是"古老的阳光"。现代人以幸福之名掏空了地球，使地球变得苍白、贫血，"古老阳光的末日"[②] 已经到来。不仅如此，现代人在"掏空"地球的同时，还"填满"地球，因为现代人追求幸福的代谢物——垃圾与废气需要安置、排放，地球已经不堪重负，环境已遭到严重污染。这真是悲剧，现代人通过逐利来追求幸福，使自己深陷于空虚、无聊的不幸绝境，如果仅限于此，那是现代人咎由自取，可问题是现代人在制造自身不幸的同时，也毁坏了子孙后代生存与获取幸福的基本条件！

3. "成功的暴政"所造成的不幸

每个人，包括未成年的孩子都必须投入竞争并在竞争中获胜，否则就是可悲的失败者，就不可能幸福，在这种逻辑之下，每个人都承受着"要么成功、要么失败"的两极压力，成功成了一种"暴政"，一种每个人都无法逃脱、无力反抗的"暴政"。

从幸福的历史来看，被"成功的暴政"所统治的竞争幸福是一种历史的倒退。一开始，幸福只是少数人的特权，"在整个人类历史上，作为至高的人生目的的幸福是最近才出现的。把幸福从一种珍贵的荣誉，节制地分配给正义之士的一种奖赏提升到人类个体的普遍权利，则是更近的事情"[③]。表面上，"成功的暴政"虽然没有否定追求幸福的普遍权利，但却

---

① 高德胜. 节俭·人性·教育 [J]. 高等教育研究. 2010（1）：19-23.
② 哈特曼. 古老阳光的末日：抢救地球资源 [M]. 马鸿文，译. 上海：上海远东出版社，2005：6.
③ 鲍曼. 被围困的社会 [M]. 郇建立，译. 南京：江苏人民出版社，2005：137.

提高了幸福的门槛，即成功才有幸福。实际上，"成功的暴政"已经剥夺了多数人的幸福可能，因为在竞争中获胜的成功者必然是少数，有时甚至只能是一个人。比如，在选拔、竞争笼罩一切的学校生活中，"失败的"总是远远多于"获胜的"，有时候甚至只有第一名才是成功的，其他都是失败的。由此看来，"成功的暴政"所推崇的幸福是以多数人的不幸为代价的，在追求幸福的同时，也在制造着不幸。

竞争幸福必然产生普遍的恐惧、焦虑甚至恐慌，因为他人的成功就意味着我的失败，我的成功则标志着他人的失败。每一个人都想成为成功者，每一个人都拼命地避免成为失败者。但现实是竞争中的成功总是有限的、少数的、偶然的，而失败总是无限的、多数的、常态的，于是对失败的恐惧、焦虑甚至恐慌不可避免。一个满怀恐惧的人不可能幸福，恐惧作为一种情绪，其对人的"把握"不是局部的，而是整体的。处在恐惧之中的学生，其整个生命存在都被恐惧"调谐"过了，恐惧成了生命的基调，整个生命都以恐惧为特征。焦虑是一种更具有主观性的恐惧，或者说是由恐惧引起的一种更深的恐惧，一种对想象性危险的恐惧，是自己对自己的恐吓。竞争幸福的"深入人心"，很容易让儿童陷入一种莫名的焦虑之中，感觉到失败危险无处、无时不在，草木皆兵、杯弓蛇影，缺乏安全感，求学生活变成了一种不堪忍受的折磨。恐慌则是一种突然而过度的情绪，觉得大祸临头，生活无法继续。每年有那么多的未成年人自残、自杀，就是这种恐慌状态的表现。

幸福虽然是个人的，但人不是孤立的单子化的存在，而是一种关系性的存在，因此，个人幸福必然有人际基础。"那幸福的生活伸展于事务、处境、各种人际和各种行为之间。一个人的幸福在这些跨度范围中展开。"[①] 幸福需要一个展开的人际空间，所以人际和美与良善一方面是幸福的前提条件，另一方面也是幸福的源泉，或者说就是幸福本身。脱胎于自然的人已经没有回头路可走，必须找到新的扎根方式，即扎根人间。将个体孤立、脆弱的身心安顿在一个良性的人际之中，在获得安全感、归属感的同时，也增强了自身的力量，这本身就是幸福实现的一种方式。对青少年来说，良好的伙伴关系对幸福的意义无可置疑。伙伴关系是儿童成长

---

① 托马森. 不幸与幸福［M］. 京不特，译. 北京：华夏出版社，2004：543.

过程中最重要的关系之一，在特定阶段其重要性甚至会超过亲子关系、师生关系。竞争幸福破坏的恰恰是幸福的人际基础，每个人面对的他人都是需要战胜的对手和敌人，他人是我的"地狱"，我是他人的"地狱"。在现实的学校环境中，同学之间的敌视、仇视、挤压甚至代替了同侪相伴、生命相依，生命过程中本应美好的经历与体验，变成了病态竞争的扭曲关系。

竞争幸福的另外一个后果是让人人只关注自我。处在竞争循环之中不能自拔的现代人，包括儿童，几乎个个渴望成功、唯恐失败，结果是自我成了衡量一切的尺度和标准，自我之外的事物都难入"法眼"，在这个意义上，现代人将自己囚禁于"自我的牢笼"之中。正如罗素所言："大多数人在监狱里是不会感到幸福的，这是他们的天性。但是，将我们紧锁在自身情感内的做法，何尝不是在建造一所更加糟糕的监狱呢？"[①] 幸福是一种神奇的人类现象：一方面，幸福是个人的；另一方面，幸福的获得往往在于我们消除了对自我的过度关注。竞争幸福引发的对自我的过度关注，在很大程度上是将我们推向不幸的深渊，真是一个滑稽的悖论！

关于教育与幸福的关系，是近年来教育研究的一个热点话题。遗憾的是，众多的研究都在论证教育的幸福功能。理想的教育，或者说教育的应然状态毫无疑问具有幸福功能，但仅限于此则是不够的，我们还应将眼光投向现实的教育，去审视现实的教育是在增进幸福还是在制造不幸。应该承认，前文对现代教育的幸福追求及其后果的揭示，是一种批判性视角。这一视角在于发现问题，不是简单地否定现代教育在一定程度上也有增进幸福的功能，也在增进着现代人的幸福。与从教育出发论证教育的幸福功能不同，这一视角是从幸福出发发现现代教育实际的"幸福贡献"。两种视角各有意义，前者可以启发现代教育尽可能发挥自己的幸福功能，后者则有助于现代教育改正自身存在的错误以增进幸福。如果前文对现代教育幸福观及其后果的批判有一定的真实性的话，那么由此牵涉出的问题则相当多，比如，现代教育的这些幸福观念是如何产生的，或者说是从哪里来的？现代教育如何才能摆脱这种幸福困境，走向真正的幸福道路？这些问题关涉的不仅是现代教育的内在价值追求和实践方向，而且也包括现代人追求幸福的方式的变革，所有这些都是现代教育研究的重大课题。而这正是本书的价值所在。

---

① 罗素. 幸福之路 [M]. 曹荣湘, 等, 译. 北京: 文化艺术出版社, 2005: 88.

第十三章 幸福·道德·教育

我们生活在一个人人追求幸福的时代，谈起幸福，每个人似乎都有话说。但要提起道德，则大相径庭，很多人都会避而不谈。热衷于幸福而避谈道德，大概是我们这个时代的一个显著特征。问题是，不谈（要）道德，我们还有资格追求幸福吗？不谈（要）道德，我们还配谈（求）幸福吗？反过来，道德是有碍还是有益于幸福？另外，幸福与道德都关涉着教育，都与教育有着"骨肉相连"般的关系。因此，幸福与道德到底是一种什么关系，它们与教育又是如何关联的，是我们这个时代迫切需要思考的问题。

一、幸福与道德的互通

如今的大众很容易将幸福与道德对立起来，好像二者势如水火。殊不知二者是互通的，这种相通性一方面表现在"幸福的道德性"，另一方面则表现在"道德的幸福性"。

人的存在是包含了幸福观的存在，幸福是人生的最高目的。从本意上说，幸福就是活得好，活得欣欣向荣。至于为什么要活得好，或者说为什么要追求幸福，则无须回答。苏格拉底说："无须去追问人们为什么渴求幸福，因为追求幸福就是最终的答案。"（Nor is there any need to ask a man desires happiness; the answer is already final）[1] 如果非要回答，那么我们只能说追求幸福是人的一种本能，幸福追求也可以说一种本能追求，当然，

---

[1] 乔伊. 柏拉图著作集（2）[M]. 桂林：广西师范大学出版社，2008：192.

这种本能不是生理本能，而是一种生命本能、精神本能。从价值论上看，获得幸福，生活得好，将人的生命力完美发挥出来，达到一种光辉灿烂的状态，对于人来说无疑是一种善，甚至可以说是"最高善"。道德以人道为根基，凡是对人真正"好"的，都是道德的，而幸福是最高善，对人来说是"最好"的，那么也就是最道德的。对于人来说，还有什么事情比幸福（活得好、灿烂花开）更好、更道德的事情呢？

在幸福的观念史上，亚里士多德将幸福视为完满德性（"幸福是灵魂体现完满德性的活动"①）的思想影响深远。在这个意义上，幸福与德性是直接相通的，幸福是完满德性的实现，完满德性的实现就是幸福。但需要说明的是，这里的德性（aretē），远大于我们今天所理解的道德德性。正如亚里士多德所言："人的德性就是既使得一个人好又使得他出色地完成他的活动的品质。"② 直接来说，这个意义上的德性实际上指人的卓越、人的优秀。当然，人的卓越与优秀必然也包括道德上的卓越与优秀。人的卓越意义上的幸福，如前所述，是最道德的，道德优秀意义上的幸福，就是道德本身。也就是说，完满德性意义上的幸福，与道德直接相通，差别只在"幸福是（最）道德的"和"幸福就是道德"。

幸福是现在的，也是未来的，具有未来属性，是驱动人们超越现实走向未来的强大力量。人们可以在现实中体验到幸福，但在幸福观念的映射下，现实永远都是不完美的，"幸福观念（特有地和无可救药地）是对现实的持续批判。相似地，幸福是对行动的召唤，是行动和无行动的提示者"③。作为完满生活的幸福是"进行时"，但更是"未完成时"，因为现实生活总是不完满的，我们需要在这种不完满中去追求并创造完满。追求幸福，不仅为我们提供了足够的行动动力，更直接召唤着行动，激发并促成着人性的完满实现，最大限度地发挥着人类的潜能，使人类一步步走向

---

① 一般将亚里士多德的幸福定义译为"幸福就是一种合乎德性的灵魂的实现活动"（苗力田. 亚里士多德选集·伦理学卷 [M]. 北京：中国人民大学出版社，1997），或"幸福是灵魂的一种合于完满德性的实现活动"（亚里士多德. 尼各马可伦理学 [M]. 廖申白，译. 北京：商务印书馆，2003），读来总有不能尽解之处，余纪元将其译为"幸福是灵魂体现完满德性的活动"（余纪元. 德性之镜：孔子与亚里士多德的伦理学 [M]. 林航，译. 北京：中国人民大学出版社，2009）似乎更为清楚。

② 亚里士多德. 尼各马可伦理学 [M]. 廖申白，译. 北京：商务印书馆，2003：45.

③ 鲍曼. 被围困的社会 [M]. 郇建立，译. 南京：江苏人民出版社，2005：120.

可能的卓越，而这显然具有道德性。

正是因为幸福观念的存在，不幸和痛苦才变得不可忍受。虽然不幸和痛苦与幸福一样，始终内在于生命、内在于人，有人甚至将真正的幸福理解为幸福与不幸的合理搭配，但人们对幸福的本能追求就意味着对不幸和痛苦的排斥。随着幸福意识的一步步觉醒和提高，我们对不幸和痛苦则更加敏感，克服不幸、减轻痛苦的能力也相应得到发展。显然，这一双向的过程不但促进了人类的发展和进步，更是一个人道的过程，具有道德性。

不幸与痛苦对道德具有腐蚀作用，因为非人道的东西往往使人对世界和人产生怀疑，不再相信美善价值，容易走向愤世嫉俗与自暴自弃，这一切都是走向不道德的诱惑。在这一维度上，幸福具有消除不道德隐患的功能，从反向实现了自身的道德性。

幸福除了具有消除不道德的功能之外，还具有对道德的涵养功能。"一个幸福的人几乎不可能是个缺德的人，幸福意味着他活得很愉快，而生活总是与他人共有的生活，因此他必定对人不坏。"① 人是关系性存在，他人既外在于我，又内在于我。一个人如果对他人不善，在一定意义上也是对自己不善。一个幸福的人，一个活得欣欣向荣的人，必然与他人有和谐的共同生活，必然善待他人，或者说，善待他人本身就是其活得好的一个重要标志。从这个角度看，人们在追求幸福的过程中，也是在实现着道德，追求幸福的过程，同时也是一个涵养道德的过程。

一个幸福的人，何止是对别人不坏，他也一定对自己不坏。人有多种维度，比如身体、生理、欲望、精神、理性、情感等维度，一个真正幸福的人当然不只在身体、生理和欲望上对自己不坏，在精神、理性、情感等方面也对自己不坏。那些只要前一个维度的人，往往活得物质、粗俗，不可能幸福，而那些在多维平衡中呵护精神、理性、情感的人，才是真正幸福的人。也就是说，一个幸福的人，往往对自己生命中那些异于动物的真正可贵的人性维度不坏。一方面，这一态度本身符合人道，具有道德性；另一方面，道德也内含于这些真正可贵的人性维度之内，对这些人性维度的善待，其实也内在地包含着对道德的呵护。

幸福具有道德性，道德也具有幸福性。首先，道德本身可以成就一种

---

① 赵汀阳. 论可能生活 [M]. 北京：中国人民大学出版社，2004：149-150.

幸福，即"道德的幸福"。道德的行为产生幸福，不道德的行为导致不幸，这是人类的一种道德直觉。这种直觉是以人性为基础的，"对于真正善良的人来说，对于意志完全由德性支配的人来说，有德性的行为始终是最大的幸福和喜悦"①。从逻辑上看，有德性（道德）的行为，实际上是实现道德上的"卓越"，符合幸福产生的基本结构。其他德性的完满是幸福，道德德性的完满当然更是幸福。从实质上看，有德性的行为是高尚的，这种高尚是人性中最优异部分的实现，能给人带来无与伦比的愉悦与幸福体验。

现实生活中总有人无法感受道德行为所带来的喜悦，道德行为有时候甚至会带来异常的痛苦，这是否构成对"道德的幸福"之否定呢？显然不能，一方面，一个真正有德之人是高尚事物的真正悦纳者，能否悦纳高尚事物反过来也是衡量一个人是否真正有德的标志。正如亚里士多德所说："不以高尚的行为为快乐的人也就不是好人。一个人若对公正地做事情不欣赏，就没有人称他是公正的人；一个人若对慷慨的事情不喜欢，就没有人称他是慷慨的人；其他德性亦可以此类推。如果这样，体现德性的活动必定自身是令人愉悦的。"② 由此看来，不是道德行为不能产生幸福，而是无德之人或者处在德性成长较低阶段的人体会不到其中的幸福。另一方面，确实存在着无德者"过得好"，而有德者"活得惨"的情况，这其中首要的问题是"好"与"惨"的标准问题。无德者往往能够获得很多利益和好处，我们能据此就判断其"过得好"吗？谁知道其内心真实的挣扎？同样，有德者有时候会因为自己的道德坚守而失去一些利益和好处，但人们能因此断定其"活得惨"吗？也许其内心的那份道德与精神愉悦是外人所无法体会的。还是孔子说得好："君子坦荡荡，小人常戚戚。"而且，"这些现象吸引人们如此多的注意、引起如此的义愤的事实看来正好说明：这些现象并不是常规，而是例外"③。如果符合常规，符合人性，就不会如此引人义愤，人们的普遍反应恰好从反面证明了"道

---

① 包尔生. 伦理学体系 [M]. 何怀宏，廖申白，译. 北京：中国社会科学出版社，1988：347.
② 余纪元. 亚里士多德伦理学 [M]. 北京：中国人民大学出版社，2011：84.
③ 包尔生. 伦理学体系 [M]. 何怀宏，廖申白，译. 北京：中国社会科学出版社，1988：243.

德而幸福"才是符合本性的，才是"常规"。

其实，道德的幸福性内在于幸福的自身结构之中。幸福的获得有一个看似矛盾的"悖论"："根本的幸福最有赖于对人和物的友善的关怀。"① 幸福是个人的，但又是对个人一定程度的"遗忘"，因为脱胎于自然的人要在人间扎根，使孤独脆弱的个体融汇于更为广大的事物，只有这样才能找到根本的幸福。耿耿、戚戚于狭隘的自我，幸福就成了虚无缥缈的镜花水月。走出自我，甚至一定程度地忘却自我，将自我融入更为广阔、深远的事物，从消极的角度看是对自身的"消解"，但从积极的角度看则是对自我表现的增强与提升，是将有限的个体投入无限的价值之中。正是在这个意义上，克劳宁格指出，"有德行的生活和无限的爱才能带来持久的幸福，使人感到越来越安宁和愉悦"②。

道德的幸福性还表现在道德可以为幸福提供一定程度的担保。人是一种具体的存在，存在着追求享受与快乐的本能。这本无可厚非，但如果没有道德的支撑，追求幸福则很容易与感性欲望的满足等同，导致人的放纵。另外，幸福内在地包含着幸运，且时刻受着不幸的威胁。幸福需要一定程度的幸运，但幸运则并不必然导向幸福，有时候幸运是对人一种巨大的考验，经受不住幸运的考验，则可能堕入不幸的深渊。这时候道德的力量显得尤其珍贵，正是道德这种心灵与精神的力量才能使人经受幸运的考验。

有幸运就有不幸，虽然道德不能改变不幸与灾难，但道德依然是人们面对不幸的可靠力量。苏格拉底因为有了无与伦比的道德力量，所以才能在面对死亡时依然"如坐春风"（见"格黎东"篇）。苏格拉底将德性视为幸福的绝对保证，相信德性可以抵御、超越一切不幸。亚里士多德没有这么绝对，他相信运气与外在善对幸福的工具与前提价值，但也同样相信道德是幸福中最为可靠的部分，相信如果一个人遭遇了诸多不幸与灾难，德性虽然不能保证其得到幸福，但至少能给其最低限度的保护，因为有德性的人因"灵魂的宽宏与伟大"能够"平静地承受重大厄运"③。

---

① 罗素. 幸福之路 [M]. 曹荣湘, 倪莎, 译. 北京: 文化艺术出版社, 2005: 48.
② 克劳宁格. 感悟幸福——身心和谐的科学 [M]. 范肖冬, 赵山明, 译. 郑州: 河南科学技术出版社, 2009: 15.
③ 亚里士多德. 尼各马可伦理学 [M]. 廖申白, 译. 北京: 商务印书馆, 2003: 29.

二、幸福与道德的相异

幸福与道德是相通的，但我们不能因此而忽视二者关系中相异的一面。如果没有相异的一面，幸福与道德就成了一回事，可以不加区分了。即使从最朴素的直觉来看，幸福与道德显然不是一回事。那么幸福与道德的不同在哪里呢？可以用一句话来概括：幸福比道德"宽广"，道德比幸福"坚强"。

幸福比道德"宽广"，首先表现在幸福的自足与道德的不自足上。正如苏格拉底、亚里士多德以及许多哲学家所揭示的，幸福是最高善，我们选择幸福不是为其他追求服务，而是因为幸福本身："幸福相比于其他任何事物，显得更是这样的事物。我们选择它，始终由于它自身，从来不是为了其他事物。荣誉、快乐、理性及各种德性，我们选择它们当然是由于它们自身（因为即使没有进一步的结果，我们也会选择它们），但我们选择它们也是为了幸福。因为我们认为我们是通过它们而幸福。相反，没有人选择幸福是为了它们，或为了其他任何事物。"[①] 从亚里士多德的这段话中，我们可以梳理出幸福与道德关系的两个维度。第一，比较起来，道德是特定目的，人们追求道德既是为了道德本身，又是为了幸福，但我们不能反推，因为人们追求幸福不是为了道德而是为了幸福自身，幸福是作为最高、最终目的而存在的。当然，我们并不能因此说道德是获得幸福的工具，因为道德本身就是幸福的重要组成部分，实现了道德，也就实现了一种"别样的幸福"。第二，道德是实现幸福的一种方式，但不是所有方式，或者说因道德而幸福只是幸福的一种，而不是所有幸福。如前所述，幸福是德性的完满实现，但德性有多种，伦理德性（道德）只是这诸多德性中的一个类型，伦理德性的实现是幸福，其他德性，比如思辨德性的实现同样也是幸福。亚里士多德甚至将由理论智慧和思辨生活所得到的幸福视为"第一等的幸福"，而把由实践智慧和品德实现而得到的幸福视为"第二等的幸福"。[②]

[①] 亚里士多德. 尼各马可伦理学 [M]. 廖申白，译. 北京：商务印书馆，2010：303. 这里的译文来自：余纪元. 亚里士多德伦理学 [M]. 北京：中国人民大学出版社，2011：45-46.

[②] 余纪元. 亚里士多德伦理学 [M]. 北京：中国人民大学出版社，2011：109.

与幸福的自足性相对的是道德的不自足性。道德于人来说异常重要，没有它人类马上就会陷入"一切人反对一切人"的地狱般的非人生活。但道德并不是一切，生命历程里仅有道德还远远不够，道德还不足以穷尽所有的生活态度。费希提出了这样一个有趣又有洞见的假设：假如有一根魔法棒，在它的指挥下，人类的每一个成员都信奉道德原则，人类又会是何种景象？人类将不再有战争、屠杀、罪行、暴力等人类始终无法摆脱的噩梦般的罪恶，但"关于生命的最为玄奥的问题，无一能够通过上述理想的实现得以解决"①。比如，道德的完满并不能阻止我们老去，死亡的问题依然无法解决；道德并不能解决情感问题，即使我们成了圣贤，也未必能如愿以偿获得美好的爱情……而诸如死亡、爱情之类的课题又与幸福密切相关，正是幸福追求所要解决的问题。

幸福比道德"宽广"的另一个表现在于二者关系的不对称性。如果说"一个幸福的人不太可能是一个缺德的人"这是一个"强判断"，那么"一个有德的人是一个幸福的人"则是一个"弱判断"。前一个判断之所以是"强判断"，在于这是一个事实或者说接近事实的判断，而后一个判断则是一个非事实或者应然判断。道德虽然是实现幸福的一种方式，但幸福牵涉的因素很多，道德这一单一因素不足以确保幸福，现实中确实存在着有德者"活得很惨"的情况，所以我们只能从应然的角度由道德反推幸福，即在价值上道德就是幸福，但事实上道德却不一定意味着幸福。所以，石里克说："我们的命题不可能宣称美德能担保一种幸福的生活，而只是说，它会导致生命中在给定的环境下可能达到最大幸福。"②

道德比幸福"坚强"，首先表现在道德在幸福构成中是一个稳定的、较少受外在干扰的因素。虽然也有"道德运气"（moral luck）的说法，但道德在很大程度上是人自身的选择和追求，是自身可以左右的。古罗马的智慧将事物分为"取决于我们的"和"不取决于我们的"，道德显然属于前者，"有一样东西，只有这一样东西，取决于我们、并不能被任何力量夺去：向善和遵从理性的愿望。……向善的愿望是每个人都可以在内部

---

① 费希. 什么是好生活 [M]. 黄迪娜，等，译. 长春：吉林出版集团有限责任公司，2010：11.

② 石里克. 伦理学问题 [M]. 孙美堂，译. 北京：华夏出版社，2001：148.

建构的不可攻陷的堡垒"①。道德不仅是取决于我的善,而且是诸善中比较坚固的一个。苏格拉底在雅典公民面前的申辩贯穿着这样一个观念:好人是无法伤害的。雅典人可以将他流放、处死,但无法伤害他的德性,"一个好人无论在生时或是死后都不会遇到不祥,神灵并不忽视他的幸福"②,相反,处死他是一个错误的决定,伤害的是这些法官们自身的德性。显然,苏格拉底所持的是一种"道德充足论",与我们的直觉有相当的距离,但从一个方面突出了道德的坚固性。比较而言,亚里士多德更为中道,他充分认识到"外在善"对幸福的重要性,但也承认道德在幸福中是一个最稳定的因素,因为与无常的运气不同,道德是自我可以掌控且持久的灵魂的功能。正是在这个意义上,亚里士多德将"稳定的好生活"(幸福)理解为建立在稳固品格基础上且按照这种品格来活动的生活。③

与道德的相对"坚强"对应的则是幸福的相对"脆弱"。与道德可以由人追求并把握不同,幸福从来都与"幸"(好运、运气、命运)不可分割地纠缠在一起。苏格拉底是较早在幸福问题上对运气说不的哲学家,但好人终究也是可以被悲惨的命运所伤害的,一个人无论德性如何光辉,如果悲惨的遭遇和各种厄运如影随形、挥之不去,我们很难说他是幸福的。亚里士多德充分认识到了幸福的这种脆弱性,承认外在善或者"幸运之善"(goods of fortune)的存在及其对幸福的条件与前提性意义。"缺乏某些外在善——例如,高贵的出身,有出息的子女,长相漂亮等——会损害我们的福祉。如果我们长得令人讨厌或者出身卑微,孤独,无子嗣,我们就不能完全幸福。要是我们的孩子或朋友是坏人,或者虽然很好却夭折了,我们的幸福就会减少。"④ 但这些外在善,不是个人所能控制的,有很大的偶然性,正是在这个意义上,我们说幸福有一定的脆弱性。

道德的"坚强"还在于道德是一个人享有幸福的资格。康德说:"道

---

① 费希. 什么是好生活 [M]. 黄迪娜,等,译. 长春:吉林出版集团有限责任公司,2010:186.

② 柏拉图. 柏拉图对话集 [M]. 王太庆,译. 北京:商务印书馆,2010:54 – 55.

③ 纳斯鲍姆. 善的脆弱性:古希腊悲剧和哲学中的运气与伦理 [M]. 徐向东,等,译. 南京:译林出版社,2007:458.

④ 亚里士多德. 尼各马可伦理学 [M]. 廖申白,译. 北京:商务印书馆,2010:24. 引用时根据余纪元的译文进行了调整。

德学就其本义来讲并不是教人怎样谋求幸福的学说,乃是教人怎样才配享幸福的学说。"① 由于实现幸福的路径不止道德一途,人在谋求幸福的过程中存在忘却、抛弃,甚至反对道德的可能。从个人的角度看,人是一种具体的存在,"如果缺乏必要的道德范导,则幸福往往容易与情感性欲望的片面追求相结合,从而导致感性的放纵"②。感性的放纵是幸福的异化,以人的完善为指向的幸福追求因道德的缺乏而走向自身的异化,正说明道德对幸福而言所具有的"资格性"。从人际的角度看,如果缺乏道德的范导,人在追求幸福的过程中则很容易自我膨胀,将自己与他人对立起来,甚至将他人视为自身幸福的工具或障碍,同样会走向幸福的异化。只有在道德的指引下,人才能扎根"人间",才能创造真正的幸福。

三、幸福、道德与教育的交融

幸福和道德都与教育相关联,但因为二者既相通又相异,其与教育相关联的方式也呈现出既相通又相异的特点。从教育目的的维度看,教育是既为幸福又为道德的,差别只在于"为幸福的教育"虽然也是为道德的,但又不仅仅是为道德;"为道德的教育"也是为幸福的,但又约束幸福。从存在形态上看,既存在着"幸福教育",也存在着"道德教育",二者都是人文教育,或者说都是教育的人文维度,既相互扶持,又有所不同;从教育过程的角度看,教育的过程既应该是幸福的("幸福的教育"),又应该是道德的("道德的教育"),但教育过程与幸福和道德的关联方式又有细微的差异。

长久以来,教育被其他社会强力所魅、所惑、所虏,一步步外在化,变成为经济、为利益、为社会、为国家的存在,遗忘了教育为人,尤其是为人的幸福这一根本目的。教育有政治、经济、社会等外在目的,但这些目的的实现一定得借助教育为人这一目的的实现,"为幸福的教育"才是教育的本相。说得透彻一点,经济、政治、社会的存在,归根结底也是为了人的幸福,与教育一样,也是人类谋求幸福的方式,"人类任何行为与活动都应该是促进我们自身与他人的幸福。任何宗教、道德、政治体制或

---

① 康德. 实践理性批判 [M]. 关文运,译. 桂林:广西师范大学出版社,2002:125.
② 杨国荣. 伦理与存在:道德哲学研究 [M]. 上海:上海人民出版社,2002:269.

教育机构都没有理由去追求自身的目标而牺牲人类的利益"①。如前所述，人类的存在方式是包含了幸福观的存在方式，幸福（活得好，活得欣欣向荣）追求是人类的"本能追求"，而幸福的实现方式则是"德性（卓越）的完满实现"。幸福的根源在于人的卓越，人类之所以"发明"教育，就是为了实现人的卓越，就是为了实现人的幸福。正是在这个意义上，诺丁斯说，"幸福和教育是密切关联的：幸福应该是教育的目的，而一种好的教育就应该极大地促进个人与集体的幸福"②。

人也是道德存在，因此，教育也是为道德的。在教育史上，有很长一个时期，道德几乎是教育的唯一目的，教育就是"道德教育"。中国儒家的教育理想是"成德"、"成人"，古希腊的教育理想与此相通，是"美德"与"至善"。教育史上的这一现象，当然是有原因的，一是因为古人对宇宙万物没有现代人的自信，或隐或显地觉得那是"不取决于人"的，人所能努力的地方是那些"取决于我"的领域，于是更多地"反求诸己"，通过提升自身的道德境界来获得作为人的尊严与幸福；二是因为道德与教育都是统治阶级维护自身统治的手段，统治者总是寄希望于道德和教育给自己的统治带来服从与稳定。近代以来，随着科学技术的飞速发展，智育在教育中的地位越来越关键，道德教育一统教育的局面被打破，直至今天道德教育在整个教育活动中被边缘化。但存在的并不一定是合理的，教育永远都应该有道德目的，正如杜威所说，学校教育如果认识不到社会所赋予的伦理责任，"就是不负责任和玩忽职守的。它不是在做使它所以存在而应该做和自称要做的事情"③。

教育既是为幸福的，又是为道德的，这里就产生了一个问题："为幸福的教育"与"为道德的教育"是什么关系？首先，"为幸福的教育"也是为道德的。教育是人走向卓越（实现幸福）的一种方式，其本身是对人性的丰富与完满，当然是善的，是道德的，正是在这个意义上，"为幸福的教育"也是"为道德的教育"，二者在这一点上实现了汇合与融通。正是由于幸福与道德的相通，"为幸福的教育"与"为道德的教育"在很

---

① 贝克．学会过美好生活 [M]．詹万生，等，译．北京：中央编译出版社，1997：10.
② 诺丁斯．幸福与教育 [M]．龙宝新，译．北京：教育科学出版社，2009：1.
③ 杜威．学校与社会·明日之学校 [M]．赵祥麟，等，译．北京：人民教育出版社，1994：144.

多情况下都是一体的，很难明确地区分开来。"教育是极其严肃的伟大事业，通过培养不断地将新的一代带入人类优秀的文化精神之中，让他们在完整的精神中生活、工作和交往。"① 如果这样来理解教育的话，我们就很难区分其是为幸福还是为道德，也没必要作这种区分。其次，不可否认，"为幸福的教育"不仅仅是为道德的，二者确也存在着不同。教育是人实现自身完善的一种方式，从这个角度看，教育具有善性，但通过教育实现的人的卓越不仅仅是道德的优异，因此教育善就不仅仅是道德善。有学者甚至认为教育善虽然包括道德善，但在本质上却是一种以求真为己任的"智慧善"："它通过知识传递使个体拥有智慧，找到自我发展的方向，又通过知识传递使社会充满智慧，找到社会相互团结的力量，促进社会利益的最大化。"② 从这个维度上看，"为幸福的教育"虽然也为道德，但又超越了道德。

反过来，"为道德的教育"既为幸福，又约束幸福。首先，"道德价值，与其他价值一样，其宗旨也是促进幸福人生或美好生活"③。道德是实现幸福的一种方式，"为道德的教育"通过对道德的培育实际上促进了幸福的实现。其次，正如单有道德对人来说还不充分一样，只有"为道德的教育"对幸福来说也是不够的，教育在为道德的同时还需要超出道德，从多种维度和路向增进幸福。最后，幸福比道德诱人，"为幸福的教育"也比"为道德的教育"诱人，教育很容易只为幸福而忽视道德。再加上我们这个时代幸福观念的外在化、竞争化，"为幸福的教育"很容易滑向鼓励物质、感官享受和战胜他人，实际上是在制造不幸。这样一来，"为幸福的教育"却变成了排斥道德且制造不幸。杜威对此有深刻的洞察："当整个社会都在崇尚'成功'人士，即崇尚那些因掌握了金钱或其他权力而出人头地、受人羡慕的人们时，宣扬谦逊朴实和自足自乐又有何用？"④ 从这个维度看，"为道德的教育"就为"为幸福的教育"提供了

---

① 雅斯贝尔斯. 什么是教育 [M]. 邹进，译. 北京：生活·读书·新知三联书店，1991：44.
② 王洪才. 教育是何种善——对教育善的本质的思考 [J]. 新华文摘. 2011 (16)：118 - 120.
③ 贝克. 学会过美好生活 [M]. 詹万生，等，译. 北京：中央编译出版社，1997：16.
④ 杜威. 新旧个人主义——杜威文选 [M]. 孙有中，等，译. 上海：上海社会科学院出版社，1997：102.

一种道德上的担保，使后者不至于迷失方向。

"为幸福的教育"只是幸福与教育相结合的一种隐含方式，除此之外，还存在着幸福与教育的直接结合方式——"幸福教育"，道德与教育的结合也是如此。在诺丁斯看来，"幸福教育"包括培育理解能力（以自我理解为核心，兼及对世界的理解）、关怀能力、美德、求知探索能力等①。由此看来，"幸福教育"内在地包含着"道德教育"，其本身就是宽泛意义上的"道德教育"，因为"幸福教育"的这些目标和内容，对人来说都是好的、善的。从严格意义上说，自我理解、关怀、求知探索等能力的培养，本身虽然不是"道德教育"，但都有助、有益于"道德教育"，自我理解能力、关怀倾向与关怀能力，甚至是智力发展都是道德成长的基础。正是在这个意义上，诺丁斯说"幸福教育"是道德生活与道德教育的"一个良好开端"②。真正意义上的"幸福教育"，即将受教育者的幸福渴求从物质享受引导到精神追求上，懂得幸福不是欲望的满足，而是与正义、尊严、爱、独立、奉献、美好、自由等崇高的情感与价值密切相连，本身就为"道德教育"奠定了一个价值基础。我们今天的道德教育所遭遇的困境就在于教育被错误的幸福观念所绑架，在追求功利和竞争的道路上高速奔跑，没有为道德教育留下价值基础和精神空间。当然，"幸福教育"与"道德教育"的不同也很明显，比如，良好的个性对幸福来说至关重要，所以个性培育在"幸福教育"中处在十分重要的位置，但我们一般不对个性作道德评价，个性不是"道德教育"的重要课题。

反过来，"道德教育"对"幸福教育"的促进作用及相异之处同样显而易见。第一，道德教育的诸多价值内容，比如美德、友爱、关怀、公正等不但具有幸福意义，其本身也是"幸福教育"的内容。"道德教育"也好，"幸福教育"也好，都应培养学生的"人性反应"（human response），包括"同情、动机移置（乐于帮助和与他人分享）、亲切、对残忍行为的愤怒和厌恶、宽容、乐于听取他人意见等"③，这些人性反应既是道德的基础，也是幸福的根基，对其的培养，既是"道德教育"，也是"幸福教育"。第二，"道德教育"活动满足的是人的精神需要，而这种精神需要的满足能给人带来一种巨大的幸福。马斯洛认为，精神需要的满足"有

---

① 诺丁斯. 幸福与教育［M］. 龙宝新, 译. 北京：教育科学出版社, 2009.
②③ 诺丁斯. 幸福与教育［M］. 龙宝新, 译. 北京：教育科学出版社, 2009：158.

时会更加迷狂、心驰神往，体验到更加高级的'幸福'（这个词表现力太弱）"①。有学者深刻揭示了道德教育增进幸福及其教育的机制，包括主体道德对象化：助人为乐；主体的德性：享用没有世界的"器官"；高尚的人生境界：审美愉悦等②。第三，道德教育虽然有幸福功能，但道德教育的关注点主要还不在幸福，而在道德，其幸福功能的实现只是一个间接的附带效应。第四，幸福教育的着力点主要是人，虽然有"集体幸福"的说法，但幸福主要是个人的，但道德教育的着力点既有个人的，也有社会的。在现实操作中，道德教育较容易以社会规范需要压制个体的道德需要，导致道德教育异化为对个体的压制与约束，走向幸福与幸福教育的反面。此时，幸福教育对人，尤其是对个人的强调，对异化的道德教育起着警醒和制约的作用。

　　幸福和道德都与教育过程相关联，或者说幸福与道德都对教育过程有自身的要求。"幸福的一个关键点就在于幸福不能仅仅通过好的结果来定义，而还必须由美好的行动过程来定义，否则不可能有幸福。"③ 幸福的这种过程性要求"为幸福的教育"，其过程本身也必须具有幸福性，否则就不可能实现幸福。也就是说，不仅要有"为幸福的教育"、"幸福教育"，还要有"幸福的教育"。"幸福的教育"即教育过程本身具有幸福性的教育，其实现取决于这一过程的性质。幸福具有自成目的性的特征，或者说幸福不是实现其他价值的手段，那么，"幸福的教育"就必须是本身具有魅力，本身就是目的，而不是实现其他目的的手段。教育是一种特殊的生活形式，从"幸福的教育"出发，这种生活就应该是欣欣向荣的生活，是"实现完满德性"的过程，既有智慧的迸发，又有道德的闪耀，也有人际和谐与关怀的温暖！

　　杜威说："我们必须看到，道德原理不是专断的，不是超自然的，要看到'道德'这个名词并没有标明它只属于生活中的一个特殊的区域或部分。我们需要将道德转译成我们社区（共同体，community）的条件和

---

① 马斯洛. 自我实现的人 [M]. 许金声，译. 北京：生活·读书·新知三联书店，1987：117.
② 鲁洁. 道德教育的当代论域 [M]. 北京：人民出版社，2005：93-97.
③ 赵汀阳. 论可能生活 [M]. 北京：中国人民大学出版社，2004：149-150.

各种力量,转译成个人的冲动和习惯。"① 由此可见,道德不是教育中的一个特殊领域,而是与教育的全部过程相关,道德对教育也有过程性要求,即"道德的教育"。"道德的教育"有不同的层次,包括"合乎道德的教育"、"不违背道德的教育"和"道德隐退的教育"等。"合乎道德的教育"是说教育的过程按照道德的要求展开。"不违背道德的教育"则是指教育的某些过程可以与道德无涉,但不能违背道德。确实,道德不是教育的全部,教育过程不可能,也没必要时刻将注意力放在道德上,但无论如何,不违背道德是一个最低要求。道德与教育相结合的这两种方式,随着结合的深入,就进入了另外一个层次:"道德退隐的教育"。在这种教育过程中,虽然道德隐身不见,但不是消失,而是"化"于教育活动之中,与教育过程实现了完美融合。这时候的教育是没有道德教育的,但却是道德教育的较高境界:"道德教育的首要措施就是不要进行道德教育,只要给孩子们提供安全、关照和爱心就足够了。"②

"幸福的教育"与"道德的教育"之间呈现出一种交叉融合的关系。"幸福的教育"追求教育自身的魅力,不将教育当作获得其他目的的手段,这本身就是"道德的教育"。一般而言,教育过程中幸福洋溢的时刻,也是道德光辉的时刻,只不过这时幸福是显身的,而道德是隐身的。另外,"幸福的教育"排斥外在强制、利益诱惑、病态竞争、苦难制造等教育运作方式,因为这些方式不但有违于教育的幸福性,也有悖于教育的道德性,在这一点上,"幸福的教育"与"道德的教育"又实现了汇流。在这个意义上我们可以说,在教育过程中幸福失落的时刻,也是道德黯淡的时刻。

---

① 杜威.学校与社会·明日之学校[M].赵祥麟,等,译.北京:人民教育出版社,1994:164.
② 德纳.享用道德——对价值的自然渴望[M].朱小安,译.北京:北京出版社,2002:158.

第十四章 人的尊严与教育的尊严

这些年来，尊严成了一个"热词"，频繁出现于政治人物、社会名人和普通大众的口中，不断见诸报端和各种新型媒介，形成了一个意味深长的"尊严现象"。一个事物成为"现象"，成为人们热议的话题，往往是因为该事物存在问题，所谓"缺什么议论什么"。同样，"尊严现象"的产生，不是因为我们在尊严上取得了空前成就，而是因为尊严还是问题。也就是说，"尊严现象"折射着尊严问题，意味着我们迫切需要改善尊严状况。

一、人的尊严及其获得

在汉语中，"尊"原为酒器，一种祭祀用的礼器，由此引申出高贵、显达、肃穆之意，与"卑"相对。"尊"用做动词时既有敬重、敬仰之意，也有遵守、遵从（同"遵"）之意。"严"字则既有威严、威信、畏惧之意义，又有紧急、猛烈、严酷之意。两个字合在一起，表达的是人（身份、地位）的高贵、受人敬重和不容侵犯。在现代汉语中，尊严被理解为"尊贵庄严、不可侵犯"。英语中尊严（dignity）一般指因品格的高尚、出身的高贵或地位的神圣而产生的威严、庄严与神圣不可侵犯。总起来看，无论中外，尊严的初始含义基本上都是指人的高贵、威严与神圣不可侵犯。

作为人类和社会现象的尊严为什么会产生呢？有客观和主观两个方面的原因。从客观上看，人类自从诞生的那一天起，就超拔于自然，在自然中卓尔不群，赫然挺立，成了"万物之灵"和生命高度的标杆。与其他自然生命相比，人具有无可比拟的优越性和高贵性。但高贵的人又相当脆弱——宇宙的无垠与浩瀚时刻诉说着人的渺小与无根，时间的无情与不可抗拒则耳语着人的有限与脆弱。不仅如此，为了克服这种脆弱所发明的"人造物"，虽然增强了人的力量，但也容易成为伤害人的存在物。实际上，自从人类诞生之日起，除了神秘的宇宙和自然之外，真正能给人以致命性伤害的只有人类自身及其创造物。人类尊严的需要，一方面反映的是人类相对于其他物种的尊贵性，另一方面则是对自我脆弱性的一种保护，使人免受同类的侵犯与伤害。

从主观上看，尊严源于人类的自我意识。"我们可以给人下这样一个定义：人可以说'我'，并知道自己是一个独立的实体的动物。"① 正是自我意识，使人"知道"（不一定是有意识的）了自己的尊贵与脆弱，意识到失去尊贵就是一种"降格"，是一种从人到物的贬低，意识到来自同类伙伴的认可之重要、伤害之严重，由此产生了维护自我、使自我免受伤害的本能性需要，"除了少数病态的人之外，社会上所有的人都有一种获得对自己的稳定的、牢固不变的、通常较高的评价的需要或欲望，即一种对于自尊、自重和来自他人尊重的需要或欲望"②。

1. 普遍性尊严与获得性尊严

思想史上，对尊严的理解有一个从获得性尊严到普遍性尊严的转化。尊严扎根于比较意义上的人类的高贵。与此一脉相承，古典时期，人们对尊严的理解也是比较意义上的，即将尊严与少数人所具有的优越性相联系，比如显赫的地位、高贵的出身、巨额的财富等。但这些均是人之优越性的外在表现，并不直接标示着人的卓越，所以很多思想者并不认同对尊严的这种理解方式。苏格拉底就是一个典型的例子。他衣着素旧，身无长物，却用自己的德性、卓越甚至牺牲来戳破尊严的流俗，其所树立的尊严之光华一直照耀到几千年后的今天及更远的未来。亚里士多德继承了这一思想，认为尊严是一种道德德性的实现，是去实现人性中高贵的部分，是让我们的行为符合"逻各斯"，听从灵魂中卓越部分的指引。一个积极追

---

① 弗洛姆. 健全的社会 [M]. 孙恺详, 译. 贵阳: 贵州人民出版社, 1994: 48.
② 亚伯拉罕·马斯洛. 动机与人格 [M]. 许金声, 译. 北京: 中国人民大学出版社, 2007: 26.

求自身德性实现的人才是一个有尊严的人。① 在尊严的思想史中，康德起到了承前启后的作用。一方面，他认为尊严是获得性的，"生命本身并无尊严，只有当生命作为自主的可能性条件时，才有尊严"②。康德的自主性不是自我放任，而是摆脱本能、实现道德上的理性自决，因此道德性才是尊严的根源，这与他的"有道德才配享幸福"的思想是内在一致的，"有道德才配享尊严"。因此，每个人都有自尊的义务，必须以符合道德存在者的方式去行为，避免以损伤、贬低或否定我们尊严的方式去行为。一个人只有积极地去实践并丰富人性中的这种道德性，他才是值得尊重的，受人性中崇高部分的驱使去行动是保护尊严的最佳途径。另一方面，康德认为每个人都有无可置疑的内在价值，永远都是目的，不是手段，"你的行动，要把你自己人身中的人性，和其他人身中的人性，在任何时候都同样看作是目的，永远不能只看作是手段。"③ 正是因为内在价值的绝对性，尊严又是绝对的、普遍的。现代社会继承并发扬了尊严的普遍性思想，将尊严上升到人权的高度，视尊严为每个人类成员理应普遍享有的一种基本人权。"不管每个人的个性如何，身心有无缺陷，也不管其对社会'道义'的价值有多大，他们每个人都拥有尊严。……人的尊严既非由国家，也不是由法律制度所创造并授予的，它所依赖的是人自身的主体性，所以，尊严是每个人应当享有的权利，而且优先于国家法律所规定的所有权利。"④ 普遍性尊严的思想，已写入了《世界人权宣言》："人人生而自由，在尊严和权利上一律平等。"

既然人人在"尊严上一律平等"，那为什么还有"让人民更有尊严"等颇为有感染力的说辞呢？一方面，人人有尊严是一种应然的价值预设，并不意味着实然的状态；另一方面，在我们将尊严理解为普遍性权利的同时，获得性尊严概念总是挥之不去，这说明在即使接受普遍性尊严理念的今天，获得性尊严依然有顽强的生命力，或者说，尊严要靠自己的努力去挣得的思想之根比普遍性尊严思想扎得更深、更久远。实际上，普遍性尊

---

① 张容南. 古典尊严理念与现代尊严理念之比照[J]. 华东师范大学学报（哲学社会科学版）. 2011（3）：28-33.
② 甘绍平. 人权伦理学[M]. 北京：中国发展出版社，2009：151.
③ 康德. 道德形而上学原理[M]. 苗力田，译. 上海：上海人民出版社2005：48.
④ 恩德勒，等. 经济伦理学大辞典[M]. 王淼洋，等，译. 上海：上海人民出版社，2011：324.

严虽然是普遍的，是人类成员人人可以享有的，但人类比较而言的优越和高贵不是凭空而来的，也是人类从古至今坚持不懈的共同努力的结果，在这个意义上，普遍性尊严也是一种获得性尊严。作为人类共同努力所获得的普遍性尊严可以让渡或者说"预付"（赵汀阳语）给每一个人类个体，因为"每一个人都代表着全人类。他是人种的一个特例。他是'他'，且他是'全体'；他是具有他的独特性的个体，在这一点上，他是唯一的，而与此同时，他是人类全部特征的代表。他个人的人格是由对所有人都共同存在的人的独特性所决定的"[1]。既然每一个人都代表着人类，人类所"挣得"的尊严理所当然为每一个人所享有。反过来，如果你侵犯一个人的尊严，在其代表人类的意义上，你实际上也是在冒犯人类的尊严。

由此可见，尊严具有二重性。一方面，人的尊严是普遍性的，标志人之存在地位的基本尊严，是平等授予每个人类成员的，具有平等性、客观性和绝对性，不可废弃、不可让渡、不可替代、不可剥夺，是"人之为人"的普遍标志。另一方面，在普遍性尊严的基础上，每一个人的尊严又是独特的，是"我之为我"的特殊标志，是靠个人的努力"挣得"的，具有差异性、主观性和相对性。没有普遍性尊严，那是对人类整体努力的蔑视和存在地位的冒犯，但如果只有普遍性尊严而没有个人获得性尊严，则是对个人努力的蔑视，是对卑下与平庸的奖励和对高尚与卓越的贬低。实际上，人类高贵地位的获得，也是基于每个个体"挣得"尊严的努力，正是每个个体克服卑下、获取自身尊严努力的合力形成了人类整体向上发展的驱动力并使人类卓尔不群。

2. 自尊：尊严的自我维护

对于个人来说，获得性尊严的实现有一个双重机制：自尊与尊重。自尊是尊严获得的内在因素，也是康德所说的每个人的内在"义务"。如前所述，从根源上看，尊严是有意识和自我意识、既高贵又脆弱的人的一种自我维护。既然是一种"自我维护"，显然首先是个人自身的义务。从这个角度看，尊严首先就是自我尊重（自尊）。在罗尔斯看来，自尊是一种"基本善"，包括一个人对他自己的价值感、善的观念和实现自己生活信

---

[1] 弗洛姆. 为自己的人 [M]. 孙依依, 译. 北京：生活·读书·新知三联书店, 1988: 54.

念能力的自信。① 作为自我维护的自尊,维护的不是别的,而是人自身的价值感。"我们人人都有一种天生的感觉,觉得不管我们的具体特征和地位怎样,我们都有同样的内在价值。"② 这是人作为人的一种共通性、直觉性的价值感,除此而外,人的内在价值感还来自于每个人对自己独特性与不可替代性的自信。自尊首先要维护的就是这种内在价值,这是人作为目的的直接标志,失去这种价值,人就会沦为可替代甚至是可废弃的工具。这个意义上的自尊,其对立面就是自卑,即由自我内在价值感的迷失而导致的羞耻和挫败感。而自卑的后果非常严重:"没有自尊,那就没有什么事情是值得去做的,或者即便有些事情值得去做,我们也缺乏追求它们的意志。那样,所有的欲望和活动就会变得虚无缥缈,我们就会陷入冷漠和犬儒主义。"③

人是复杂的存在,有多种倾向,而"每一个倾向都朝向外部,朝向外部世界的无论什么可以影响我的东西,从自我探身出去"④,在这种意义上,人的每一种倾向都面临着诱惑。所有倾向之中,源于自然生理的本能性倾向最为坚固,因此与其相关的诱惑也最强烈。但人之为人就在于人虽然受限于本能又能超越本能,否则就没有尊严可言,"通过道德力量统治本能,是精神的自由,而精神的自由在现象中的表现就叫尊严"⑤。作为自我维护的自尊,在这个意义上维护的是自身的善与好,或者说是对自身善良与道德性的维护。我们常说,一个有尊严的人很"爱惜自己的羽毛",这里的"羽毛"当然不是这个人的外表和服饰,而是他的品质,或者说是他对自身作为"好人"的定位。正是在这个意义上,自尊具有很强的道德属性,可以说是针对自己的道德要求,是对道德自我的维护。苏格拉底宁愿赴死也不愿逃狱偷生,就在于高度自尊的他宁愿"遭到不公正的待遇而死",也不愿意"无耻地以不义报不义"(《格黎东篇》)。阿伦特将苏格拉底的这种自尊(宁愿遭遇不义也不行不义)视为"全部道德哲学的根本假设",因为有自我意识的人是"二而一"的,"如果你行

---

① ③ 罗尔斯. 正义论 [M]. 何怀宏,等,译. 北京:中国社会科学出版社,1988:427.
② 福勒. 尊严的提升 [M]. 张关林,译. 上海:上海人民出版社,2008:17-18.
④ 阿伦特. 责任与判断 [M]. 陈联营,译. 上海:上海人民出版社,2011:64.
⑤ 席勒. 审美教育书简 [M]. 张玉能,译. 南京:译林出版社,2009:272.

不义，你就与一个不义的人生活在一起"①，这对一个正常的人来说，是最不可忍受的，谁愿意与卑下的叛徒为伍呢？所以，自尊的对立面是自轻自贱，或者说是堕落。自轻自贱是对自己道德性、美好与善良（人之为人的标志）的放弃，所以这种放弃也就是对自我的背叛。

自尊不仅是对自身善与好的维护，而且是对理想自我的追求。库利指出，自我尊重，其实是对一个理想自我的渴望，"它是人们渴望的更好的自我，不是现在状态下的我；是从生活中创造出来的最好的我"②。也就是说，自尊是在维护自身美好一面的同时追求更好，在这个意义上，自尊实际上也是自我教育，是人不断提升的内在动力。

3. 尊重：尊严的实现

尊严是一个关系范畴，单单自尊构不成尊严，还需要来自他人和人际的认可与尊重。从自然中"拔根"的人无法再返归自然，必须找到新的扎根方式，否则人的生存就是一项无法忍受的煎熬。正如弗洛姆所说："人从那标志着动物存在的与自然统一的原始结合中分裂出来。由于他既有理性，又有想象，他意识到了他的孤独与分离、他的无力与无知，以及生与死的偶然性。如果他找不到与同胞相连的新联系，以取代受制于本能的旧联系，那么，他一刻也不能忍受这种存在状态。"③那么，新的扎根方式是什么呢？或者说人从自然中拔出的根要扎在哪里呢？拉丁文"生活在人中间"（inter homines esse）就是活着，而"不再生活在人中间"（inter homines esse desinere）就是死亡。④"活着"就是扎根人间，舍此别无他处，否则只能死亡。对个人来说，扎根人间，一个明显的标志是得到他人或群体的认可与尊重，否则其就是无根的，处在无处安身立命的被剥夺的悲惨境地。亚里士多德说人不同于神，天生就是政治动物，需要在城邦（共同体，人间的一种形态）中生活，本性上脱离这种生活的人，只能是"卑贱的鄙夫"⑤。从这个角度看，尊严来自人的一种基本需求，即

---

① 阿伦特. 责任与判断 [M]. 陈联营，译. 上海：上海人民出版社，2011：72.
② 库利. 人类本性与社会秩序 [M]. 包凡一，等，译. 北京：华夏出版社，1999：171.
③ 弗洛姆. 健全的社会 [M]. 孙恺详，译. 贵阳：贵州人民出版社，1994：23.
④ 阿伦特. 精神生活·思维 [M]. 姜志辉，译. 南京：江苏教育出版社，2006：80.
⑤ 亚里士多德. 政治学 [M]. 颜一，等，译. 北京：中国人民大学出版社，2003：4.

获得他人与群体认可、接纳、尊重的需求。

尊重意味着对"他人价值的关切"（regard for the worth of someone）[1]，包括对他人内在价值和基本权利的认可与接纳，对他人社会贡献的重视。霍耐特说，承认是尊重的初始状态，即将面对的他者当做一个与自己一样的人来认识[2]，也就是我们通常所说的"把别人当人看"。一旦我们做到这一点，我们就认可了他者与我同样的内在价值，接纳其作为与我一样有人类基本特性的成员。人始终是群体性的，所谓"人以群分"，其实更是"人以群在"。人类是最大的"群"，"把别人当人看"或"别人把我当人看"是最大也是最宽泛意义上的接纳。除此之外，还有层次、种类多样的"群"，因此，认可与接纳也就不单单是发生人类层次上，也发生在由此而下的包括国家在内的各种层次上。现代国家将其对国民的认可与接纳以权利的形式在法律中进行"一揽子"解决，但这种高效、简洁的尊重方式缺陷也非常明显——体现在法律条文中的权利与得到实际落实的权利之间永远有一道不可填平的鸿沟，无论是社会机构还是个人，都存在着不尊重他人权利的可能与现实。

认可与接纳意义上的尊重，其对立面是蔑视。蔑视实质上就是无视（不认可）或者轻视（降级认可）他人的价值和权利，形式上则多种多样。比如，肉体虐待，这种蔑视形式是对人一种极端的否定，不但否定一个人对自身肉体的自主性，还否定一个人内在的价值性。第二种蔑视形式则是带有排斥意味的否定，社会学上叫"倭化"，即将他人视为与己不同的人，这不是尊重别人的个性，而是意味深长地将自己作为正常人的标准，而将他人视为"另类"，打入"另册"。

既然认可他人是与我一样的人，我有权安排自己的生活，我的自主不容干涉，那么，他人也同样有权安排他的生活，他的自主同样不容干涉，因此认可还意味着不干涉他人自主。弗洛姆对尊重的理解深富启发性："尊重这个词的出处就是有能力实事求是地正视对方和认识他独有的个性。尊重就是要努力地使对方能成长和发展自己。"[3] 让我成为我自己，

---

[1] Thomas Lickona. Educating for Character: How Our School Can Teach Respect and Responsibility [M]. New York: Bantam Books, 1991: 43.
[2] 霍耐特. 为承认而斗争 [M]. 胡继华，译. 上海：上海人民出版社，2005：119.
[3] 弗洛姆. 爱的艺术 [M]. 李健鸣，译. 上海：上海译文出版社，2008：26.

是我们对别人所要求的尊重;接受别人的真实个性,让别人成为他自己,成为他想成为的样子,则是我们对他人的尊重。弗洛姆将尊重理解为爱的一个环节,因为尊重符合爱的本性,"真正的爱蕴含着对被爱者的基本肯定。爱一个人意味着爱这样的人"①。这个意义上的尊重,其对立面是干涉与控制。干涉是对他人自主的侵犯,内在地包含着对他人价值、能力、个性的蔑视。控制表现为对他人思想与行为的限制,让他人按自己的意愿与要求行事,实际上是将他人工具化,使他人成为实现自己目的的手段,这是对他人尊严的釜底抽薪式的侵犯。控制者最蛊惑人心的说辞是将控制当成一种爱,但实际上"控制并非爱,控制固守着人与人心灵无交流且相隔绝的距离,使人感觉到控制者不是出于公心,而是在使用狡计,并以被控制者个性泯灭为代价。爱则是对人不自由的束缚的解脱"②。

尊重的另一种形式是重视。获得性尊严与人的努力及这种努力的结果——贡献相关联。因此,在基本尊重的前提下,一个人所获得的尊重依赖于其所做贡献的价值。这里的贡献不限于物质成果、智力成就,也包括道德与精神品质。一定的贡献获得相应的重视,这是尊重;一定的贡献,如果没有获得应有的重视,则是轻视;如果获得了过度的重视,则是恭维。轻视有损尊严,有的人喜欢恭维,但真正自尊的人一定会对恭维敏感,"要产生作用,认可、赏识必须与贡献相称。真正的赏识必然不同于虚假的夸张恭维,那会使人感到一种假客气,这比不赏识更糟。……对小事过分赞赏实际上在破坏尊严,我们会觉得像受了恩赐似的"③,因为这种赞赏背后有一种贬低存在,是对被赞赏者能力的看轻,流露的是赞赏者对被赞赏者的低期待。当然,社会交往中,恭维有时候是故意为之的,是一种巴结和奉承,有人把它当成尊重,但实际上巴结和奉承看重的是对象的有用性,它背后依旧是将人工具化的逻辑。

4. 尊严(荣誉):自尊与尊重的合奏

尊严的两个维度,即自尊和尊重相互支撑、互为表里。我们常说,一个不自尊的人无法获得尊严,也很难得到别人的尊重,只有自尊才能得到

---

① 弗洛姆. 逃避自由 [M]. 刘林海,译. 北京: 国际文化出版公司, 2000: 80.
② 雅斯贝尔斯. 什么是教育 [M]. 邹进,译. 北京: 生活·读书·新知三联书店, 1991: 5.
③ 福勒. 尊严的提升 [M]. 张关林,译. 上海: 上海人民出版社, 2008: 21.

尊重，才能有尊严。直觉的常识里包含着人间的智慧，说明尊严首先是自尊，这是自我的义务，而且自尊在很大程度上也是获得尊重的前提条件。自尊作为对自身价值、自身道德性的维护，作为对理想自我的一种追求，本身就显现出一种人性与道德的光辉，令人肃然起敬。一方面，人是道德存在，任何正常的人都能感受到道德的力量，对道德都有一种敬重。对自尊之人的尊重，既是对其本人的尊重，也是对道德的敬重，也就是说，自尊不单是对自我的消极维护，还是一种"主动出击"，是拨动他人内心的道德感，是与他人的道德自我拥抱。另一方面，自尊作为一种精神性的自我维护，仿佛就是在自我周围建造了一个保护圈，严丝合缝，没有为蔑视、干涉、控制、不公平对待等侵犯尊严的方式留下可乘之机，这些损害尊严的"歪风邪气"刮不进来，使自身变得"神圣不可侵犯"。反过来，自尊的反面，即自卑与堕落（自轻自贱）则为他人的蔑视与侮辱提供了可乘之机，甚至可以说是诱导因素。如前所述，自卑是对自我价值维护的放弃，尊严扫地，他人即使不再添加蔑视与侮辱，也没有替自卑者进行价值维护的义务。"没有人会尊重一个说谎者、一个说闲话者、一个愤世嫉俗者或者一个哀诉者。如果你是这类人，人们可能当时会觉得你很有趣，但是他们将会不信任你并且不尊敬你。"① 为什么呢？因为堕落，虽然是自轻自贱，但一定有损于他人，因为人是关系性存在，即使堕落，也无法一个人了无关涉地堕落，一定会牵连到他人，尤其是密切相关的人。自轻自贱放弃的是人的道德性或者说道德要求，而一个没有道德要求的人对有道德要求的人来说显然是一个威胁，即使没有直接危害到他人的利益，这样的人存在本身就意味着对自尊之人所看重价值（道德价值）的否定，必然会激起他人的反感与排斥。

　　自尊的人容易获得尊重还有另外一个内在"原理"，那就是自尊的人往往也尊重别人，而尊重别人更容易得到别人尊重。罗尔斯说："那些尊重自己的人更易于尊重别人，反之亦然。自轻自贱导致别人的轻蔑，像嫉妒一样威胁着他们的利益。自尊是互惠的自我支持。"② 自尊是对自我价值与自我道德性的爱，之所以爱，不仅仅是这种价值与道德是"我的"，

---

① 瑞安，等. 在学校中培养品德：将德育引入生活的实践策略 [M]. 苏静，译. 北京：教育科学出版社，2010：195.
② 罗尔斯. 正义论 [M]. 何怀宏，廖申白，译. 上海：中国社会科学出版社，1988：171.

还因为这种价值和道德本身是美好的，这种美好的价值和道德别人也有，那我对别人的爱也就顺理成章了。也就是说，自尊所维护的不仅是自我，更是自我与他人人性中共有的光辉。从这种意义上说，自尊更容易导向对他人的尊重，所谓"仁者爱人"。如果说冒犯所激起的是抵抗与反攻的话，那么对他人的尊重所唤起的往往是被尊重。

自尊容易获得尊重，反过来尊重也是对自尊的"培育"。如前所述，人是关系性存在，他人既区别于自我，又内在于自我，没有他人的回应，自我无从建立，自尊也就失去了依托。从正面看，自尊与他人的认可、接纳、不干涉与重视息息相关，甚至可以是自尊的"深谷回声"，有了这些回声，自尊得到回应和依托，就有了着落，就会变得稳定与牢固；没有这些回声，自尊就会显得单薄、脆弱，就会很快消失在不见底的深谷之中。他人的关注与尊重对我们来说之所以如此重要，主要在于我们对自身价值的判断既无法孤立地作出，又有一种与生俱来的不确定性，没有他人的回应，我们无法判断自己的价值，甚至不知道自己是谁。从反面来说，尊重的对立面，包括蔑视、干涉、控制、轻视，对自尊的杀伤力巨大。以轻视为例，"如果我们周围的每一个人见到我们时都视若无睹，根本忽略我们的存在，要不了多久，我们心里就会充满愤怒，我们就能感觉到一种强烈而又莫名的绝望，相对于这种折磨，残酷的体罚将变成一种解脱"①。德波顿将人的自尊与尊严比喻为一个"气球"，这个"气球"是靠自我价值感和他人的尊重来充气的，而他人的蔑视与侮辱则如"针尖麦芒"，是对自尊与尊严的现实的巨大威胁。② 德波顿也许有点夸大其词，因为人虽然看重别人的对待，但也会"保持自己的思想，有辨别，有选择，从自己的个性着眼来考虑所有的建议，不会接受与他的发展无关的影响"③，但这一比喻还是形象地揭示了尊重对自尊的养护与不尊重对自尊的杀伤。

自尊与尊重有一个结合形态，即荣誉。我们通过自己的恒定的品质和作为在他人那里唤起某种情感与评价（情感性的价值判断），这种判断又作用于我们自身，影响到我们对自己的认识与评价，不断地双向互动，其结果是外在的评价与内在的认同融为一体，沉淀为荣誉感。库利说"荣

---

① 德波顿. 身份的焦虑 [M]. 南治国，译. 上海：上海译文出版社，2007：7.
② 德波顿. 身份的焦虑 [M]. 南治国，译. 上海：上海译文出版社，2007：8.
③ 库利. 人类本性与社会秩序 [M]. 包凡一，等，译. 北京：华夏出版社，1999：166.

誉感是一种更好的自尊形式。它或者表示一个人对自己的评价，或者表示别人对我们的看法"①。但以荣誉感为形式的这种自尊是融合了尊重的自尊，是自我认识与他人评价的综合，既有稳定的个性、自我价值感、自我道德评价，也有他人的认可与赞赏。因此，我们对荣誉的维护，其实也是对尊严的保护，这也是为什么人们宁愿忍受各种肉体痛苦，甚至失去生命也不愿意失去荣誉、失去别人的尊重的原因；对荣誉的漠不关心，其实就是对尊严的漠然，"那些没有什么荣誉可以丧失因而也不再有任何对于耻辱的恐惧的人们最为堕落"②。

二、教育的尊严在哪里

教育作为自觉的文化活动，能够意识到自身，有自身的独特价值，且身处众多相互依存的社会系统之中，因此教育也有尊严问题。教育的尊严是一种获得性尊严，既要靠自尊来维护，也要靠来自不同社会系统的尊重来实现。

1. 教育尊严的获得性

如前所述，尊严首先是人的尊严，因为人有自我意识，能够意识到自身的高贵与脆弱。但在日常生活甚至是理论表达中，我们也会说不同层次群体的尊严，比如国家尊严、民族尊严等。这些说法自有道理，群体也可以有尊严，但不是所有意义上的群体都谈得上尊严，因为尊严与自我意识直接相关，没有自我意识，也就无所谓尊严。有些群体只是个人的累加，只是人之数量的扩大，犹如"麻袋里的土豆"，有"群"无"体"，没有形成超越个人的群体意识，也就无所谓尊严。只有那些自为自觉的群体，也即那些有了内在凝聚力和自我意识的群体，才谈得上尊严。在这样的群体中，群体成员与群体声气相通，群体的强大与荣誉可以为个体带来自豪感，群体的虚弱与受伤则可以给个体带来耻辱与伤害。

个人有普遍性尊严和获得性尊严，有自觉意识的群体享有的是什么意

---

① 库利. 人类本性与社会秩序 [M]. 包凡一, 等, 译. 北京: 华夏出版社, 1999: 168.
② 包尔生. 伦理学体系 [M]. 何怀宏, 廖申白, 译. 北京: 中国社会科学出版社, 1988: 492.

义上的尊严呢？我们可以从人权概念中窥得一些端倪。人权只限于个人，所谓集体人权只是一种比附性说法，集体有集体的权利，这一点毫无疑问，但这是另外一种意义上的权利，不是人权。与人权类似，有人认为普遍性尊严也同样只限于个人，那是每个人之所以为人的标志。既然如此，我们为什么经常说某个民族、某个国家的尊严呢？群体的尊严，包括民族、国家这类超大群体的尊严只能是获得性尊严，是靠自身的努力去挣得的尊严，没有什么超越性力量可以无条件地授予群体以普遍性尊严。人既是个体的，又是群体的，个体之间的关系是一回事，群体之间的关系则是另一回事。人类学、社会学等学科的观察表明，如果说群体内部成员之间存在"道德逻辑"的话，那么群体间则主要是"战争逻辑"。人类历史的血雨腥风至今没有停歇，人类依然没有学会在没有血腥下生活，背后推手就是那"战争逻辑"。人权和普遍性尊严思想的提出，其实是用"道德逻辑"之矛去攻"战争逻辑"之盾的一种尝试和努力，是"道德逻辑"的强力伸张与"战争逻辑"的小小收敛。这种尝试和努力虽然意义非凡，但谈不上有多成功，因为人权与普遍性尊严更多的还是一种理想追求，人类群体间的"战争逻辑"在全球化的时代依然强劲。

作为人类的一项事业，或者说人类的一种特殊活动，教育有自己的尊严。教育作为一种"自觉的文化存在"，也有"自我意识"和"自我价值感"，能够"感受到"自身的重要与否，能够做自我评价，因此教育也有自尊与尊严的问题。另外，教育作为一个行业是处于关系之中的，就有一个社会整体及其他行业如何看待教育的问题，如果得到了肯定、认可，那就有尊严；如果是相反，得到的只是否认、轻视、贬低，那就没有尊严。但教育的尊严不是普遍性尊严，即无条件享有的尊严，而是一种获得性尊严。人类活动纷繁复杂，教育只是其中一种，有无尊严，主要看教育自身的作为，看教育如何对待自身，有无独特的价值与贡献，能否获得其他社会系统的认可与尊重。

2. 自尊意义上的教育尊严

与人的获得性尊严一样，教育的尊严首先来自于教育的自尊。教育的自尊首先是对自身价值的自信与维护。由此可以派生出事关教育自尊的多个维度，第一个就是教育有无价值的认知。在很多人眼里，教育的价值毋庸置疑，但不要忘了，从古至今，教育无用论及其变种总是阴魂不散，在教育史的不同时期，尤其是在教育遇到发展的困难时期总会现形。教育无用论既有来自教育外部的，也有来自教育内部的，如果说前者是对教育的蔑视，那么后者则是教育的自卑，二者都是有损教育尊严的方式。无论其他行业多么强势，无论教育多么艰困，教育及其从业人员都应坚信，教育作为人类的一种活动方式、一个活动领域，在人类生存和发展过程中是有独特价值的，是任何别的活动、别的领域都无法替代的，这是教育有尊严的前提性条件。

解决教育价值的有无之后，随之而来的就是教育价值到底是什么的问题，或者说教育要维护与坚守什么价值的问题。对教育自身价值的理解众说纷纭，分歧巨大，甚至相互矛盾，彼此对立。但无论如何，教育的根本价值在于造就人，在于"培育好人"。"好人"之"好"，包括道德上的"好"，但不仅仅是道德上的"好"，主要是作为一个人的"好"。"好人"之"好"类似于亚里士多德"德性"（aretē），"就是既使得一个人好又使得他出色地完成他的活动的品质"①。这里的德性实际上指人的卓越、人的优秀。当然，人的卓越与优秀必然也包括道德上的卓越与优秀。"好人"不仅是卓越的、优秀的、道德的，而且是幸福的，因为"幸福就是完满德性的实现"。一方面，在教育史上，人们对教育价值的理解与教育实际负载的价值远不是"造就好人"可以囊括，甚至有这样那样的偏离；另一方面，人类的教育发展到今天，其价值负载越来越多，也绝不仅仅是造就好人。比如大学，除了培养人之外，还有了科学研究（发现知识）与直接服务社会的功能。但无论如何，"造就好人"始终都应该是教育无可替代的本己价值，这是教育安身立命之根，也是教育获得尊严与尊重的基础。

问题在于，对何为"好"，何为卓越，不同的时代有不同的理解。比如，古典时期的"好"在于"认识你自己"，教育的重心在于帮助年轻一代认识自身；而现代以来的"好"则在于"认识世界"，教育的重心转移到如何帮助年轻一代把握世界上。实际上，认识人自身与认识世界并不矛盾，"人生在世"，对自己存在的宏观与微观环境的认识其实也有助于认

---

① 亚里士多德. 尼各马可伦理学［M］. 廖申白，译. 北京：商务印书馆，2003：45.

识人本身。但现代社会与现代教育在"认识世界"的单向车道上跑得太快、太远了,失去了与"认识自己"的协调,使"认识世界"的活动自身也失去了方向,成为单纯满足人的畸形物欲的工具,本来是追求"好人"的活动,变成了对人、对世界的扭曲与践踏。我们不能说如今的教育不卓越,其在知识传授方面确实是卓越的,但这种卓越是"失去灵魂的卓越",正如刘易斯对大学的批评:"大学已经忘记了更重要的教育学生的任务……在这些学校,人们很少严肃地讨论如何培养学生良好的人格。"[1]

"好人"之"好"无论有多少维度,都缺少不了伦理或道德意义上的"好"。人是道德存在,正是道德使人能够脱离动物进而过上"人的生活",道德对于人来说,是一种托举和提升的力量。失去了道德,人也就失去了向上的力量,必然"向下沉沦"。而教育作为人类一种自觉的文化与精神活动,也是对人及其本性的托举与提升。教育对人的提升,本身内在地包含着对人道德的培育,否则教育就走向了人性需要的反面,成为人性下坠的驱力。也是在这个意义上,雅斯贝尔斯说,"教育决定未来的人的存在,教育的衰落就意味着人类未来的衰落"[2]。正是因为教育在人类道德传承与发扬中的极端重要性,教育在伦理上有不同于一般社会活动领域的要求,那就是教育不仅在自身运行过程中遵循道德要求,讲求道德,还要为其他社会活动领域做出表率,为道德价值的进步做出更多、更高的贡献。因此,教育的自尊除了对自身独特价值的自信与坚守之外,还在于对自身道德性的坚持与追求。如前所述,一个自尊的人爱惜自己的"羽毛",即自身的道德的品质与完整人格,同样,自尊的教育也要爱惜自己的"羽毛",爱惜自己的道德性,明确自身作为社会精神与道德高地、社会的心智与良心的道德定位,对有损于自身道德品性的事物有强烈的敏感性。

与教育的自尊相对的是教育的自卑与堕落。教育自尊与否体现在教育活动或教育行业的主体即教育从业者看待教育的普遍性态度上。如果教育

---

[1] 刘易斯. 失去灵魂的卓越:哈佛是如何忘记教育宗旨的 [M]. 侯定凯,译. 上海:华东师范大学出版社,2007:8.
[2] 雅斯贝尔斯. 什么是教育 [M]. 邹进,译. 北京:生活·读书·新知三联书店,1991:46.

从业者普遍认为教育没有价值，或者价值不大，普遍不认可教育"造就好人"的独特价值，对教育的道德性没有敏感性，甚至道德冷漠，那我们就只能说这样的教育是自卑的。对照现实，教育的自卑显而易见，比如不再坚守自身的内在价值，总是跟着政治、经济、技术"随波逐流"；在对自身的理解上，不是属于"上层建筑"，就是属于"经济基础"，再或者属于"市场"，很少从自身的独特性出发理解自身；教师作为教育从业者的主体，对自身职业的认同感低，甚至没有认同感，较少体会得到或者体会不到作为教师的自豪与光荣，觉得低人一等……这些都是教育自卑的表现。

自卑的教育没有自身的牢固立场，是无根的，犹如墙头草，社会上的一阵风，就能把教育吹得东倒西歪。为了求得安稳，自卑的教育往往会寻找依靠，以强势力量为靠山，走向自身的异化与堕落。教育没有尊严或者说堕落的一个标志就是，教育从业人员、教育行业本身主动放弃教育自身的内在价值与道德要求，充当权力意志的工具或赚取金钱的商品。这是对教育尊严的最大损害。试想，教育自己都不尊重教育，别人怎么会尊重你呢？就像一个人，你不尊重自己，出卖自己，哪能得到世人的尊重？

3. 尊重意义上的教育尊严

教育的尊严来自于教育的自尊，也来自教育所处社会的尊重。教育被尊重的需要来自三个方面：一个是政府，一个是受教育者背后的家长，一个是其他社会机构。在不同的时代，教育得到承认与重视的程度不同，教育的尊严水平也就不同。比如，辛亥革命之后很长的一段时间，国家虽然水深火热，但教育却受到了前所未有的认可和重视，很多人甚至将教育视为救国的希望，那时的教育得到了空前的尊重，成就了"中国教育史上的一段好时光"，恩泽当下，福延至今；在"文化大革命"中，当时的政治观念看轻学校教育的价值，认为广阔的工农天地比学校更能教育人，"接受贫下中农的再教育"比在学校上学重要得多，正规教育被打倒在地，那时的教育斯文扫地，何谈尊严！

应该说，在当今社会，世界上已经摆脱贫困的多数国家，无论是政府、社会机构还是家长，对教育还是有一个基本的认可态度的，教育无用论虽然时有现身，但大规模地、普遍性的否定教育价值的现象已不多见，对教育的直接、公开的蔑视比较罕见。这是不是意味着如今的教育已经获得了足够的尊重了呢？问题的根本不在于有没有基本的认可，而在于认可与重视的是什么。客观来说，现代国家对教育的认可与重视程度超过以往任何时代，问题是现代国家认可与重视的主要不是教育"造就好人"的本己价值，而是有助于实现国家功利目的工具性价值。用努斯鲍姆的话说，现代教育是一种"为了赢利的教育"。比如，高校扩招，似乎是重视大学了，但其实却是将大学当成了解决就业问题的缓冲器。家长对教育的价值也是相当认可的，这一点毫无疑问，我们从教育与商品房一样成为老百姓最为关注的问题中可以窥见这种认可。但家长认可的是什么呢？不能说家长不希望自己的孩子成为"好人"，但谁都无法否认家长更看重教育的社会身份分配功能。虽然盛行于过去时代的血统和出身在年轻一代获得社会地位的过程中依然作用巨大，但现代教育已经无可置疑地成了分配社会地位的新依据，即使那僵而不死的血统和出身，要发挥作用，也得披上教育的合法外衣。对于学生和家长来说，上学就是一项长线投资，为的是将来能够获得一个良好的职业前景、一个较高的社会地位。"我们的社会简单地认为学校教育的目的就是经济的，即改进人们的经济状况，与促进国家的兴旺一样。为此，学生应该在标准化考试中表现优秀，进入好大学，找到高薪工作，可以购买许多商品。"[①] 如果教育是自觉的、敏感的、足够自尊的，教育能从国家和家长的这种认可中体会到尊严感吗？正如一个女网球运动员，大众媒介认可的不是她的球技，而是她的性感身材和姣好容貌所带来的媒体效应，这种认可是对她的尊重吗？同样，现代国家与众多家长对教育的工具性价值的认可，与其说是一种尊重，倒不如说是一种隐蔽性的蔑视。

作为尊重的重视还有一个尺度——恰如其分。教育不是无用的，教育也不是万能的，无用论是对教育的蔑视，而万能论也不是对教育的真正尊重。"教育万能论"有不同的变种，一种是对教育的言辞虚夸，将教育架上神坛。比如前些年，一面是官方媒体一再宣传的"教育是太阳底下最光辉的事业"、"教师是人类灵魂的工程师"，一面却是教育投入严重不足，教师甚至拿不到维持基本生活的工资。虚假的恭维与冷漠的轻视滑稽

[①] 诺丁斯. 幸福与教育［M］. 龙宝新，译. 北京：教育科学出版社，2009：5.

地结合在一起，反映出的不是对教育的重视与尊重，而是对教育的不恭与蔑视。"教育万能论"的另一个变种则是将教育视为解决一切现实政治与社会难题的"万能钥匙"，渴望教育能够破解一切人类难题。这种万能论一方面使现代国家和社会大众对教育寄予很多不切实际的幻想，加剧了政治权力与经济强力对教育的干涉与控制；另一方面也使教育背负了诸多力所不能及的负担，成为社会问题甚至社会灾难的替罪羊。教育不是没有责任，我们甚至可以说教育对人类的未来负有无限的责任，但当媒体和大众将社会问题的责任一股脑儿全部归到教育的时候，真正的直接责任者就逃脱了。因此，"教育万能论"的这一变种也不是对教育的尊重，其背后依然是利用性的工具心态。

尊重还表现为不干涉他人自主，即让他人成为他自己。迄今为止，教育都是特定民族或国家的教育，都要服务于特定的国家和社会，但并不能因此而否定教育所具有的独立性和自主性。教育要服务于自己所属的国家和社会，但只能以自己的方式（造就好人）来提供服务，否则教育受辱、受伤，其所要服务的国家和社会也无法从教育这里获得真正的贡献。以大学为例，各个时代的掌权者都想将大学纳入自己的掌控之中，因此大学长期处在与政权保持适当距离、坚守自身独特性的斗争之中，正是大学的抗争，使近代国家的一些开明统治者渐渐明白了尊重大学的自主其实才能使自身真正获益。教育不是产业，教育不生产效益，但教育需要资源和投入，需要国家的财政支持，否则教育是无法支撑下去的。现代国家对教育的投入空前巨大，但伴随着金钱投入而来的是对教育干涉与控制力道的空前加大。只有政治权力既能为教育慷慨解囊，又能认识到不干涉教育自主，才是对教育投入负责任的最佳选择。因此，节制政治权力在教育领域的挥舞，那才是政治的自尊和对教育的尊重，那才是真正的"政治成熟"。

有学者认为当下中国人文学面临着"三座大山"——"政治权力、商业力量和大众传媒体"[①]，这"三座大山"又何尝不是教育所要背负的！如今的教育，一方面被权力紧紧抓住不放，另一方面又被金钱的力量所控制。学校作为教育机构，其最大的利益在于"造就好人"，在于学生的健

---

① 陈平原. 人文学之"三十年河东"[J]. 读书. 2012（2）：130–141.

康成长，不在于金钱和物质回报的多少。但由于商业势力对教育的渗透与改造，现在的学校，有异化为商业机构的趋势。客观地说，这些年我国对教育的投入有所加大，也在逐步减少教育收费的项目，降低教育收费额度，但老百姓的教育负担却有加重的趋势，学校乱收费已经成为社会普遍关注的焦点问题，根本的原因就在于学校逐利欲望越来越膨胀、越来越无所顾忌。社会机构都有自己本能性的利益追求，学校也不例外，但为本能所制，被商业力量所利用，成为商业势力的一部分，就是没有尊严的表现。

对一个行业的尊重还体现在对该行业专业性的认可上。比如，对科技行业，行业外的行政官员、社会大众，甚至社会精英都不太敢任意置评，体现出对科技行业专业性的基本尊重。对教育的尊重与否也体现在对教育专业性认可与否上。教育专业人员恐怕都有一个切身体会，几乎所有人都可以对教育说三道四。这里面当然有合理因素，因为教育牵涉甚广，可以说几乎所有人都是"教育相关者"，都可以对教育发表看法。发表看法与意见，甚至提出批评是一回事，将自己看作教育专家则是另外一回事，前者是对教育的监督，后者则是对教育专业性的轻视。现在有太多的教育行业以外的人士觉得自己懂教育，觉得自己是教育专家，官员因为有权，说话有人听，所以就有了"教育思想"；商人因为有钱，可以办民办学校，就可以摇身一变成为"民办教育家"。更突出的是大众传媒，可以专家味十足地将任何悲剧性事件都归结为教育的失败、德育的失效，从来都不反躬自省，看看有多少社会悲剧是大众传媒体恣意的结果。在一个人人都是教育专家的时代，教育的专业性没有得到应有的尊重，教育的尊严也因此受到了巨大损害。

教育处在社会的整体系统之中，是社会系统的一个子系统，这里就有一个系统间的认可与重视的问题。对平等尊重损害最大的是等级主义，因为等级社会往往是势利的，人们的眼睛朝上翻，都聚焦于"高位人物"身上，那些处在"低位"的人物往往无法受到应有的重视和尊重。等级社会不单是人的等级，还包括行业的等级。在我们这个物质时代，那些掌握物质资源的行业就是强势行业，而像教育这些不掌握资源却需要资源投入的行业则是不折不扣的弱势行业。强势行业，得到的关注要比弱势行业多得多，比较起来，教育作为弱势行业，得到的重视就会少很多，地位低下，且是最容易被牺牲的行业。一个显而易见的证据就是，国家经济这些年有飞速的发展，但用在教育上的投入并没有同比增长，早就以法律形式确定下来的教育投入比例到今天依然没有实现。

三、人的尊严与教育的尊严

人的尊严与教育的尊严显然不是互不关联的孤立性存在。教育是人获得尊严的方式之一，或者说人要通过教育去获得尊严，那么教育本身是否有尊严也就直接关系到人获得尊严的过程与质量。

1. 人通过教育获得尊严

如前所述，人的尊严有普遍性尊严和获得性尊严的区分，但这两种尊严都与教育相关。在今天，起码在法律上为每个人类成员所享有的普遍性尊严，在人类历史的大多数时期是不可想象的，是人类几千年来不断努力奋斗才挣得的珍贵权利，在这一过程中，教育起到了相当重要的作用。摆脱对神的依附，不再以有罪的眼神看待人自身，而是将人视为"最值得赞叹的伟大奇迹"[①] 是人获得尊严的思想之刃，没有人能够否认教育思想与教育活动（包括教育机构）对这一思想之刃所起到的"打磨"功效。比如，洛克关于儿童"白板说"的哲学与教育思想不仅"清除了天赋观念的垃圾，而且也抹去了我们的原罪"[②]，为人，尤其是为儿童创造自己的生活奠定了思想基础。另外，产生于中世纪的大学这一教育机构，在近现代人的普遍性尊严与人权思想的孕育、传播中所起的历史性作用无可置疑。人类虽是"万物之灵"，但也经历过并仍然经历着蒙昧、幼稚与无助。蒙昧与幼稚使人类无法意识到自身的独特价值，而无助则使人产生依附性，总想在人之外的超自然神力或世俗王权那里寻找依赖。教育作为一种人类独有的自觉文化活动，一方面是人类自我唤醒的一种方式，通过教育唤醒人类的理性、自主与自尊；另一方面也是人类自我提升的一种方式，通过教育使人类有能力摆脱对神权和王权的依赖去过自己的生活。

如果说教育在人类普遍性尊严的"获得"过程中起到了举足轻重的

[①] 米兰多拉. 论人的尊严 [M]. 顾超一，等，译. 北京：北京大学出版社，2010：17.
[②] 麦马翁. 幸福的历史 [M]. 施忠连，等，译. 上海：上海三联书店，2011：167.

作用的话，那么教育在个人获得尊严的过程所起的作用则更为至关重要。初生的婴儿异常娇弱，没有父母的养育（一种初级的教育方式）和后续的教育，几乎难以成人。教育学强调人的可教育性，并以此作为教育存在的合法性依据，但人不仅是可教育的，还是需要教育的，人具有教育需要性。实际上，没有教育就没有人，"只要他自己不能一个人（再一次）去发现和创造他在这个自然的、文化的、社会的和国家的环境中生活所需的一切，那么他就是一种依靠继承的生物，一种需要教育的生物，一种要接受教育的生物"①。所以康德说"人只有通过教育才能成为人。除了教育从他身上所造就出的东西外，他什么也不是"②。人通过教育而成为人，而尊严作为人的一种精神需要，也通过教育来获得。首先，人通过教育实现自身的可能并唤醒自身的内在价值感，正如雅斯贝尔斯所说，"教育活动关注的是，人的潜力如何最大限度地调动起来并加以实现，以及人的内部灵性与可能性如何充分生成。……通过教育使具有天资的人，自己选择决定成为什么样的人以及把握安身立命之根"③。也就是说，教育所要做的，一方面，使天生脆弱而又有无限潜能的人实现潜能，进而摆脱对他人的依赖以自立于天地人间；另一方面，教育还要唤醒人的灵魂，使其"知道"自身实现潜力获得自立的过程。换个角度看，教育的这个过程实际上就是帮助人实现内在价值并获得内在价值感的过程。

教育所唤醒的不单是内在价值感，还包括道德意识。如前所述，尊严首先是自尊，而自尊也是对自己的道德要求，或者说是对自身道德性的维护。人是道德存在，每一个人都需要为自己的人生进行"道德辩护"，这正是使人脱离动物性存在向上提升的力量，或者说正是人之尊严之所在。但人性复杂，人有各种各样的倾向，而每一种倾向都是一种潜在的诱惑，如果说存在着道德这种将人向上提升的力量的话，也存在着各种基于本能倾向而诱惑人向下沉沦的力量。成为一个人，就是达到人性多种力量的均衡状态，或者说道德性等向上的力量获得支配性的状态，从苏格拉底和柏拉图的视角来看，就是"灵魂和谐"（理性控制欲望）的状态。成长中的

---

① 茨达齐尔. 教育人类学原理[M]. 李其龙, 译. 上海: 上海教育出版社, 2001: 55.
② 康德. 论教育学[M]. 赵鹏, 等, 译. 上海: 上海人民出版社, 2005: 5.
③ 雅斯贝尔斯. 什么是教育[M]. 邹进, 译. 北京: 生活·读书·新知三联书店, 1991: 46.

人由于不善于运用理性的力量，很容易被向下的力量所控制，所以需要引导和帮助。教育的一个功能就是呵护、培育成长中的人的理性与道德，帮助他们用道德与理性的力量控制人性的多样欲求，进而实现精神的自由与人性的尊严，因为"尊严是道德所固有的，就它的内容而言，尊严一定要以人对自己的本能的支配为前提"①。教育正是因为肩负道德使命，所以无论从古至今的教育实然状态如何，教育作为道德事业的特质都无法被否定，"教育就是道德教育"绝不是妄言，而是对教育神圣道德使命的一语道破式的表达。

教育所唤醒与培育的道德品性当然包括尊重。教育既培育受教育者如何尊重自己，也培养他们如何尊重别人。前者是培育自尊，这是帮助成长中的人自己维护自己的尊严；后者是培育尊重，这是帮助受教育者维护别人的尊严。教育对自尊的培育，其实就是帮助未成年人深植自己的"安身立命之根"，为每一个人的尊严生活奠定基础。教育对尊重品质的培育，虽然是指向他人的，是对他人尊严的维护，但放大了看，也是对自身尊严的维护。如前所述，尊重一方面是对具体的人的尊重，另一方面也是对具体的人所体现出的人性光辉的尊重。当我们对一种在别人身上所体现的人性价值进行真诚维护时，已经无声地证明了我们对这种价值的认同，也许我们也拥有这种价值，那这种尊重也是对自身美好价值的珍视；也许我们还未获得这种价值，那这种尊重起码已体现出我们对美好价值的仰望、向往与追求。另外，尊重更容易得到被尊重的回响，教育对人尊重品质的培育其实也是在帮助他们得到尊重和尊严。

人通过教育获得尊严还在于人是通过教育获得认可的。人命定要扎根人间，命定要融入群体，因此得到群体和社会的认可是有无尊严的重要标志。这种认可在家庭生活中表现为情感需要及爱的回应，在社会生活中表现为接纳与重视，在国家生活中表现为对权利的尊重。而教育也是一种认可方式，是融合了以上三种认可方式的完整认可方式。② 如前所论，没有认可，就没有扎根之所，就没有尊严。人正是通过包括教育在内的多种认可方式扎根人间并获得尊严的，"教育正是借助个体的存在将个体带入全

---

① 席勒. 审美教育书简 [M]. 张玉能, 译. 南京: 译林出版社, 2009: 275.
② 参见: 金生鈜. 承认的形式及其教育意义 [J]. 教育研究. 2007 (9): 9-15. 本书用的是"认可"，该文用的是"承认"。

体之中。个人进入世界而不是固守着自己的一隅之地,因此他狭小的存在被万物注入了新的生气。如果人与一个更明朗、更充实的世界融为一体的话,人就能够真正成为他自己"①。

2. 尊严的教育培养尊严的人

教育是人获得尊严的主要方式之一,但人通过教育获得尊严并不是无条件的,也就是说不是什么样态的教育都有助于人获得尊严。一般情况下,尊严的教育才能培育尊严的人,无尊严的教育则塑造无尊严的人。

虽然教育的尊严与其所培养的人的尊严之间并不能画等号,但二者之间的正相关关系是显而易见的。这是因为尊严即其精神品格对其所培养的人有熏陶作用。尊严的教育所表现出来的精神品格对教育中的人产生的熏陶作用既是潜移默化的,也是强烈的、持久的。熏陶作为一种无声的教育影响,有其内在的机制,一个是暗示与接受暗示,一个是非反思性选择。② 尊严的教育,也许是自觉的,也许是无意识的,其所言所行都会对教育中人,尤其是受教育者产生一种无意识的影响,在其内心深处埋下自尊与尊重的种子,并随着受教育年限与程度的增加而逐步生根发芽并茁壮成长。这一过程的美妙之处在于,尊严的教育使教育中人在无意识之中形成这样一种"潜意识":尊严就如我们每天呼吸的空气一样自然而然而又必不可少!尊严的教育将尊严视为自身的精神品格,在日常运行中会自动化地、不假思索地按尊严的要求行事,这就是尊严的教育之非反思性选择。尊严的教育的非反思性选择对教育中人也是一种暗示,教育中人也有相应的非反思性选择,即不假思索地、自动化地按尊严的要求行事,并慢慢将尊严的要求沉淀为自身的精神需求。

同理,无尊严的教育也会对教育中人产生"熏陶"作用。虽然无尊严的教育与无尊严的人之间并不能画等号,但二者之间的正相关性也是显而易见的。可以说,教育本身就是一个"榜样",这个"榜样"就在教育主体的周边,就在他们的生活中,"有尊严的榜样"教他们尊严,"无尊严的榜样"教他们卑下。博尔诺夫将教育自身所散发出的精神趣味在教

---

① 雅斯贝尔斯. 什么是教育[M]. 邹进,译. 北京:生活·读书·新知三联书店,1991:54.

② 高德胜. 生活德育论[M]. 北京:人民出版社,2005:51-54.

育主体心中所激起（不一定是有意识的）的情感态度叫作教育气氛，"教育的成功与否往往取决于生活环境中一定的内部气氛和教育者与受教育者一定的情感态度。我只是一般地称之为教育气氛，并把它理解为情感、情绪状态及对教育抱有好感或厌恶等关系的总和"①。显然，尊严的教育与无尊严的教育所建构的教育气氛差别巨大，对生活在其中的人的影响也必然大相径庭。

尊严的教育以"造就好人"为使命，这里的"好人"当然是自尊、尊重他人、被他人尊重的人，也就是有尊严的人。那么，我们可以说尊严的教育直接就是以造就有尊严的人为己任的。人类的教育发展到今天已经被赋予了多种多样的功能，教育也确实能够贡献出多样的价值，但无论如何，教育都有自己的本分，那就是造就好人。有太多的力量诱惑、强迫、控制教育远离自己的本分，教育一旦无法独立自守，就会尊严尽失。尊严的教育能够坚守自己的本分，总是以自己的方式去满足来自人类发展与演化过程中所产生的多样化欲求，绝不朝三暮四，跟风赶潮，去做有损尊严的事情。教育对尊严的坚守，其直接效应就是有尊严的人的诞生。一方面，尊严的教育"咬定青山不放松"（造就好人），其全部活动都以这一目标为核心；另一方面，尊严的教育对生活于其中的人也提出了要求，那就是维护自身价值，坚守道德标准，独立自主。这种要求既是教育维护自身尊严的必然逻辑，也是一种自然的道德教育、人格教育，或者说就是尊严教育。通过这种教育，教育中人，尤其是成长中的人，慢慢学会了运用自己的精神力量，"内"不被欲望或生物必然性所控制，"外"不被他人所贬低、侮辱和侵犯。

尊严的教育尊重人。首先，尊严的教育以造就好人为旨归，而造就好人的前提在于对人之价值的认可与赞美，并在此基础上进行呵护与培育，体现出对人的真正尊重。与功利性机构往往只看重人的有用性，出发点只在对人进行工具化利用截然不同，尊严的教育认可并赞美的是人真正美善的维度，是对人的高贵性的珍视。其次，尊严的教育对每一个人都是重视的，但这种重视恰如其分，绝不逢迎和恭维。教育对人的轻视与虚夸，既有损于教育自身的尊严，也无益于人及其尊严的获得，不符合教育尊严的

---

① 博尔诺夫. 教育人类学 [M]. 李其龙，译. 上海：华东师范大学出版社，1999：41.

内在逻辑要求。最后，尊严的教育在展开自身活动时，从尊严中自然流淌出自信与从容，不焦虑、不极端、不功利、不强求，最大限度地尊重人的自主性。从根本上说，教育是对年轻一代的关怀与爱。这种爱不是为了索取与控制，而是一种给予之爱，从一开始就以年轻一代的自主与自立为目标，从一开始就打定主意准备抽身离开。人都有教育需要，教育就是以此为起点，并以人不再依赖教育，能够进行自我教育、自我独立为"终点"。一句话，"教育是为了不教育"，教育的尊严与人的尊严在这里达成了一种交相辉映的美丽景观！

尊严的教育是受尊重的教育，对教育的尊重也是对人的尊重。第一，对教育的尊重就是对教育内在价值的认可与赞赏，就是让教育按照自身本性自主运行。而教育的本己价值在于造就好人，那么尊重教育的内在价值与自主性显然就是对人的内在价值、对人的自主发展的尊重。第二，教育是人实现尊严的方式，对教育的尊重也就是对人实现自身尊严之方式的尊重，也就是对人本身及其尊严的尊重。反过来，对教育不尊、不敬，也就是对人实现尊严之方式的不尊、不敬，也就是对人的轻视、对其尊严的冒犯。第三，教育从来都不是静态的校园、无声的学习材料和机械的制度，而是活生生的人及其相互作用。教育作为一种活动性存在，是有其主体的，那就是教育者和受教育者。从这个角度看，对教育的尊重主要是对教育主体的尊重。总之，对教育的尊重也是对人的尊重，这种尊重，既使教育获得尊严，也使教育主体获得尊严。

后　　记

　　这本书写了差不多五年时间，是到目前为止自己耗时最长的一本书。老话说十年磨一剑，我这不是剑，却也"磨"了五年。坦白地说，写的时候并没有当成一本书来写，而是想到一个问题就去思考一个问题。有些问题可以说是"找上门来"的，比如道德冷漠，冷漠的事情天天发生，不说连篇累牍的媒体报道，眼见为实的也不少，现实逼着我去思考——道德冷漠为什么这么普遍？到底是如何发生的？有些问题是切身体会，比如大学的德性。身在大学，一方面感到幸运，因为栖身于此可以读书、教书，可以与同好、学生交流，可以与先贤进行精神与心灵对话；但另一方面又感到悲哀，因为如今的大学也会在我们这些书生身上强加了许多说不清、道不明的东西，让人喘不过气来，感觉大学独有的特性在流逝。有些问题来自读书思考，比如人权教育和道德教育、幸福教育与道德教育的关系等。几年来，断断续续，一个问题一个问题地探索，犹如爬山，一个山头一个山头地过，虽然困难重重，但"旅途"的快乐还是胜过一切。虽然是散着做的，但心里始终有一根线，那就是我们这个时代到底迫切需要什么样的时代精神。

　　这本书是接着《道德教育的时代遭遇》写的。在《道德教育的时代遭遇》一书中，我的侧重点在于研究时代发展变化对道德教育提出的挑战。当时的设想是，在厘清时代挑战的基础上，还要从道德教育的视野看看道德教育可以为自身所处的这个时代做点什么，或者说，道德教育能够为我们这个时代所迫切需要的时代精神建构做出什么样的贡献。本书在这方面做了一些努力和探索，但现在回过头来看，做得还远远不够，在一些地方似乎又回到《道德教育的时代遭遇》一书的轨道上了。也难怪，批判性的思考是我之所长，而在建构性的研究方面确有欠缺。本书从脉络上说是对上一本书的继承,从风格上与上一本书也有诸多类似之处,因此,可以看成是上一本书的一个"续集"。这两本书的一个共同特点在于,都是一个主线下的专题式研究,好处在于能够独立地、不受约束地探索一个个问题,缺点在于研究的系统性不够。之所以形成这样的"风格",反思下来,主要还是以前做博士论文、博士后报告受体系束缚所留下的"病根",对体系化的研究有点怕了。有这两本书过渡,现在已经不再觉得体系化的研究那么可怕了,今后几年要集中研究道德冷漠与道德教育。

从2008年到现在将近五年的时间里,自己工作与学术生活有了诸多变化,似乎是一帆风顺,又似乎是坎坎坷坷。在这五年里,对生活、对人性、对自身有了进一步的体悟,但并没有因为这"进一步"而轻松,反而感到沉重。社会之复杂,人性之复杂,都超乎想象。在双重复杂之中,有时候觉得难以把握自身,常感自身的矛盾与渺小,生命的无力感和无奈感前所未有地强烈。猛然发觉,自己已经不再像以前那样乐观,那样热爱生活,那样相信未来。

在几乎所有学术都制度化、体制化,几乎所有学者都或主动或被动卷入外在化的科研评价体系的时候,自己这种书斋式的、个体化的研究遭遇到了前所未有的危机。曾经是书生之骄傲的书斋,如今却变成了贬义词,经常能够听到重要人物鄙视式的声音:书斋式的研究有什么意义?如今,一项成果、一本书的质量高低往往不是由其内在品质决定的,而是由那些附着于其上的外在评价决定的,比如是什么级别课题的成果,获得了什么级别的奖励,等等。用流行的话说,只有那些高曝光度、高亮点的所谓"标志性成果"才是上乘之作。我与同事开玩笑说,那样的作品不是"学术交际花"吗?因为"穿金戴银、珠光宝气",所以曝光度高,光彩夺目,至于是否"败絮其中"则没有人关心了。更为可怕的是,愿意读严肃学术作品的人越来越少了,甚至同专业的同行也不互相阅读,我们彼此之间的对话太少了。每个人都很忙,所有的事情都比读书重要,被牺牲掉的只能是读书与思考。有时候确实感到悲哀,自己呕心沥血写出来的文字,无人阅读,那是多么令人心伤、神伤的事情!

可以自慰的是,无论风云如何变幻,自己还有把持得住,能够在书房里待得下去的一颗学术之心,依然保有作为一个学者的质朴、批判与锐利,自夸一点说,还有那么一点"文明的勇敢"。对我来说,最快乐的时光就是在书房读书的时光。就着一杯绿茶，伴着窗外初升的太阳，安静地读书、思考，真是无与伦比的享受！有时候很仇恨现代通信工具，它不管你身在哪种境界，总能用铃声轻易穿透你所进入的精神世界找到你，一个电话就可以让你从天上掉到地上，就可轻易毁掉你一天甚至几天的美好感觉。对自己比较满意的是，无论有多少外在要求，读书、思考、写作都是自己最重要的事情，这是自己的立身之本，什么事情都无法与之相比。写作是一项艰苦的事业，学术性写作更是如此，在写作的过程中，有时候真是无以复加的煎熬，被一个问题揪住的时候，甚至偶尔会出现缺氧的感觉，但"柳暗花明"的精神愉悦也是巨大的且无可比拟的生命享受。总会遇到那些对如今的学术和社会环境适应良好，甚至是如鱼得水的"成功学者"，在羡慕人家的成功的同时，也常常以"小人之心"度之，感觉有些人已经被那些亮闪闪的东西掏空了，失去了学者的质朴、批判和锐气。自己所坚持的学术独立思考和思想之锐气，在别人看来也许是愚蠢的，但在我看来是可贵，是勇敢。

　　自然过程无法抗拒，浑然不觉间已经过了不惑之年。孔老夫子关于人生阶段的总结大概是以自身作为原型的，他在那个年纪能不惑，不意味着多数人能不惑，恐怕多数人终其一生都无法达到不惑或知天命的境界。也许是自己愚钝，过了不惑之年，困惑反而多了。更糟的是，在困惑多了的同时，快乐反而少了。记得年轻的时候，一件小事就能高兴好几天，有时候会兴奋得睡不着觉，现在却发现高兴的事情越来越少，几乎没有什么事情能够让自己兴奋得夜不能寐了。如果在快乐与兴奋减少的同时，困惑与怒气也减少了的话，也是一种和谐与均衡，也是上天给予自己的一种公平。问题是，快乐少了，怒气却未消，遇到不爽的事情，还会生气，还会耿耿于怀。也知道这样只会伤害自己，但却无法控制情绪的自然反应。也许到下一本书脱稿的时候，就没什么事能气到自己了，但愿！反正现在对此还比较怀疑，因为如果对诸事都没有火气的话，学术的锐气是不是也跟着消失了？那还是我吗？

　　虽然不愿意承认，人到中年，身体状况是大不如前了。从2008年到现在，每天的锻炼基本坚持下来了。以前，我是不锻炼的，想熬夜就熬，想睡懒觉就睡，活得坦然自信。据我的观察，那些早起锻炼的，多数是中老年人，年轻的极为少见。也难怪，年轻就是资本，有大把的青春可以挥洒，锻炼个什么劲？所以每每看到锲而不舍的老年锻炼者，总有一种同情，觉得他们过于怕死，拼命锻炼只是奢望多活几年，何必呢？同情之外，还有一种油然而生的优越感、庆幸感，觉得自己还不算老，不用这么怕死。人到中年，发现自己真的不年轻了，精力大不如从前，感受到了生命的脆弱，尝试着开始锻炼了，方式就是坚持每天快走8公里。一到下午4点，就停下手头的工作，到秦淮河边快走。多数时候是往南走，从定淮门桥经凤凰桥再折转回来。沿途风光旖旎，夕阳西下，水面波光闪闪，岸上绿树成荫，鹅卵石小径曲折蜿蜒。有时候也往北走，直达秦淮河与长江的交汇点，站在渡江纪念广场上看长江滚滚而来、滚滚而去。随着锻炼的深入，才发现锻炼本身就是快乐的，体会到了另外一种人生享受，这也算是我这几年的一个进步吧。更美妙的是，锻炼过程中，身体处在运动之中，脑子也没闲着，常常是一边走一边思考问题，本书中的很多内容都与我在秦淮河边的思考有关。

南京与北京是我生命中最重要的两座城市。离开家乡之后，先是在北京求学、工作了九年，2001年到南京至今也已十年有余。阴差阳错地在南京扎下了根，细思量，其实是有原因的。当然首先是专业上的考虑，我所从事的道德教育研究在这里有悠久的学术传统和公认的学术地位，在一个功利的年代，这里毕竟相对重视一些。第二，是南京的地理环境。在北方人看来，南京算是南方，而在南方人看来，南京又算北方，所以应该说南京虽地处江南，但融南北为一体，对我这个北方人来说，适应起来还不算困难。第三，南京的文化气氛。南京有一百多所高校，恐怕除了北京、上海，其他城市是没法比的。当然，最重要的是这里的学术风气在全国的大城市中不能说是最好的，但起码可以说是比较好的。更重要的是，生活久了，慢慢对这座城市有了感情。说实话，我依然生活在南京之外，对南京的实际了解还很有限，但对南京的精神气质，觉得自己还是可以感受得到的。有时候走在南京的小巷，总感觉有一种忧伤的情绪在流淌。开始不在意，后来觉得越来越明显。静下来反思，也许因为自己是忧伤的，将自己的忧伤投射到了这座城市；也许是因为南京这地方失意者、冤魂、怨魂太多。有时候一个人走在秦淮河边，那忧伤真真切切，恍惚间分不清是南京的，还是我自己的。

2012年4月20日于华景阁

出 版 人　所广一
责任编辑　刘明堂
版式设计　贾艳凤
责任校对　贾静芳
责任印制　叶小峰

图书在版编目(CIP)数据

时代精神与道德教育/高德胜著.—北京:教育科学出版社,2013.6(2015.4 重印)
(道德教育的时代议题系列丛书/鲁洁主编)
ISBN 978-7-5041-7284-6

Ⅰ.①时… Ⅱ.①高… Ⅲ.①品德教育—研究—中国 Ⅳ.①D648

中国版本图书馆 CIP 数据核字(2013)第 005685 号

道德教育的时代议题系列丛书
时代精神与道德教育
SHIDAI JINGSHEN YU DAODE JIAOYU

出版发行	教育科学出版社			
社　　址	北京·朝阳区安慧北里安园甲9号	市场部电话	010-64989009
邮　　编	100101	编辑部电话	010-64989419
传　　真	010-64891796	网　　址	http://www.esph.com.cn
经　　销	各地新华书店		
制　　作	国民灰色图文中心		
印　　刷	保定市中画美凯印刷有限公司		
开　　本	169毫米×239毫米　16开	版　　次	2013年6月第1版
印　　张	14.75	印　　次	2015年4月第2次印刷
字　　数	222千	定　　价	36.00元

如有印装质量问题,请到所购图书销售部门联系调换。